Déja paru dans la collection **Asie et Monde Insulindien (AMI)**

ASE 1. Bakoly DOMENICHINI-RAMIARAMANANA. *Le malgache. Essai de description sommaire,* 1976, 130 p. carte.

ASE 2. Jacques DOURNES. *Mythes srê. Trois pièces de littérature orale d'une ethnie austro-asiatique,* 1977, 313 p., 2 cartes, photos h-t.

ASE 3. Denise BERNOT. *Dictionnaire birman-français (fasc. 1),* 1978, 227 p., fig.; *(fasc. 2),* 1979, 209 p., fig.; *(fasc. 3),* 1980, 195 p., fig.; *(fasc. 4),* 1981, 208 p., fig.; *(fasc. 5),* 1982, 200 p., fig.; *(fasc. 6),* 1983, 204 p., fig.; *(fasc. 7),* 1983, 204 p., fig.; *(fasc. 8),* 1984, 200 p., fig.; *(fasc. 9),* 1986, 212 p., fig.; *(fasc. 10),* 1986, 208 p., fig.; *(fasc. 11),* 1988, 208 p., fig.; *(fasc. 12),* 1988, 215 p., fig.; *(fasc. 13),* 1989, 221 p., fig.

ASE 4. Nicole REVEL-MACDONALD. *Le palawan (Philippines). Phonologie, catégories, morphologie,* 1979, 264 p., 2 cartes, photos h-t.

ASE 5. Henri CAMPAGNOLO. *Fataluku I. Relations et choix. Introduction méthodologique à la description d'une lange «non austronésienne» de Timor Oriental,* 1979, 246 p., 4 cartes.

ASE 6. Adolphe RAZAFINTSALAMA. *Les Tsimahafotsy d'Ambohimanga. Organisation familiale et sociale en Imerina (Madagascar),* 1981, 252 p., 3 cartes, 16 planches photos.

ASE 7. Jacqueline MATRAS-TROUBETZKOY. *Un village en forêt. L'essartage chez les Brou du Cambodge,* 1983, 436 p., cartes, photos.

ASE 8. Denise BERNOT. *Le prédicat en birman parlé,* 1980, 381 p.

ASE 9. Mohamed AHMED CHAMANGA & Noël-Jacques GUEUNIER. *Le dictionnaire comorien-français et français-comorien du R.P. SACLEUX,* 1979, 659 p., (2 vol.).

ASE 10. Dominique THOMAS-FATTIER. *Le dialecte sakalava du Nord-Ouest de Madagascar. Phonologie, grammaire, lexique,* 1982, 400 p., 2 cartes.

ASE 11. André BAREIGTS, *Les Lautu. Contribution à l'étude de l'organisation sociale d'une ethnie chin de Haute-Birmanie,* 1982, 314 p.

ASE 12. Brigitte CLAMAGIRAND, *Marobo, une société ema de Timor central,* 1983, 490 p., 2 cartes, photos h-t.

ASE 13. Claude VOGEL. *Les quatre mères d'Ambohibao (Madagascar),* 1983, 336 p.

ASE 14. Roger-Bruno RABENILAINA. *Morpho-syntaxe du malgache. Description structurale du dialecte bara,* 1983, 337 p.

ASE 15. Uraisi VARASARIN. *Les éléments khmers dans la formation de la langue siamoise,* 1984, 305 p.

AMI 16. Étienne TIFFOU & Jurgen PESOT. *Contes du Yasin. Introduction au bourouchaski du Yasin avec grammaire et dictionnaire analytique,* 1989, x + 159 p.

AMI 17. Yves Charles MORIN & Étienne TIFFOU. *Dictionnaire complémentaire du bourouchaski du Yasin,* 1989, x + 58 p.

AMI 18. Sophie CLÉMENT-CHARPENTIER & Pierre CLÉMENT. *L'habitation lao dans les régions de Vientiane et de Louang Prabang,* 1990, vol. 1.

AMI 19. Noël J. GUEUNIER. *La Fille ne se marie point. Contes comoriens en dialecte malgache de l'Ile de Mayotte,* 1990, 400 p.

AMI 20. Jacques DEZ. *Cheminements linguistiques malgaches,* 1990, XVII + 557 p.

AMI 21. Sophie CLÉMENT-CHARPENTIER & Pierre CLÉMENT. *L'habitation lao dans les régions de Vientiane et de Louang Prabang,* 1990, vol. 2.

En couverture:
Dessins de Marilène VOGEL
Adaptation et maquette de Claude MORICE

DICTIONNAIRE BIRMAN-FRANÇAIS

(fascicule 4)

CENTRE DE DOCUMENTATION SUR L'ASIE DU SUD-EST
ET LE MONDE INSULINDIEN
LM 183 du CNRS
INSTITUT NATIONAL DES LANGUES ET DES CIVILISATIONS ORIENTALES

Dactylographie : Marthe BERNOT (français)
U SEIN AYE (birman)

LANGUES ET CIVILISATIONS
DE L'ASIE DU SUD-EST
ET DU MONDE INSULINDIEN

3

Denise BERNOT

DICTIONNAIRE BIRMAN-FRANÇAIS

(fascicule 4)

င-ပဉ်

compilé par Denise BERNOT.
U SEIN AYE et DAW̃ YIN YIN MYINT
avec l'aide de nombreuses personnalités birmanes

revu par U HLA TIN. Daw KHIN MYA KYU et U THANT SIN

Illustré par Gilles GARACHON

SELAF
292

Publié avec le concours du
CENTRE NATIONAL DE LA RECHERCHE SCIENTIFIQUE
et de l'ASIATHEQUE

PEETERS
PARIS
1981

ISBN: 90-429-1304-5 (Peeters, Leuven)
ISBN: 2-87723-720-6 (Peeters, France)
ISSN 0220-746X

Dépôt légal: 2ème trimestre 1981

RÉSUMÉS

Denise BERNOT - Dictionnaire birman-français (fascicule 1)
1978, Paris, SELAF (Asie du Sud-Est et Océan Indien, 3).

Il n'existait pas encore de dictionnaire birman-français, alors qu'en Birmanie comme en France, se manifeste un vif intérêt pour la culture et la langue de l'autre pays. Aux chercheurs et étudiants aux prises avec la difficulté de passer d'une langue à l'autre, il était nécessaire de fournir cet instrument de travail par excellence qu'est un dictionnaire.

Les matériaux dont il est constitué ont été puisés à deux sortes de sources : classiques, comme les différents dictionnaires birmans-anglais et le grand dictionnaire national birman qui va bientôt paraître, et résolument modernes, directes, comme la littérature contemporaine, la presse actuelle et la langue parlée à Mandalé et à Rangoun. Dans le choix des termes, la sélection faite par la commission nationale birmane du dictionnaire fut, certes, un guide précieux, mais notre but étant de faire oeuvre plus pratique que littéraire, nous avons admis davantage de termes familiers, utiles dans la vie quotidienne.

Puisqu'il s'agit d'un dictionnaire birman-français, c'est un ordre alphabétique birman qui est suivi ; la classe, et, éventuellement, la catégorie de fonctionnement des termes, sont indiquées, les noms sont suivis de leur classificateur : termes utilisés obligatoirement dans la numération et qui révèlent la catégorie sémantique du terme. Les exemples sont destinés à montrer l'emploi des termes, et les dessins dispensent parfois de longues explications.

Le nombre de mots répertoriés dans tout l'ouvrage est de l'ordre de quarante mille.

Denise BERNOT - A Burmese-French Dictionary (1)
1978, Paris, SELAF (Asie du Sud-Est et Océan Indien, 3).

Although there is great interest in France as in Burma in the language and culture of the opposite country, there has been to date no Burmese-French dictionary. To students and scholars confronted with the difficulties of going back and forth between the two languages it was necessary to supply that most practical of tools, a dictionary.

The materials from which it has been assembled have been gathered from two kinds of sources : classical, such as the various Burmese-English dictionaries and the monumental Burmese National Dictionary soon to appear, and frankly modern, direct ones, such as contemporary literature, the daily press and the spoken language of Mandalay and Rangoon. Although the choice made by the National Burmese Dictionary Commission has been a useful guide in the selection of terms, our aim was practical rather than literary, and we have therefore accepted colloquial terms, useful in day-to-day life, in greater number.

As the dictionary is Burmese-French, alphabetical order follows the Burmese ; classes and, where appropriate, the functional category of termes are supplied. Nouns are followed by their classifier-obligatory terms for numeration and which reveal their semantic category. Examples are intended to illustrate usage, and figures occasionally dispense with the need for complicated explanations.

Approximately 40,000 terms are listed in the entire work.

Denise BERNOT - Diccionario birmano-francés (fascículo 1)
1978, Paris, SELAF (Asie du Sud-Est et Océan Indien, 3)

No existía hasta ahora ningún diccionario birmano-francés, pese al hecho de que tanto en Birmania como en Francia un vivo interés se manifiesta por la cultura y la lengua del otro país. Era necesario, pues, ofrecer a estudiantes e investigadores, confrontados con la dificultad de pasar de una lengua a la otra, ese instrumento de trabajo por excelencia que es un diccionario.

Los materiales que lo constituyen han sido tomados en dos fuentes : clásicas, como los diferentes diccionarios birmano-inglés y el gran diccionario nacional birmano, que saldrá a luz próximamente ; y fuentes decididamente modernas y directas, como la literatura contemporánea, la prensa actual y la lengua hablada en Mandala y en Rangún. Para escoger los vocablos, la selección hecha por la Comisión nacional birmana del diccionario nos fue, por supuesto, un precioso guía. Sin embargo, nuestro objetivo siendo de orden más práctico que literario, hemos aceptado mucho más términos familiares, útiles en la vida cotidiana.

Puesto que se trata de un diccionario birmano-francés, es el orden alfabético birmano que se ha seguido ; la clase, y eventualmente la categoría de funcionamiento de los términos, han sido indicados ; los sustantivos están seguidos de su clasificador : términos utilizados obligatoriamente en la numeración y que revelan la categoría semántica del vocablo. Los ejemplos están destinados a mostrar el empleo de los términos y los dibujos dispensan, a veces, de largas explicaciones.

Esta obra cuenta con un repertorio del orden de cuarenta mil palabras.

Denise BERNOT - **Birmanisch-französisches Wörterbuch (Heft 1)**
1978, Paris, SELAF (Asie du Sud-Est et Océan Indien, 3).

Es gab bisher noch kein birmanisch-französisches Wörterbuch, obwohl sowohl in Birma als auch in Frankreich ein lebhaftes Interesse für die Kultur und die Sprache des anderen Landes besteht. Für Forscher und Studenten, die mit der Schwierigkeit konfrontiert werden, von der einen Sprache aus einen Zugang zur anderen finde zu müssen, war es notwendig, sie mit einem Wörterbuch als wichtigstem Arbeitsmittel auszurüsten.

Dieses Wörterbuch basiert auf zwei Gruppen von Informationsquellen : erstens klassische Quellen wie die verschiedenen birmesisch-englischen Wörterbücher und das grosse Nationalwörterbuch, das demnächst erscheinen soll, und zweitens eindeutig moderne, direkte Informationsquellen wie die zeitgenössische Literatur, Zeitungen und Zeitschriften und die Umgangssprache von Mandale und Rangun. Bei der Wahl der Wörter war die von der nationalen birmanischen Wörterbuch-Kommission getroffene Auswahl eine wertvolle Richtlinie, da aber das Werk eher praktischen als literarischen Zwecken dienen soll, wurden auch viele umgangssprachliche Ausdrücke aufgenommen.

Da es sich um ein birmanisch-französisches Wörterbuch handelt, folgt die Ordnung der Einträge dem birmanischen Alphabet ; bei jedem Eintrag werden die Wortklasse und gegebenenfalls die Funktionskategorie angegeben, den Substantiven folgt jeweils ihr Klassifikationsmorphem, d.h. Ausdrücke die obligatorisch zur Angabe des Numerus gehören und die Aufschluss über die semantische Kategorie des Wortes geben. Die Beispiele sollen den Gebrauch des Wortes verdeutlichen, und zuweilen werden langatmige Erklärungen durch Zeichnungen ersetzt.

Die Zahl der im gesamten Werk aufgenommenen Wörter beträgt ca. vierzigtausend.

Дениз БЭРНО - Бирмано-французский словарь-Тетрадь 1 (юго-восточная Азия и индийский Океан) **1978, Paris, SELAF (Asie du Sud-Est et Océan Indien n° 3)**

До сих пор не существовало бирмано-французского словаря, в то время как в Бирмании так как и во Франции обнаруживается живой взаимный интерес культурой и языком. Исследователей и студентов для которых переключение с одного языка на другой является трудным понадобилось снабдить словарем который является преимущественно служащим орудием.

Материалы словаря происходят из двух сортов источников : классические как разные бирманско-английские словари и большой национальный словарь который скоро выйдет, а решительно новейшие, непосредственные, как современная литература, современные газеты и язык на готором говорят в Мандале и Рангуне. Что касается выбора терминов, отбор произведенный национальной бирманской комиссией по совершению словаря конечно составил дорогой справочник. Однако же так как мы имели целью труд более практический чем литературный мы приняли больше разговорных, полезных в ежедневной жизни терминов.

Так как дело идет о бирмано-французском словаре, он дается по порядку бирманского алфавита. Указаны класс и в случае необходимости категория деятельности терминов, за именами следует классификатор, обязательно употребленный в нумерации и появляющий семантическую категорию термина. Примеры имеют целью показать как употребляются термины, а изображения освобождают читателя от длительных объяснений.

Число описанных в всей книге слов около сорока тысяч.

Denise BERNOT - Dictionnaire birman-français, Fasc. 1.
1978, Paris, SELAF (Langues et Civilisations de l'Asie du Sud-Est et du Monde Insulindien 3).

ဒေါ်ဒနစ်ဗဲရ်နိုပြုစုသော
မြန်မာ–ပြင်သစ်အဘိဓာန်

မြန်မာပြည်တွင် ပြင်သစ်ယဉ်ကျေးမှုနှင့် ဘာသာစကားကို စိတ်ဝင်စားသည့် နည်းတူ ပြင်သစ်ပြည်တွင်လည်း မြန်မာယဉ်ကျေးမှုနှင့်ဘာသာစကားကို စိတ်ဝင်စားကြပါသည်။ သို့သော်ယခုထက်တိုင် မြန်မာ–ပြင်သစ်အဘိဓာန်တအုပ်တလေမျှ မရှိသေးပါ။

အချင်းချင်းဘာသာစကားနားလည်ရာတွင် အခက်အခဲနှင့်ကြုံတွေ့နေသောသုတေသီနှင့်ကျောင်းသားများအတွက် အသုံးကျဆုံးကရိယာအဖြစ် အဘိဓာန်တစောင်ရေးပေးရန်လိုမည်ဟု ယူဆပါသည်။

ဤအဘိဓာန်ကိုပြုစုရာတွင် ကျမ်းကိုးအဖြစ်မြန်မာ–အင်္ဂလိပ်အဘိဓာန်၊ မကြာခင်ထုတ်ဝေမည့် မြန်မာအဘိဓာန်ချုပ်စသောအဘိဓာန်များကို အသုံးပြုသည့်အပြင် ယခုခေတ်စာပေ၊ ယခုခေတ်သတင်းစာနှင့် မဂ္ဂလေး၊ ရန်ကုန်တွင်ပြောသောဘာသာစကားမှ ယခုခေတ်သုံးဝေါဟာရစကားလုံးများကိုလည်း စုဆောင်းရွေးချယ်ခဲ့ပါသည်။ ဝေါဟာရများရွေးချယ်ရာတွင် မြန်မာစာကော်မီရှင်၏မြန်မာအဘိဓာန်ချုပ်ကို အဖိုးတန်းသောလမ်းညွှန်အဖြစ်သုံးပါသော်လည်း ကျွန်ုပ်တို့ရည်ရွယ်ချက်မှာ စာပေဆန်သောကျမ်းထက် လက်တွေ့အသုံးချနိုင်သောအဘိဓာန်ပြုစုလိုပါ၍ နေ့စဉ်သုံးစကားလုံးများကိုလည်း ရွေးချယ်ခဲ့ပါသည်။

မြန်မာ–ပြင်သစ်အဘိဓာန်ဖြစ်သည့်အတွက် စကားလုံးစီရာတွင် မြန်မာအက္ခရာအစီအစဉ်အတိုင်း စီထားပါသည်။ စကားလုံးများ၏ပုဒ်အမျိုးအစားနှင့် အသုံးအနှုန်းများကို ဖော်ပြထားပါသည်။ နာမ်စကားလုံးများနောက်တွင် ရေတွက်ရာတွင် အသုံးပြုရသည့်ပစ္စည်းအမျိုးအစားကို ဖော်ပြသော "classificateurs" များကိုလည်း ဖော်ပြထားပါသည်။ စကားလုံးများအသုံးပြုနည်းကို ဥပမာများဖြင့်ရှင်းပြသည့်ပြင်ရှည်လျားသောရှင်းလင်းချက်ရေးမည့်အစား ပုံများရေးဆွဲထားပါသည်။

ဤအဘိဓာန်တွင် စကားလုံးပေါင်းလေးသောင်းခန့်ပါဝင်ပါသည်။

PRINCIPALES SOURCES UTILISEES

(supplément aux listes données en tête des trois premiers fascicules)

OUVRAGE contenant un vocabulaire spécialisé :

- Dr KO KO LE, အပင်၏အသွင်နှင့်အလုပ် , *Form and Function of Plants*, Rangoon, University Press, 1972, 6 + 394 pp.

TEXTES :

- KHIN HNIN YU, ကြေးမုံရိပ်သ ၁ , Rangoon, Ma La Myaing, 1960, 255 pp.

et ပန်း ခင်း မှုလွှမ်း ချင်း တေး သံ , Rangoon, Khit Nyunt Sarpay , 1979, 302 pp.

- Manusha KYAW WIN, တက္ကသိုလ်ဘယ်မှာ ရှိတယ် , Rangoon, Sarpay Beikman, 1978, 203 pp.
- Maung ZIN YAW, အငုံအဖူး , မြဝတီ oct. 1978, pp.95-101.

DOCUMENTATION DIRECTE :

- Carnets de vocabulaire 1979 et 1980.

LISTE DES ABREVIATIONS

a. : *adjectif*
anat. : *anatomie, anatomique*
angl. : *anglais*
arch. : *archaïsme, archaïque*
archéo. : *archéologie, archéologique*
arg. : *argot*
aux. : *auxiliaire*
bir. : *birman*
cl. : *classificateur*
dés. : *désuet*
e. : *enclitique*
e.n. : *enclitique nominal*
e.v. : *enclitique verbal*
éco. : *économique*
excl. : *exclamation*
fam. : *familier*
fran. : *français*
géog. : *géographie, géographique*
h. : *hindi*
inter. : *interjection*
jur. : *juridique*
litt. : *littéraire*
littéral. : *littéralement*
loc. nom. : *locution nominale*
m. : *môn*
m.d. : *marque distributive*
m.m. : *marque modale*
m.v. : *marque verbale*
math. : *mathématique*
n. : *nom*
n.adv. : *nom adverbial*
n.bot. : *nom botanique*
n.min. : *nom minéralogique*
n. pr. : *nom propre*
n.zoo. : *nom zoologique*
onomat. : *onomatopée*
p. : *pâli*
poét. : *poétique*
préf. : *préfixe*
pron. : *pronom*
sin. : *chinois*
skt : *sanskrit*
sub. : *subordonnée*
syn. : *synonyme*
tib. : *tibétain*
v. : *verbe*
v.a. : *verbe adverbialisé*
> : *dérivé*

CONSONNES

Sous chaque signe birman se trouvent : à gauche sa translittération, à droite sa transcription phonologique. Le signe *ṭha* a été modifié, par rapport à celui du fascicule 2, en fonction des normes graphiques actuelles.

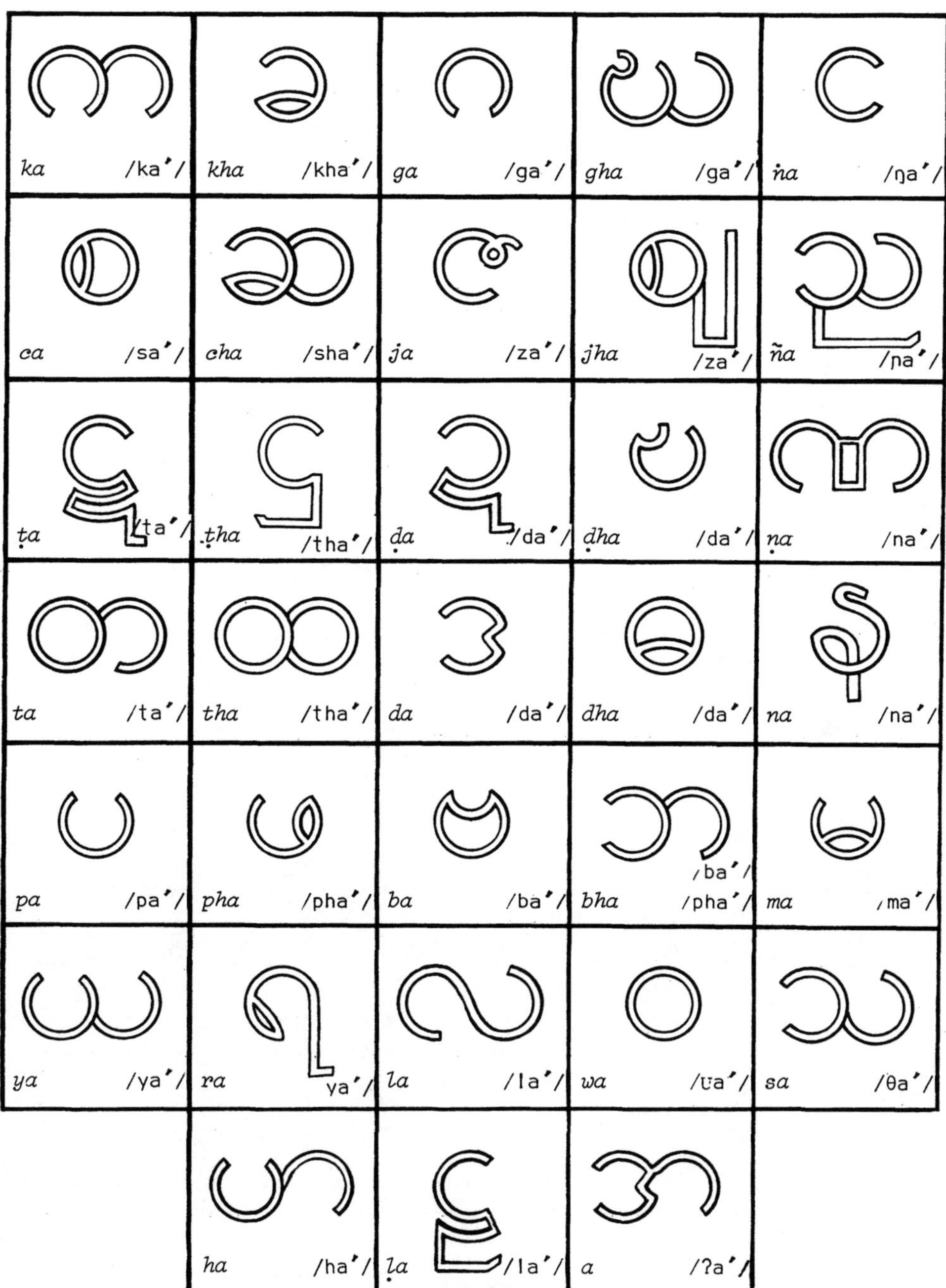

VOYELLES ET TONS

Sous chaque signe birman figurent, à gauche, sa translittération, à droite, sa transcription phonologique. En birman, les tons sont notés différemment selon les voyelles : avec *a*, *i*, *u*, le ton haut est caractérisé par l'absence de marque, avec *e*, *ui*, c'est le ton bas, avec *è*, *o*, le ton moyen. Dans la transcription phonologique, le ton haut est marqué après la syllabe : / -ʹ /, le ton moyen avant : / ` - / et le ton bas n'est pas marqué. Le tiret représente partout la consonne initiale de syllabe.

signe ∅ *-a* /-aʹ/	ou *-ā* /-a/	ou *-ā:* /`-a/
-i /-iʹ/	*-ī* /-i/	*-i:* /`-i/
ou *-u* /-uʹ/	ou *-ū* /-u/	ou *-ū:* /`-u/
-ẹ /-eʹ/	*-e* /-e/	*-e:* /`-e/
-ẹ̀ /-ɛʹ/	*-ay* /-ɛ/	*-è* /`-ɛ/
ou *-ọ* /-ɔʹ/	ou *-ō* /-ɔ/	ou *-o* /`-ɔ/
-uị /-oʹ/	*-ui* /-o/	*-ui:* /`-o/

င /ŋa'/ cinquième lettre de l'alphabet birman, *(cl.* -လုံး rarement utilisé).

င- *encl.* 1. première syllabe de nombreux noms de poissons, plus correctement orthographiés ငါး- ; 2. syllabe précédant des noms d'hommes, soit avec un sens péjoratif, soit pour désigner des personnes beaucoup plus jeunes que soi.

င *ou* ငါ /ŋa'/ *pron. e.*, à moi, de moi, *devant marque syntaxique*, *ex.* နင်ငါ့ကို အော်မပြောနဲ့။ "ne me parles pas en criant", "ne me cries pas après" ; mon, ma, mes, *ex.* ငါ့ပစ္စည်း။ "mes affaires".

ငကုန်းငကျင်း / ŋə`KON ŋə`CIN/ *expression adv.* de-ci, de-là ; un peu partout.

ငကျည်း / ŋə`Ci/ *n.* une variété de paddy.

ငကျည်းခြောက် / ŋə`Ci chɔ?/ *cf.* ငါးကျည်းခြောက် 1. *et* 2.

ငကြွေ / ŋə`cuɛ/ *n.* variété de paddy dit "Ngakywe" à grain long ; > ငကြွေဆန် *n.* riz à grain long.

ငချိ / ŋəchi'/ *n.* personne sans forces, physiquement faible, *cl.*- ယောက်.

ငချပ်ဝါး / ŋəcha? `Ua/ *n. cf.* ကြခတ်ဝါး *(Bambusa arundinacea)* bambou.

ငချိပ် / ŋəche?/ *n.* 1. riz brun gluant ; se consomme (de préférence cuit à l'étouffée) le matin de bonne heure, en buvant du thé nature ; 2. objet inanimé ou être animé de couleur sombre, *ex.* ကောက်ညှင်း ငချိပ်။ "du riz gluant brun", ပိန်းဥ ငချိပ်။ "taro brun", ဒီလူ ငချိပ်ပဲ။ "quel noiraud !"

ငချိပ်ညိုပြောင်း / ŋəche? ɲo`pyɔN/ *n.* maïs rougeâtre.

ငချိပ်သွေး /ŋəche? `θue' *n.* couleur brun-rougêatre, ou brun violacé.

ငခွင် / ŋəkhuiN/ *n.* personne aux jambes arquées et courtes, *cl.* - ယောက်.

ငါ့စကားနွားရ /ŋa' Sə`Ka `nua ya'/ *expression nom.* vantardise, prétention à avoir tout le mérite de quelque chose, *ex.* မောင်ဘသည် ငါ့စကားနွားရဟုဂုဏ်ဖော်ကြွားဝါနေသည်။ "Maung Ba se vantait, prétendant avoir tout le mérite".

ငစောင်း / ŋə`sɔN/ *n.* personne atteinte de strabisme divergent, *cl.*- ယောက်.

ငစဉ်းလဲ / ŋə`siN `lɛ/ *n.* personne ou animal retors, animé de mauvais desseins, vicieux, rusé, habile à tromper ; *cl.* - ယောက် *ou*-ကောင်.

ငစိန် /ŋəseN/ *n.* variété de paddy, mûr fin décembre ; rend un peu plus de seize fois la mise ; à grains de moyenne grosseur, courts, *ex.* ငစိန်ဆန်ကြမ်းလို့ မကြိုက်ကြဘူး။ "on n'aime pas le ngasein parce que c'est un riz grossier".

ငဆင်းရဲ / ŋə`shiN `yɛ/ *n. litt.* personne pauvre, *cl.* - ယောက်.

ငဆုံး / ŋə`shoN/ *n.* personne sans fierté ni amour propre, prête à toutes les bassesses, personne servile, *ex.* လူငဆုံးကို မပေါင်းသင်းသင့်ပါ။ "il ne faut pas se lier avec des gens serviles" , *cl.* - ယောက်.

ငဆွေးငပွေး / ŋə`shue ŋə `pue/ *n.* personne ordinaire, *ex.* ငဆွေးငပွေး တယောက်နဲ့ အတင်ကြီးစရာမနေပါ။ "on n'a pas à se gonfler d'orgueil quand on est quelqu'un de tout à fait ordinaire", *cl.* - ယောက်.

ငဆွံ့ / ŋəshuN'/ *n.* infirme, *cl.* - ယောက်.

ငတယော / ŋətəyɔ/ *n. argot,* hautbois birman, *cf.* နှဲ ; *cl.* —လက်.

ငတိ / ŋət!'/*n. un peu péjoratif, désigne un gamin, ou désinvolte, employé entre camarades ou tout au moins entre personnes de même âge,* gamin, *ex.* ဒီငတိ တော့ဒုက္ခရောက်ပြီ။ "le voilà en difficulté, ce gamin", > ငတိမ /ŋəti' Ma'/ *n.* gamine.

ငတေ / ŋəte/ *n.* personne entêtée, au caractère difficile, insoumis, *cl.* - ယောက်.

ငတက်ပြား /ŋətɛ? `pya/ *n. dés.* voleur, *cl.* - ယောက် ; > ငတက်ပြားဈေး *n.* marché à la sauvette, marché aux puces, *cl.* - ဈေး, - ခု.

ငတောင်ငကန်း /ŋətɔN ŋə`kaN/ *n. adv.* de-ci, de-là, de tous côtés.

ငတောင်ငကြည်း /ŋətɔN ŋə`cI/ *n. adv.* de-ci, de-là, de tous côtés.

ငတောင်ငချောက် /ŋətɔN ŋəchɔʔ/ *n, adv*, de-ci, de-là, de tous côtés.

ငတောင်ငရေ /ŋətɔN ŋəye/ *n. adv.* au hasard, sans plan, sans but, n'importe où, n'importe comment (en fonction du verbe qui suit).

ငတုံး /ŋə`toN/ ငတုံးတော /ŋə `toN Ta/ *n.* un bon à rien, une personne sans jugeotte, un incapable, un idiot, *cl.* - ယောက်.

ငနဲ / ŋə`nɛ/ *n. péjoratif,* gamin ; *s'emploie aussi entre personnes du même âge, cf.* ငတီ ; > ငနဲမ /ŋa `nɛ Ma'/ gamine, *cl.* - ယောက်.

ငနွား / ŋə`nua/ *n.* personne sans intelligence ni savoir, rustre, personne fruste, *ex.* ဒီကောင်ဟာသိပ်မိုက်တဲ့လူ။ ငနွားဘဲ။ "cet individu n'est qu'un rustre stupide", *cl.* - ယောက်.

ငနွား / ŋə`nua/ *n. bot.* myrsinacée, *Maesa ramentacea* A.DC.. *syn. M. lanceolata* Don. *M. acuminata, missionis et glabra* A. DC.

ငပေါ / ŋə`pɔ/ *n.* 1. ver à soie, *cl.* - ကောင် ; 2. personne un peu folle, un peu ahurie, *ex.* သူက ငပေါဘဲ။ သူပြောတာ မယုံပါနဲ့။ "il est un peu drôle ; ne faites pas attention à ce qu'il raconte" *cl.* - ယောက်.

ငပေါက် / ŋəpɔʔ/ *n. bot.* 1. euphorbiacée, *Aleurites moluccana* Willd. *syn. A. ambinux* Pers., *A. cordifolis* Steud., *Caminium cordifolium* Gaertn. f., *Jatropha moluccana* Linn. ; 2. anacardiacée, *Dracontomelum mangiferum* Blume, *syn. Poupartia mangifera* Blume, *appelé aussi* တောသပ်ကျား.

ငပတ်ရှပ် / ŋəpaʔ ʃaʔ/ *n.* sol irrégulier, raboteux, sol inégal, *expression de Bassein, tirée du nom d'un poisson,* le ငါးပတ် , *ex.* ဒီမြေကွက်က ငပတ်ရှပ်ဖြစ်နေတော့ သီးနှံစိုက်ဖို့ မကောင်းဘူး။ "ce n'est pas un bon terrain pour la culture car le sol en est trop inégal".

ငပုပ် / ŋəPoʔ/ *n.* du chien qui causerait les éclipses de lune et soleil, *ex.* နေလတို့ကို ဖမ်းသည့်ငပုပ်ခွေးကြီး ။ "le grand chien Ngapot qui s'empare de la lune et du soleil".

ငပုပ်ဖမ်း- / ŋəPoʔ `phaN-/ *v.* se produire (éclipse).

ငပြေဆန် / ŋəpye shaN/ *n.* inversion délibérée de mots ou de syllabes pour rendre une phrase incompréhensible, sauf aux initiés, *cl.* - မျိုး.

ငပြေတက်သက် / ŋəpye tɛʔ θɛʔ/ *n.* façon de parler ou de lire en sautant certains mots ou syllabes que l'on reprend ensuite, de façon à dérouter les non initiés, *cl.* – ချိုး.

ငပြေရှင် / ŋəpye ʃIN/ *n. bot.* annonacée, *Artabotrys burmanicus* A. DC.

ငပြုတ် /ŋə Pyo?/ *n. bot.* cucurbitacée, *Cucumis trigonus* Roxb., se mange cru ou bouilli ; *se dit aussi* တဆိပ် *ou* ကဆိပ်.

ငဘ / ŋəba'/ *n. pr.* d'un paysan pauvre, héros d'un roman de Maung Htin, 1957 ; devenu nom commun depuis : le croquant, *ex.* ငဘတို့တိုင်းပြည်။ "le pays des paysans" (c'est-à-dire : la Birmanie).

ငဖောက် / ŋəPHɔ?/ *n. bot.* anacardiacée, *Dracontomelum mangiferum* BL., *cf.* တောသင်ကျော.

ငမောက် / ŋəmɔ?/ *n.pr.* du plus gros rubis du monde, trouvé en Birmanie en 1661 et cédé au XIX° s. par Çibo à l'Angleterre.

ငမိုက်သား / ŋəmai? `θa/ *n.* imbécile, personne stupide, *cl.* – ယောက်.

ငါ့မင်းငါ့ချင်း/ŋa' `mIN ŋa' `chIN/ *loc.adv.* de son propre chef, *ex.* ငါ့မင်းငါ့ချင်း မလုပ်ပါနဲ့၊ တိုင်တိုင်ပင်ပင်လုပ်ပါ။ "n'agissez pas en tyran, délibérez".

ငါ့မင်းငါ့ချင်းစနစ် /ŋa' `min ŋa' `CHIN səni?/ *n.* monarchie, dictature.

ငမန်းတောင် / ŋə`maN tɔN/ *n.* 1. *sens littéral,* aileron de requin, surtout utilisé dans la cuisine chinoise ; 2. propulseur, pale d'hélice, aile d'hélice ; *cl.* – လက်.

ငမွဲ / ŋə`muɛ/ *n.* miséreux réduit au dénuement le plus sordide , *cl.* – ယောက်.

ငမြှောင်တောင် / ŋəM̥yɔN tɔN/ *n.* ver des haricots qui attaque la tige et fait faner les feuilles, *cl.* – ကောင်.

ငမွှား /ŋə`m̥ua/ *n.* personne, être, sans valeur, médiocre, *ex.* ဒီကောင်က ငမွှားပါ၊ ဂရုစိုက်စရာမလိုပါဘူး။ "cet individu ne vaut rien : n'y faites pas attention", *cl.* – ယောက်.

ငရဲ / ŋə`yɛ/ *n. pr.* 1. *sens pr.* enfer ; 2. *sens fig.* situation très pénible, existence affreuse.

ငရဲကောင် /ŋə`yɛ KɔN/ *n.* (un) damné, *cl.* – ကောင်.

ငရဲကြီး- / ŋə`yɛ `ci-/ *v.* aller en Enfer, souffrir en Enfer, *ex.* လူကြီးခေါင်းပေါ်ကကျော်မသွားနဲ့၊ ငရဲကြီးမယ်။ "ne passe pas "côté-tête" des personnes âgées, tu irais en Enfer" (croyance bouddhique).

personnes âgées, tu irais en Enfer" (croyance bouddhique).

ငရဲကြီး / ŋəˋyɛ ˋCi/ *n.* l'Enfer principal, *ex.* ငရဲကြီး ရှစ်ထပ်ရှိတယ်။ "l'Enfer principal a huit étages".

ငရဲခန်း / ŋəˋyɛ ˋkhaN/ *n.* punitions de l'Enfer correspondant aux fautes commises ; ces tourments, ces punitions sont représentés dans les pagodes avec des légendes explicatives, *ex.* ငရဲခန်းကိုဘတ်ပြီး သံဝေဂရလာတယ်။ "le remords vient à la lecture des punitions de l'Enfer".

ငရဲခံ- / ŋəˋyɛ khaN-/ *v.* 1. *sens pr.* tomber en Enfer, mériter l'Enfer, *ex.* မကောင်းမှုကြူးလွန်ယင် ငရဲခံရမယ်။ "vous irez en Enfer si vous commettez trop de mauvaises actions" ; 2. *sens fig.* être dans une situation très pénible, supporter mille tourments.

ငရဲချိုး / ŋəˋyɛ ˋCHo/ *n.* restes calcinés (des damnés rôtis en Enfer), *ex.* ငရဲတွင်းအပြစ်ခံရသောငရဲ သူငရဲသားတို့ ငရဲအိုးတွင် လောင်ကျွမ်း ကပ်ငြိသောအစိတ်အပိုင်းကို ငရဲချိုး ခေါ်တယ်။ "on appelle "restes calcinés de l'Enfer" les restes, résidus, collés, brûlés, au fond de la marmite des damnés condamnés à l'Enfer".

ငရဲခွေး /ŋəˋyɛ ˋkhue/ *n.* chiens des Enfers chargés de mordre ceux dont la punition est, précisément, d'être dévorés par les chiens.

ငရဲငအုံ / ŋəˋyɛ ŋəʔON/ *n.* les Enfers, en tant que lieu géographique, espace délimité, *ex.* လူကြီးကို မခိုင်းပါနဲ့၊ ငရဲငအုံကြီးပါအုံးမယ်။ "ne donnez pas d'ordre à des personnes plus âgées que vous : vous iriez en Enfer"!"

ငရဲငယ် / ŋəˋyɛ ŋɛ/ *n.* petits enfers : cinq sur chacun des quatre côtés de l'Enfer principal ; les punitions y sont d'être piqué par les épines, d'avoir les pieds écorchés par les cendres brûlantes, d'être fouetté de verges, piqué par des épées, abreuvé d'urine, *cl.* ခု.

ငရဲထိန်း / ŋəˋyɛ ˋtheN/ *n.* diables, bourreaux des Enfers, chargés d'infliger les punitions aux damnés, *cl.* – ယောက်.

ငရဲပန်း / ŋəˋyɛ ˋpaN/ *n.* séductions de l'Enfer : créature infernale, objet, chose infernale, *ex.* သီတာဟာငရဲပန်း နော်၊ သွားမထိပါနဲ့။ "Thita est une créature infernale : ne va pas avec elle" ; ငရဲပန်းကို ရွှေပန်းမကင်လိုက်ပါနဲ့။ "ne prends pas les tentations infernales pour des biens précieux".

ငရဲပြည် /ŋə`yɛ pyi/ *n.* Enfer, royaume de l'Enfer, *cl.* -ပြည်.

ငရဲမီး /ŋə`yɛ `mi/ *n.* 1. feu de l'enfer ; 2. acide sulfurique ; 3. acide nitrique ; 4. acide chlorhydrique.

ငရဲမင်း /ŋə`yɛ `miN/ *n.* le roi des Enfers, Yama, *cf.* ယမမင်း

ငရဲသား /ŋə`yɛ `θa/ *n.* damné, personne qui vit en Enfer ; > ငရဲသူ /ŋə`yɛ θu/ *n.* damnée; *cl.* - ယောက်.

ငရဲအိုး /ŋə`yɛ `ʔo/ *n.* chaudron, chaudière de l'Enfer, *cl.* -လုံး .

ငရင် /ŋəyiN/ *n.* tremblement de terre, *cf.* ငလျင် ; *cl.* - ရပ်, - ချက်.

ငရုတ် /ŋəyoʔ/ *n. bot.* solanacées, *Capsicum annuum* Linn. et *Capsicum frutescens* Linn. piments : plantes cultivées à fruit condimentaire, *ex.* ငရုတ်သီးထဲက ပိုး အစပ်မကြောက် ။ "les vers du piment ne craignant pas ce qui pique" (les gens accoutumés à l'infortune et aux difficultés ne les craignent plus, *prov.*) ; *cl.* (du fruit) - တောင့် ; ငရုတ်သီး ထောင်း - /ŋəyoʔ `θi `thɔN-/ *v.* piler des piments.

ငရုတ်ကောင်း /ŋəyoʔ `KɔN/ *n. bot.* pipéracée, *Piper nigrum* Linn., poivrier, plante grimpante, dont on utilise la graine en cuisine.

ငရုတ်ကောင်းကြီး /ŋəyoʔ `KɔN `Ci/ *n. bot.* pipéracée, *Piper cubeba* Linn. f. *se dit aussi* မြီးတက်ငရုပ်ကောင်း.

ငရုတ်ကျည်ပွေ့ /ŋəyoʔ cəPue'/ *n.* pilon à épices, *ex.* ငရုတ်ကျည်ပွေ့ အတက်ပေါက်သည် ။ "sur le pilon pousse un rejet !" (chose incroyable, invraisemblable comme si "les poules avaient des dents"), *cl.*- လက်.

ငရုတ်ငရင်း /ŋəyoʔ nə`yiN/ *n. adv.* bruyamment.

ငရုတ်ဆီ /ŋəyoʔ shi/ *n.* assaisonnement fait de piments écrasée, additionnés de sel et d'huile (chinois), *cl.* - ခွက်, - ပုလင်း.

ငရုတ်ဆုံ /ŋəyoʔ shoN/ *n.* mortier à épices, *cl.* - ဆုံ, - လုံး, - ခု.

émaillé — de terre — de pierre

ငရုတ်ပု /ŋəyoʔ Pu'/ *n.* petit piment court, *cl.* - တောင့်.

ငရုတ်ပြန် /ŋəyoʔ pyaN/ *n.* sept grains de poivre que l'on rapporte du cimetière au retour des funérailles, après les y avoir emportés avec le mort : protègent contre les maladies, *cl.* - စေ့ .

ငရုတ်မိုးမျှော် /ŋəyoʔ `m̥o m̥yɔ/ *n.* espèce de piment très fort, *cf*, ငရုတ်သီးမိုးမျှော် .

ငရုတ်သီးစပ်- /ŋəyoʔ `θi saʔ-/ *v.* être pimenté.

ငရုတ်သီးမိုးမျှော် /ŋəyoʔ `θi `mo m̥yɔ/ *n. bot.* solanacée, *Capsicum minimum* Roxb. piment très fort ; *littéral.* "piment dont le fruit pointe vers le ciel".

ငရုတ်အရှည် /ŋəyoʔ ʔəʃe/ *n.* piment de forme allongée.

ငရုပ် / ŋəyoʔ / *n. cf.* ငရုတ် , piment, *(Capsicum).*

ငရှင် *ou* ငါ့ရှင် / ŋəʃiN/ *n. voc.* "vénérable", appellation entre bonzes.

ငါ့လက်ငါ့ခြေ /ŋa' lɛʔ ŋa' chi/ *n.* 1. travail, oeuvre personnelle, direction personnelle, *ex.* အားလုံး ငါ့လက်ငါ့ခြေဖြစ်စေရမယ်။ "tout devra être mon oeuvre personnelle" ; 2. autonomie politique.

ငလင်ကြော် /ŋəliN Cɔ/ *ou* လုလင်ကြော် *n. bot.* lauracée, *Cinnamomum obtusifolium* Nees, arbre dont l'écorce, réduite en poudre, est employée en onguent refraîchissant contre la fièvre.

ငလျော် /ŋəʃɔ/ *n.* "incapable !", *appellation péjorative*, *ex.* ငလျော်လူဆိုး လူတိုင်း မုန်းတယ်။ "personne n'aime les incapables".

ငလျင် / ŋəyiN/ *n.* séisme, *cl.* -ရပ်, -ချက်, -ခါ.

ငလျင်ဗဟိုချက် / ŋəyiN bəho CHɛʔ/ *n. bir. p.* centre d'un tremblement de terre, d'une secousse sismique.

ငလျင်မှတ်စက် / ŋəyiN m̥aʔ Sɛʔ/ *n.* sismographe, *cl.* -လုံး.

ငလျင်လှုပ်- /ŋəyiN l̥oʔ-/ *v.* trembler (la terre), se produire (séisme).

ငလှည့်ငလည် /ŋəl̥ɛ' ŋəlɛ/ *n.* personne fourbe, rusée, *cl.* - ယောက် .

ငဝိုင်း /ŋə`UaiN/ *n. arg.* sou, "rond", *ex.* ငါ့မှာ ငဝိုင်းပြတ်နေတယ်။ "je n'ai pas un rond", *cl.* - ခု , - ပြား.

ငါဟာငါ /ŋa' ha ŋa/ *expres.* moi-même, *ex.* ငါဟာငါလုပ်တာပဲ။ "je l'ai fait moi-même".

ငဟစ် / ŋəhiʔ/ *n.* héron.

ငဟစ်မွဲ / ŋəhiʔ `Muɛ/ *n. ornith.* *Ardea cinerea rectirostris*, héron oriental gris.

ငအ / ŋəʔa'/ *n.* imbécile, idiot, personne stupide, *ex.* ဒီကောင်ဟာ ငအဘဲ၊ ဘာမှမလုပ်တတ်ဘူး။ "cet individu est un parfait imbécile, il ne sait rien faire".

ငါ /ŋa/ *pron. fam. homme ou femme parlant,* je ; s'emploie seulement si l'interlocuteur est plus jeune que soi ou d'âge égal mais ami intime, *ex.* ငါသည် အိပ်ပျော်နေစဉ် ...။ "... tandis que je dormais".

ငါစား /ŋa `Sa/ *n.e.* personne égoïste, caractère égoïste, *ex.* ငါစားအကျင့်သည် တကိုယ်ကောင်းဆန်လှပါတယ်။ "ne penser qu'à soi ressemble fort à de l'égoïsme".

ငါဆွဲ /ŋa `Suɛ/ *n.* égoïsme, égocentrisme, *ex.* ငါဆွဲကိုဖြုတ်လိုက်စမ်းပါ။ "défaites-vous de votre égoïsme".

ငါတကား /ŋa Tə`Ka/ *n.* "c'est moi", "c'est moi qui", façon orgueilleuse de parler de soi, *ex.* ဤတောကြီးကိုတယောက်တည်း ဖြတ်ခဲ့တဲ့ငါတကားတဲ့။ "c'est moi qui ai eu le courage de couper cette forêt' se vantait Maung Ba".

ငါတကော /ŋa Tə`Kɔ/ *n.* vantard, individu imbu de sa personne, m'as-tu vu, *ex.* ငါတကောချည်းမလုပ်ပါနဲ့။ "ne jouez pas les m'as-tu vu" ; ငါတကောလုပ်ရင်မှားတတ်တယ်။ "à faire le vantatd on commet des erreurs", *cl.* - ယောက် ; ငါတကောကော- /ŋa Tə'Kɔ `kɔ-/ *v.* se vanter, *ex.* ငါတကောမကောပါနဲ့။ "ne faites pas le hâbleur".

ငါတွေ့ /ŋa Tue'/ *n.* expérience vécue, expérience personnelle, *ex.* ငါပြောတာစာတွေ့မဟုတ်၊ ငါတွေ့ဖြစ်တယ်။ "ce que je dis, je ne l'ai pas lu : je l'ai vécu (éprouvé)", *cl.* - ရပ်.

ငါး - /`ŋa/ *n.e.* cinq, *nombre.*

ငါး /`ŋa/ *n.* poisson, en général, *ex.* ငါးကိုဆီနဲ့ကြော်စားပါ။ "mangez votre poisson frit à l'huile", *cl.* - ကောင်.

ငါး - /ŋə-/ *e.* écrit aussi င - : première syllabe d'un nom de poisson, *ex.* ငါးကတိုး *ou* ငကတိုး sorte de carpe de mer.

ငါးကတိုး / ŋəKə`To/ *n. icht. Eutropiichythys,* poisson de mer, se trouve dans la région de Tavoy, sorte de carpe.

ငါးကုလား /`ŋa Kə`la/ *n.* maquereau de l'Océan indien ; *appelé aussi* ငကွမ်းရှပ်.

ငါးကင် /`ŋa KIN/ /ŋəKiŋ/ *n.* poisson grillé, *ex.* ဟင်းချိုချက်ရင် ငါးကင် ခတ်ရတယ်။ "quand on prépare une soupe, on peut lui donner du goût avec du poisson grillé", *cl.* – ကောင် , *ou selon le contenant.*

ငါးကင်ပျစ် / ŋəKIN pyi?/ *n.* gril à poisson, *cl.* – ခု

ငါးကင်း / ŋə`KIN/ *n. icht. Mugil corsula* espèce de muge, mulet.

ငါးကင်းပါး / ŋə`KIN `Pa/ *n.* maquereau, *cf.* ငါးကွမ်းရှပ်.

ငါးကန့်ပြိုင်း / ŋəkaN' `PyaIN/ *n. icht. Mugil speigleri,* mulet gris.

ငါးကန် /`ŋa KaN/ *n.* bassin à poissons, élevage de poissons, *cl.* – ခု, – ကန်.

ငါးကျီးကန်း / ŋə`Ci `kaN/ *n. icht. Caranx crumenophthalmus,* poisson de mer : carangue.

ငါးကျောင်း / ŋə`CɔN/ *n. icht. Sorubium,* poisson chat à tête longue.

ငါးကျည်း / ŋə`Ci/ *n. icht. Saccobranchus,* poisson d'eau douce, à la nageoire ventrale piquante et venimeuse ; porte de longs barbillons autour de la bouche, sorte de silure.

ငါးကျည်းခြောက် / ŋə`Ci chɔ?/ *n.* silure fumé ; 2. *sens fig.* personne très mince, très maigre, *ex.* မောင်ဘဟာပိန်လိုက်တာ ငါးကျည်းခြောက်ကျနေတာဘဲ။ "Maung Ba est tellement maigre que c'est un vrai silure", *cl.* – ယောက်.

ငါးကျပ်တိုက် /`ŋa Ca? tai?/ *n.* poisson fumé, que l'on a exposé à la vapeur et à la fumée, sur un plateau au-dessus du foyer ; se dit aussi ငါးကျပ်တင် ; *cl.* – ကောင် *ou selon le contenant.*

ငါးကျပ်တင် /`ŋa Ca? tIN/ *n.* poisson fumé, *cf.* ငါးကျပ်တိုက်.

ငါးကြီးဆီ /`ŋa `Ci shi/ *n.* huile de foie de morue aux propriétés médicinales : fortifiant, *cl.* – ပုလင်း.

ငါးကြေး /`ŋa `Ce/ *n.* écaille de poisson,(*cl.* – ခု , *rarement employé).*

ငါးကြော် /`ŋaCɔ/ / ŋəCɔ/ *n.* poisson frit, friture (de poisson), *cl.*– ကောင် *ou selon le contenant.*

ငါးကြင်း / ŋə`CIN/ *n. icht. Cirrhina mrigala* carpe d'Hamilton, poisson d'eau douce aux nageoires orangées, au dos argenté.

ငါးကြင်းကွက်တိမ် / ŋə`CIN kuɛʔ TeN/ *n.* cirro-cumulus nuages pommelés, *littéral.* "nuages ressemblant à la peau de carpe".

ငါးကွမ်းရှပ် / ŋə`kuŋ ʃaʔ/ *n. icht. Scomberoïdes teloo,* poisson de la région de Tavoy : maquereau bâtard, à la chair très appréciée, et dont on fait des beignets.

ငါးခူ /ŋəkhu/ *n. icht. Clarias batrachus C. magory,* poisson-torpille.

ငါးခူသားလိုက်- / ŋəkhu `θa laiʔ-/ *v.* prendre couleur, en parlant d'un fruit qui mûrit, *ex.* သရက်သီးတွေ ငါးခူသားလိုက်နေပြီ ၊ ဆွတ်ပြီးစားရင် အကောင်းချိုမယ်။ "si vous cueillez les mangues quand elles ont pris couleur, elles sont très douces au goût".

ငါးခေါင်းပွ /`ŋa `KHɔN pua'/ *n. icht. Catla*ₜ*-catla,* poisson de lac, *se dit aussi* ငါးဟင်းခါး.

ငါးခုံး / ŋə`khoN/ *n.* poisson d'eau douce : *Systomus,* poisson à moustaches , à chair amère.

ငါးခုံးမ / ŋə`khoN Ma'/ *n.* poisson d'eau douce, *Systomus,* à taches noires vers la queue, à chair amère, *prov.* ငါးခုံးမတကောင်ကြောင့် ဟလှေလုံးပုပ်။ "pour un seul petit poisson, voilà toute la cargaison pourrie".

ငါးခုံးမမီးနီ / ŋə`khoN Ma' `mi NI/ *n. icht. Systomus, Barbus cola,* à queue noire et rouge, tacheté, à chair amère.

ငါးချဉ် / ŋəchiŋ/ *n.* pâté de poisson (acide) : préparation de poisson mélangé à du riz cuit et du sel, tassé, enveloppé dans une feuille végétale et mangé aigre.

ငါးခြောက် / ŋəchɔʔ/ *n.* poisson séché au soleil après avoir été salé, *ex.* မြစ်ဝကျွန်းပေါ်က ငါးခြောက်လာတယ်။ "le poisson séché vient du delta" ; ငါးခြောက်ကြော် /ŋə CHɔʔ cɔ/ *n.* poisson séché frit, friture de poisson séché.

ငါးခွေးရှာ / ŋə`khue ʃa/ *n. icht. Plagusia sp.* sole, *cf.* ငါးခွေးလျှာ .

ငါးခွေးလျှာ /ˑŋəˋkhue ʃa/ *n. icht. Plagusia marmorata, Solea heterorhina,* et *Solea elongata,* espèces de soles.

ငါးစာ /ˋŋa Sa/ *n.* appât à poisson, amorce pour la pêche.

ငါးစင် / ŋəSIN/ *n. icht. Mystus gulio,* espèce de poisson-chat.

ငါးစင်ရိုင်း *ou* ငါးဆင်ရိုင်း / ŋəSIN ˋyaIN/ *n. icht. Mystus cavasius,* sorte de poisson-chat.

ငါးစင်း / ŋəˋSIN/ *n.* poisson, mulet aux yeux protubérants.

ငါးစင်းကြိုး / ŋəˋSIN ˋco/ *n.* motif de tissage : large décoration d'accompagnement, à cinq couleurs.

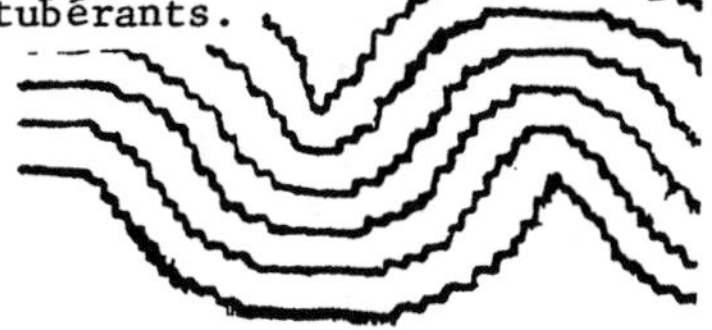

ငါးစင်းဂမုန်းကြိုး / ŋəˋSIN gəˋMON ˋCo/ *n.* motif de tissage : motif principal de moyenne largeur, bande à cinq couleurs, accompagnée de petits motifs dits "gamon".

ငါးစင်းဂမုန်းနွယ်ကြိုး /. ŋəˋSIN gəˋMON nuɛ ˋCo/ *n.* motif principal de tissage, grand motif.

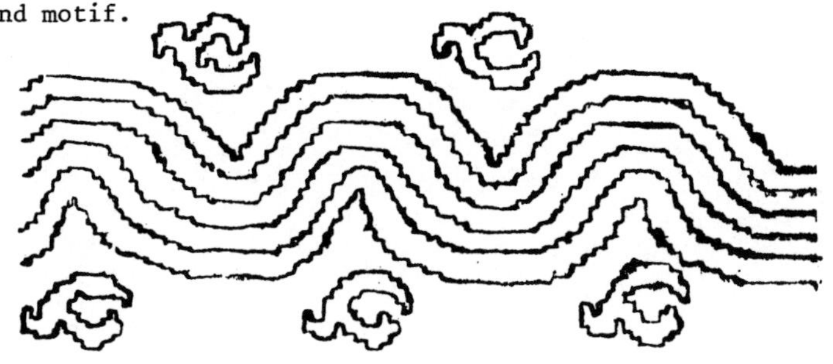

ငါးစင်းဂမုန်းပွင့်ကြိုး / ŋəˋSIN gəˋMON puINʼ ˋCo/ *n.* motif principal de tissage, grand motif.

ငါးစင်းမြင့်မိုရ်ကြိုးကြီး / ŋə`SIN myIN' mə `co `CI/ *ou* မြင့်မိုရ်ကြိုးကြီး /myIN' mə `co `CI/ *n.* motif de tissage, motif principal large.

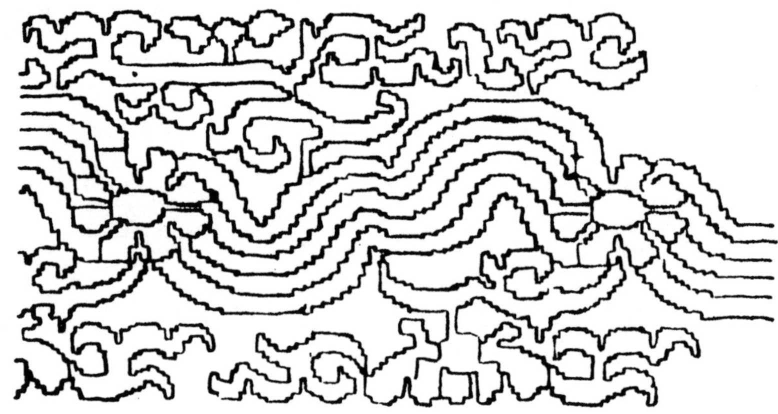

ငါးစည်ပု / ŋəsi Pu/ *n. icht. Systomus,* variété de carpe à tête étroite, à petite bouche.

ငါးစည်ပေါင်း / ŋəsi `PɔN/ *n.* vessie natatoire, *ex.* ငါးစည်ပေါင်းကို ကော် လုပ်နိုင်တယ်။ "on peut fabriquer de la colle avec des vessies natatoires", *cl.* - ခု.

ငါးစိမ်း /`ŋa `seN/ *n.* poisson frais.

ငါးစိမ်းတန်း / ŋə`seN `TaN/ *n.* étal de poissonnier, *cl.* - တန်း, - ခု.

ငါးစိမ်းသည် / ŋə`seN θɛ/ *n.* marchand de poisson, poissonnier, *cl.* - ယောက်.

ငါးဆားနယ် / ŋəshənɛ/ *n.* poisson salé, conservé au sel pour quelques jours, *cl.* - ကောင် , *ou selon le contenant.*

ငါးဆီ /`ŋa shi/ *n.* huile de poisson, graisse de poisson.

ငါးဆီတိုင် /`ŋa shi TaiN/ *n.* chandelle de graisse de poisson, *cl.* - တိုင်.

ငါးဆု / ŋəshu/ *n. bot. Dracontomelum mangiferum* Blume, *cf.* တောသရက်.

ငါးဆူး /`ŋa `shu/ *ou* /ŋə`shu/ *n.* nageoires.

ငါးဆူးတောင် / ŋə`shu tɔN/ *n.* nageoire dorsale.

ငါးဆယ်ပုလင်း /`ŋa SHɛ pə`lIN/ *n.* bouteille d'un demi-litre, *cl.* - လုံး.

ငါးဆုပ် /ŋəsho?/ *n.* boulette de poisson, *littéral.* "poignée de", *cl.* - လုံး.

ငါးဆံလ့ / ŋəshaN La'/ *n. icht. Gerres filiamentosum* Cuvier.

ငါးဆင်စပ် /ŋəSɪN saʔ/ *n. icht. Ambassis bucalis*, espèce de perche.

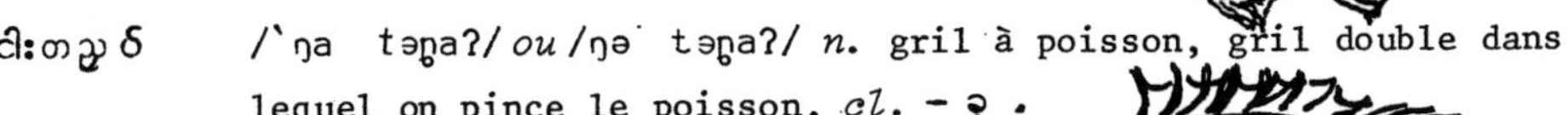

ငါးတညှပ် /ˋŋa təŋaʔ/ *ou* /ŋə təŋaʔ/ *n.* gril à poisson, gril double dans lequel on pince le poisson, *cl.* – ခု.

ငါးတောက်တူ / ŋəTɔʔ Tu/ *n. icht. Cromileptes altiveles, Epinephelus stoliezkae, E. merra, E. touvina*, espèces de perches.

ငါးတရှေ့ /ˋŋa tə ʒhe/ *n.* poulpe, pieuvre à huit tentacules.

ငါးတန် / ŋəTaN/ *n. icht. Gagata gagata*, poisson chat adipeux.

ငါးတံခွန် /ˋŋa Tə KHuN/ *n. icht. Trichiurus savala*, poisson dit "ceinture d'argent".

ငါးတုပ်- /ˋŋa tuʔ-/ *v.* manger (en parlant des poissons), mordre, happer.

ငါးထိ- /ˋŋa thiʼ-/ *v.* faire bonne pêche, attraper beaucoup de poissons.

ငါးထောင်ချောက် /ˋŋa thɔN CHɔʔ/ *n.* piège à poissons, *cl.* – ခု.

ငါးထုပ် / ŋətho?/ *n.* préparation de poisson : en morceaux, aromatisé, enveloppé dans des feuilles, pour être ensuite roti ou cuit à la vapeur, *cl.* – ထုပ်.

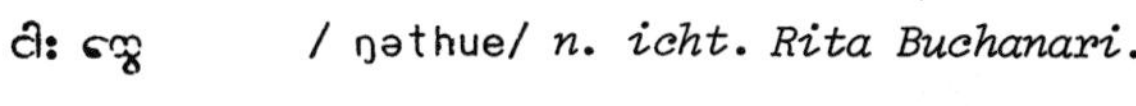

ငါးထွေ / ŋəthue/ *n. icht. Rita Buchanari.*

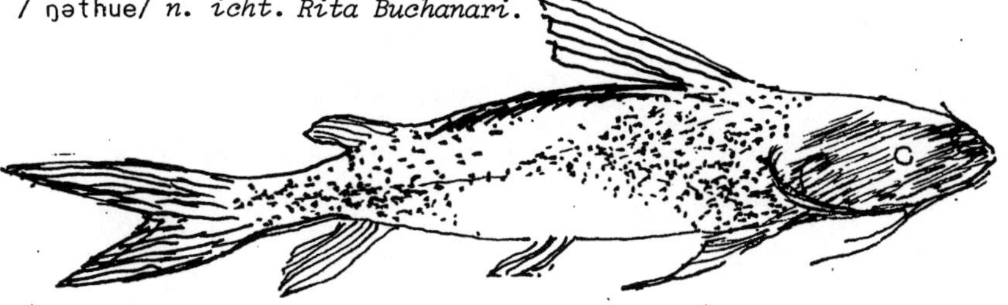

ငါးဓါးရှည် /ŋədə ʃe/ *n. icht. Chirocentrus dorab*, bar argenté.

ငါးနုသန်း /ŋənu'`θaɴ/ *n. cf.* ငါးသန်းနု (même sens), nom de plusieurs poissons-chats.

ငါးနတ်ကတော် /`ŋa naʔ KəTɔ/ *n. icht. Corvina chaptis* Cuvier.

ငါးပနော် /`ŋa pənɔ/ *n.* de poisson, petit *ophiocephalus*.

ငါးပါးနီ /`ŋa `Pa ɴi/ *n. icht. Lutianus Jonnii.*

ငါးပါးမှောက် /`ŋa `Pa m̥ɔʔ-/ *v.* essuyer un échec, voir ses projets ruinés, *ex.* ဒီလူကိုအတွင်းရေးမှူးခန့်ယင် ငါးပါးမှောက်တော့မှာပေါ့။ "si on le nomme secrétaire, ce sera la ruine".

ငါးပါးသီလ /`ŋa `Pa θìla'/ *n. bir. p.* les cinq grands préceptes : 1) ne pas tuer, 2) ne pas voler, 3) ne pas être concupiscent (ne pas convoiter les femmes), 4) ne pas mentir, 5) ne pas boire de boissons enivrantes.

ငါးပိ / ŋəpì'/*n.* pâte de poisson séché ou de crevettes séchées, complément usuel de la nourriture, *ex.* ငါးပိနဲ့ထမင်းစားရင်သိပ်မြိန်တယ်။ "on a grand plaisir à manger le riz avec du ngapi".

ငါးပိကောင် /ŋəpì' Kɔɴ/ *n.* pâte de poisson dans laquelle les poissons restent entiers.

ငါးပိကြော် /ŋəpì' Cɔ/ *n.* ngapi frit : pâte de poisson ou de crevette, séchés, frits et assaisonnés d'ail, piment.

ငါးပိထောင်း /ŋəpì' `THɔɴ/ *n.* ngapi pilé : grillé, écrasé avec des piments verts, arrosé de jus de citron.

ငါးပိပိုး /ŋəpi' `po/ *n.* vers de ngapi.

ငါးပိဖုတ် /ŋəpi phoʔ/ *n.* ngapi grillé.

ငါးပိရည် /ŋəpi' ye/ *n.* jus de ngapi, à odeur très forte ; utilisé comme assaisonnement de salade.

ငါးပိရည်ကျို- /ŋəpi' ye co-/ *v.* préparer un jus en faisant bouillir quelque temps du ngapi dans l'eau ; > /ŋəpi' ye Co/ *n.* jus obtenu à partir de ngapi bouilli dans l'eau.

ငါးပိလိမ်မာကြော် /ŋəpi̗ lɛɴ Ma Co/ *n.* ngapi frit contenant des morceaux de poisson.

ငါးပက်- /\`ŋa pɛʔ-/ *v.* pêcher par barrage et écopage.

ငါးပေါက် /\`ŋa Pɔʔ/ *n. bot.* anacardiacée, *Dracontomelum mangiferum,* Blume, *cf.* တောသပ်ချ

ငါးပေါက်သံ /\`ŋa Pɔʔ θaɴ/ *n.* note de la gamme : mi.

ငါးပေါင်းကြော် / ŋə\`Pɔɴ Cɔ/ *n.* sorte de galette de poisson à la farine de riz; friture, beignet, de poisson; *cl.* - ချပ်, - ခု.

ငါးပုဏ္ဏား / ŋəpoɴ \`ɴa/ *n. icht. Eleutheronema paradiseus,* polycnème.

ငါးပတ် *ou* ငါးဘတ် / ŋəPaʔ/ *n. icht. Wallagonia Attu.* poisson d'eau douce blanc, sans écailles, à chair fade, *ex.* ငါးပတ်ကို ကြေအောင် မွှေချက်ယင် စားလို့ကောင်းတယ်။ "Le Wallagonia est bon si on le remue pendant la cuisson de façon à ce qu'il s'écrase".

ငါးပုတ်သင် / ŋəPoʔ θiɴ/ *n.* de poisson d'eau douce, à raies violettes et dorées.

ငါးပုပ်ခြောက် / ŋəPoʔ CHɔʔ/ *n.* poisson fendu, aplati, pressé dans la saumure, *se dit aussi* ငါးပုပ်ပြား, *cl.* -ပြား , - ချပ်, -တုံး.

ငါးပုပ်ပြား / ŋəPoʔ \`Pya/ *n.* poisson pressé dans la saumure, *cf.* ငါးပုပ်ခြောက်.

ငါးပုပ်မွှေ / ŋəPoʔ Mue/ *n.* préparation de ငါးပတ် frit avec de l'oignon, du piment etc... après qu'il ait été bouilli.

ငါးပုံကျောက် /\`ŋa poɴ Cɔʔ/ *n.* pierre que l'on trouve dans le paddy au moment du décortiquage, *cl.* - လုံး .

ငါးပျံ / ŋəPyaɴ/ *n. icht.* scombresocidée, *Parexocoetus brachypterus,* poisson volant, poisson de mer.

ငါးပြေမ / ŋəPye ma'/ *n. icht. Anabas testudineus* ou *Perca scandens* Linn., perche grimpante poisson d'eau douce.

ငါးပြက် / ŋəPyɛʔ/ *n. icht.* 1. *Chorimenus Lyson* Forsk ; 2. *Otolechus pama* Buch. Ham.

ငါးပြုံးက / ŋə`Pyon Ka'/ *n. icht. Theutis virgata* Cuvier et Val.

ငါးပွက်- /`ŋa puɛʔ-/ *v.* monter à la surface de l'eau, et y ouvrir la gueule, un très court instant, en parlant de poissons.

ငါးဖယ် / ŋəphɛ/ *n. icht. Notopterus chitala,* petit poisson de quinze à vingt centimètres ; sa chair est très appréciée, *ex.* ငါးဖယ်နဲ့ ငပိလုပ်နိုင်တယ်။ ငါးဖယ်လုံးလုပ်စားရင်လဲ သိပ်ကောင်းတယ်။ "on fait du ngapi avec le "ngephè" ; il est également délicieux en boulettes".

ငါးဖယ်ပြန်- / ŋəphɛ Pyan-/ *v.* se rouler à terre, se tordre de douleur (ou de chagrin).

ငါးဖယ်အောင်း / ŋəphɛ `ʔɔn/ *n. icht. Rohtee Belangeri.*

ငါးဖင်ပု /ŋə phin Pu'/ *n. icht. Aspidoparia morar* Ham. Buch.

ငါးဖောင်ရိုး / ŋəphɔn `yo/ *n.* 1. *icht. Zenentodon cancila,* aiguille, poisson long, à bande longitudinale bleuâtre, sur la moitié inférieure du corps, se trouve dans la région du Sittang, de Taunggou, *cl.* - ကောင် ; 2. personne longiligne, mince, *ex.* ဒီမိန်းကလေးပိန်လိုက်တာ၊ ငါးဖောင်ရိုးကျနေတာဘဲ။ "que cette fille est maigre ! C'est une véritable aiguille !", *cl.* - ယောက်.

ငါးဖိန်း / ŋə`phen/ *n.* poisson du lac Inle, de couleur dorée, d'une dizaine de centimètres: *Cyprinus carpio* Linn.

ငါးဖမ်းလုပ်ငန်း /`ŋə `phan loʔ `ŋan/ *n.* pêcherie, *cl.* -ငပ်, -ခု.

ငါးဖျင်းကြင် / ŋə`phyin Can/ *n. icht. Perilampus atpar* Ham. Buch.

ငါးဖျင်းသလက် / ŋə`phyin θəlɛʔ/ *n. icht.* osphrominidée, *Trichogaster fasciatus.*

ငါးဖဲဖြူ / ŋə`PHɛ phyu/ *n. icht. Amblypharyngadon mola,* poisson d'eau douce, comestible.

ငါးဖတ် / ŋəPHaʔ/ *n. cf.* ငါးပတ် , poisson d'eau douce, sans écailles.

ငါးမူး /ˋŋa ˋmu/ *n.* 1. cinquante pyas, ou une demi-roupie birmane ; cinquante centimes ; 2. un demi-pouce ; 3. un demi acre ; 4. 8,48 grammes, mesure de poids pour matières précieuses, médicaments etc...; >ငါးမူးစေ့ /ˋŋa ˋmu Si'/ *n.* pièce de cinquante centimes, *cl.* - စေ့ ·

ငါးမူးလေး /ˋŋa mu ˋle/ *n.* poids de 8,48 grammes, poids d'orfèvre ou de pharmacien etc..., *cl.* -တုံး, -ခု, -လုံး.

ငါးမတ် /ˋŋa maʔ/ *n.* 1. mesure de longueur : un pouce un quart ; 2. mesure de poids : 21,20 grammes ; 3. monnaie : un kyat un quart, 1 K. 25 ; 4. un acre un quart.

ငါးမန်း / ŋəˋmaN/ *n.* requin.

ငါးမန်းကျွဲ /ŋə ˋmaN ˋCuɛ/ *n. zool. Sphryna Blochii*, requin-marteau, poisson-marteau.

ငါးမန်းခါး / ŋəˋmaN ˋkha/ *n. icht. Rhinobatos Djeddensis, se dit aussi* ငါးမန်းဘူးမြှောက်.

ငါးမန်းခေါင်းဝိုင်း / ŋəˋmaN ˋgɔN ˋUaiN/ *n. icht. Carcharhinus gangeticus* requin de rivière d'une longueur de 2,30 m environ.

ငါးမန်းသွယ် / ŋəˋmaN suɛ/ *n.* dent de requin, mâchoire de requin, *cl.*- ချောင်း.

ငါးမန်းသွယ်သယ် / ŋəˋman suɛ θɛ/ *n. zool. Pristis cuspidatus* ou *Pristis microdon*, poisson-scie.

ငါးမန်းဆီ / ŋəˋmaN shi/ *n.* huile, graisse de requin.

ငါးမန်းတောင် / ŋəˋmaN tɔN / *n. cf.* ငမန်းတောင် .

ငါးမန်းနီ / ŋəˋmaN ni/ *n. icht. Carcharinus manisorrah*, espèce de requin.

ငါးမန်းလွှ / ŋəˋmaN ḷua'/ *n. littéral.* scie "requin", grande scie maniée par deux hommes : passe partout, *ex.* သစ်ပင်ကို ငါးမန်းလွှနဲ့ဖြတ်ပါ။ "sciez l'arbre au passe-partout", *cl.* -လက်, - ချောင်း.

ငါးမုန့် /ŋəmɔŋ/ *n.* beignets de poissons : en particulier de maquereau bâtard de Tavoy, *ex.*ငါးမုန့်ကိုထားဝယ်မှာလုပ်ပါတယ်။ ဆီနဲ့ကြော်စားရတယ်။"les beignets de poisson sont fabriqués à Tavoy ; ils se mangent frits à l'huile".

ငါ: မျက် စေ့ /`ŋa myɛʔ Si'/ *n.* 1. maladie vénérienne ; 2. durillon (au pied), *cl.* -လုံ:.

ငါ:မြင်: / ŋə`myiN/ *n. icht. Proentropiichtys taakree*, grand poisson chat à grandes arrêtes dorsales et barbillons à la mâchoire inférieure ; poisson d'eau douce.

ငါ:မြင်:ရင်: / ŋə`myiN `yiN/ *n. icht. Pseudeutropius goongwaree*, espèce de poisson chat.

ငါ:မြိတ်ချင်: / ŋəmyiʔ `ChiN/ *n. icht. Labeo Rohita*, sorte de carpe à reflets rouges (Moulmein).

ငါ: မွေ:ရာ /`ŋa `mue ya/ *n.* vivier, élevage de poissons, *cl.*- ရင်,- နေရာ.

ငါ: မွေသိုး: / ŋəmue`THo/ *n. icht. Rhynchobdilla ocilatta*, poisson d'eau douce ressemblant à une petite anguille.

ငါ:မျာ:- /`ŋa `m̥ya-/ *v.* pêcher à la ligne ; / ŋə`m̥ya/ *n.* ligne, canne à pêche, *cf.* ငါ:မျာ:တံ, ငါ:မျာ:တန်: , *cl.* -လက်, - ချောင်:.

ငါ:မျာ:ကြိုး / ŋə`m̥ya `Co/ *n.* ligne, pour pêcher, *cl.* -ချောင်:.

ငါ:မျာ:ချိတ် / ŋə`m̥ya CHeʔ/ *n.* hameçon, pour la pêche, *cl.* - ခု.

ငါ:မျာ:တန်: / ŋə`m̥ya `TɔN/ *n.* ligne prête pour la pêche, munie de crins garnis d'hameçons.

ငါ:မျာ:တံ / ŋə`m̥ya TɔN/ *n.* canne à pêche, garnie de sa ligne, *cl.* -လက်, -တံ, - ချောင်:.

ငါ:မျာ:ထိတ် / ŋə`m̥ya thiʔ/ *n.* pointe, avec barbe, ou cran de l'hameçon.

ငါ:ရိုး: /`ŋa `yo/ *n.* arête de poisson, *cl.* - ချောင်:.

ငါ:ရိုး:ချုပ် /`ŋa `yo choʔ/ *n.* couture en "arête de poisson", couture joignant des étoffes bord à bord : ++++++++++ ; *s'utilise plus rarement, comme verbe,* faire une couture bord à bord.

ငါ:ရိုး:တောင်ဆုံ /`ŋa `yo tɔN SON/ *n.* ailerons de poissons, paire de nageoires derrière la tête, ou près de la queue, *cl.* - ဆုံ.

ငါ:ယောင်ခေါက်- /ŋəyɔn khɔʔ-/ *v.* effrayer le poisson pour le faire fuir vers le filet.

ငါးရစ် /ŋəyiʔ/ *n.* sorte de carpe, comestible: *Barbus schanicus* Boulenger.

ငါးရစ်တက် -/ŋəyiʔ tɛʔ-/*v.* 1.monter en surface,en parlant de jeunes anguilles montant à la surface de l'eau, à l'époque du frai ; 2. fourmiller et s'agiter, se livrer à une agitation bruyante et joyeuse en parlant d'une foule en liesse.

ငါးရံ့ /ŋəyaN'/ *n. icht. Ophiocephalus striatus* poisson d'eau douce à tête aplatie et moustaches. Le corps est rond ; la peau est noir-verdâtre, à rayures foncées ; comestible, la tête se mange en bouillon, ou " ငါးရံ့ခေါင်းစွတ်ပြုတ် ".

ငါးရံ့ကိုယ် / ŋəyaN' ko/ *n.* corps de jeune fille bien faite : ni grosse, ni maigre; bonnes proportions, *ex.* ငါးရံ့ကိုယ်နဲ့ မိန်းကလေးဟာ လှပါတယ်။ "une jeune fille bien faite est jolie".

ငါးရံ့ခေါင်းတို / ŋəyaN' `gɔN to/ *n.* espèce d'ophiocephalus à tête courte.

ငါးရံ့ပြားလူး /ŋəyaN' pya `lu/ *expression adv.* affolement, avec affolement.

ငါးရှဉ့် /ŋəʃiN'/ *n. icht. Amphipnous cuchia,* anguille.

ငါးရှဉ့်ကျား / ŋəʃe `Ca/ *n. cf.* ငါးလင်ပန်း.

ငါးလူး /ŋə`lu/ *n. icht.* 1. *Mugil Hamiltoni,* espèce de mulet ; 2. *Crossochilus latus,* espèce de carpe.

ငါးလူးငါးလဲ /ŋə`lu ŋə`lɛ/ *n.* de poisson d'eau douce, se trouve en Birmanie centrale.

ငါးလင်ပန်း / ŋəlIN `PaN/ *n.* sorte d'anguille de mer, *Anguilla bicolor.*

ငါးလိပ်ကျောက် /ŋəleʔ Cɔʔ/ *n.* espèce de grosse raie à longue queue, se ren-contre dans la région de Tavoy.

ငါးလုပ်ငန်း /`ŋa loʔ `naN/ *n.* pêcheries ; éleyage, pêche et industrie du poisson, *cl.* - ရပ် .

ငါးဝက်စပ် /ŋəUɛʔSaʔ/ *n. icth. Gerres setifer* et *Gerres oyena*, espèces de perches, argentées à nageoire dorsale jaune.

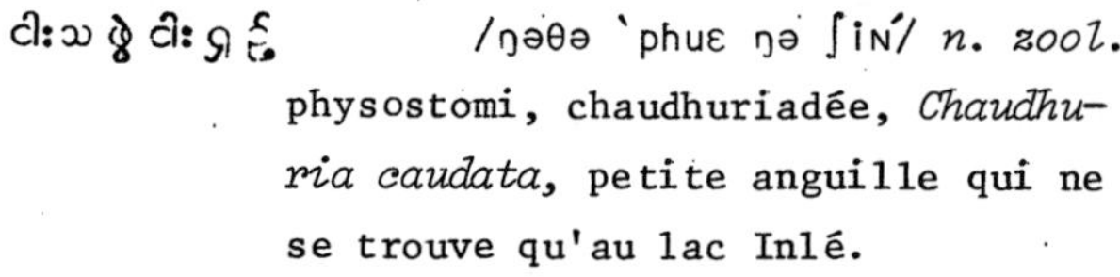

ငါးသဖွဲ့ငါးရှင် /ŋəθə `phuɛ ŋə ʃiN/ *n. zool.* physostomi, chaudhuriadée, *Chaudhuria caudata*, petite anguille qui ne se trouve qu'au lac Inlé.

ငါးသလဲထိုး /ŋəθə`lɛ `tho/ *n. Lepidocephalus herdmorei*, très petit poisson d'eau douce.

ငါးသလောက် /ŋəθəlɔʔ/ *n. icht. Hilsa ilisha*, alose (Irawadi, Salwin) *prov.* မယားမှာဆံတောက်၊ ငါးမှာ ငါးသလောက်။ "parmi les femmes, celle aux cheveux bouclés, ¡parmi les poissons, l'alose".

ငါးသလိမ် / ŋəθəleN/ *n.* petit poisson très fin, se mange en friture ; saisonnier : abondant en septembre.

ငါးသိုင်း / ŋə`θaiN/ *n. icht. Cyprinus rohita*, carpe de Taunggou, à la chair très appréciée, au goût très fin, *prov.* ငါးသိုင်းများသော ဟင်း ဟုန်။ "L'excès, même en carpe de Taunggou, gâte le plat".

ငါးသေတ္တာ /`ŋa θiʔTa/ *n.* boîte de conserve (de poisson), *cl.* – ဗူး *ou* – ဘူး.

ငါးသန်းနု / ŋə`θaN NU'/ *ou* ငါးနုသန်း /ŋənu' `θaN/ *n. icht. Callichrus pabda*, *C. pabo*, et *C. bimaculatus*, poisson-chat à queue fourchue.

ငါးသံချိတ် /ŋəθaN CHeʔ/ *Pseudotropius acutircstris* Day petit poisson chat.

ငါးဟောက် /ŋəhɔʔ/ *ou* သင်ပေါင်းထိုး *n.* sorte de murène.

ငါးဟင်းခါး / ŋə`hiN `KHa/ *n.* poisson de lac, *cf.* ငါးခေါင်းပွ.

ငါးအင်း /`ŋa `ʔiN/ *n.* vivier, réserve à poissons, *cl.* – အင်း, – ခု.

ငါးအုံး / ŋə`ʔON/ *n. icht. Anthias multidens* et *Variola louti*, espèces de perches.

ငု /ŋu'/ *n. bot.* césalpiniacée, *Cassia fistula* Linn., canéficier, arbre à fleurs jaunes, en grappes, ornemental ; une espèce se dit ငုကြီး /ŋu' `Ci/ *ou* ငုရွှေ /ŋu' ʃue/ ; ses fruits sont bons pour l'intestin, et sont utilisés comme laxatif.

ငုစပ် /ŋu' saʔ/ *n. bot.* césalpiniacées, 1. *Cassia nodosa* Ham., arbre à fleurs blanches, légèrement rosées, odorantes ; *se dit aussi* ငုသိမ် ; 2. *Cassia renigera* Wall., arbre à fleurs blanches et roses, *se dit aussi* ဖွါးဖက်.

ငုရွှေ /ŋu' ʃue/ *n. bot. Cassia fistula,* Linn., canéficier, *se dit aussi* ငုကြီး.

ငုသိမ် /ŋu' θeɴ/ *n. bot.* césalpiniacée, *Cassia nodosa* Ham. arbre ornemental à fleurs blanches et roses, odorantes, *cf.* ငုစပ် (1.)

ငူ /ŋu/ *n. ornith.* colombidée, *Treron bicincta* Vieillot, pigeon impérial, comestible.

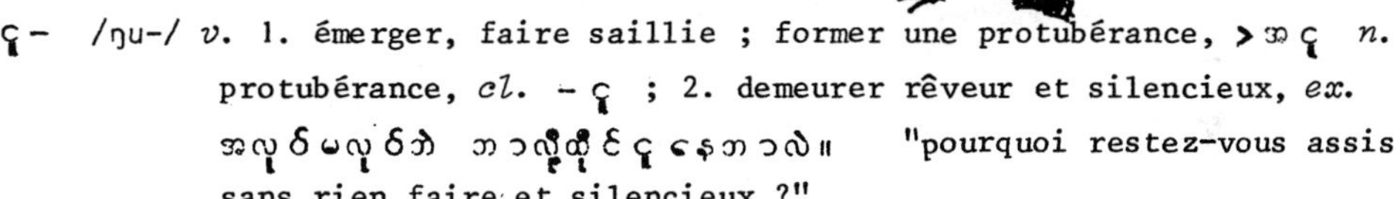

ငူ- /ŋu-/ *v.* 1. émerger, faire saillie ; former une protubérance, > အငူ *n.* protubérance, *cl.* - ငူ ; 2. demeurer rêveur et silencieux, *ex.* အလုပ်မလုပ်ဘဲ ဘာလို့ထိုင်ငူနေတာလဲ။ "pourquoi restez-vous assis sans rien faire et silencieux ?"

ငေး- /`ŋe-/ *v.* 1. regarder fixement, parce qu'on est perdu dans ses pensées ; avoir un regard vide, ou vague, du fait qu'on rêve à quelque chose ; 2. regarder attentivement quelque chose, examiner attentivement un objet.

ငေးကြောင်- /`ŋe cɔɴ-/ *v.* demeurer surpris et indécis, être désorienté.

ငေးတိငိုင်တိုင် /`ŋe ti' ŋaiɴ taiɴ/ *n. adv.* air désorienté, air ahuri, *ex.* တောသားမြို့ရောက်တော့ ငေးတိငိုင်တိုင်နဲ့ ဘယ်သွားရမှန်းမသိတော့ဘူး။ "quand un campagnard arrive en ville, tout désorienté, il ne sait où aller" ; ငေးတိုင်တိုင်လုပ်မနေနဲ့။ "ne reste pas là tout ahuri".

ငေးတေးတေး /`ŋe `te `te/ *n. adv.* air songeur, regard vide, vague.

ငေးမော- /`ŋe `mɔ-/ *v.* regarder quelque chose d'un air rêveur, *ex.* ဘာများ ငေးမောနေသလဲ။ "qu'est-ce que tu es en train de regarder d'un air rêveur ?"

ငေးမှိုင်- /`ŋe m̥aiN-/ *v.* être nostalgique, avoir l'air songeur et triste.

ငဲ့- /ŋɛ'-/ *v.* 1. pencher, incliner, retourner, renverser, *ex.* မိန်းကလေးက ခေါင်းကလေးငဲ့ပြီး ပြုံးတယ်။ "la jeune fille pencha la tête en souriant" ; 2. guetter, surveiller du coin de l'oeil ; 3. prendre partie pour, considérer avec affection, sympathie, *ex.* သူဟာ မိဘကျေးဇူးကို မငဲ့ဘဲ မကောင်းတဲ့အလုပ်လုပ်တယ်။ "ingrat, sans considération pour ses parents, il agit mal".

-ငဲ့ /-Nɛ'/ *e. litt. et arch., équivalent de* ၏ *, marque du génitif ou marque modale.*

ငဲ့ကွက်- /ŋɛ' kuɛʔ-/ *v.* prendre parti pour, prendre en considération, avec sympathie, affection.

ငဲ့စောင်း- /ŋɛ' `sɔN-/ *v.* 1. porter quelque chose de travers, incliné ou penché ; 2. jeter un coup d'oeil de côté, regarder du coin de l'oeil, *ex.* မနီဟာ မောင်ဘ ပြောတဲ့စကားကို မကြားသလို ငဲ့စောင်းလို့တောင် မကြည့်ဘူး။ "prétendant ne pas entendre les paroles de Maung Ba, Ma Ni ne le regarde même pas du coin de l'oeil".

ငဲ့ဆုတ်- /ŋɛ' shoʔ-/ *v.* être retenu d'agir, de faire quelque chose, par le respect, l'affection, la considération... *ex.* မငဲ့မဆုတ်တိုင်းပြည်တာဝန်ကို ထမ်းဆောင်မယ်။ "nous ferons notre devoir sans être retenus par aucune considération".

ငဲ့ညှာ- /ŋɛ' ŋ̥a-/ *v.* avoir égard à, considérer avec affection, amour, sympathie, *ex.* လူဆိုးကို ဘာဖြစ်လို့ငဲ့ညှာရမလဲ။ "pourquoi devrait-on avoir des égards pour un triste individu ?"

ငယ်- /ŋɛ-/ *v.* 1. être petit, en parlant d'êtres animés, d'ojets inanimés, d'espace, *ex.* သူက ကျွန်မထက် ငယ်တယ်။ "il est plus petit que moi" ; 2. être jeune, *ex.* သူ့အသက်နဲ့စာရင် သူ ငယ်ပါပုံရတယ်။ "il paraît plus jeune que son âge", ငယ်ကအချစ် အနှစ်တရာ မမေ့သာ။ "on n'oublie pas un amour d'enfance pendant un siècle".

ငယ် /ŋɛ/ *n. zool.* tragulidée,
de la taille d'un lapin ,
répandu en Asie du Sud-Est:"agouti".

ငယ်ကိုယ် /ŋɛ ko/ *n.* taille d'enfant, corps d'enfant, silhouette juvénile, *ex.* အသက်ကြီးသော်လည်း ငယ်ကိုယ်မပျောက်လှတုံးဘဲ။ "malgré son âge, elle n'a pas perdu sa silhouette juvénile".

ငယ်ကျိုးငယ်နာ /ŋɛ `Co ŋɛ na/ *n.* sottise d'enfant, enfantillage, défaut enfantin, *ex.* ငယ်ကျိုးငယ်နာ ဖော်ပြီး မဆဲပါနဲ့။ "ne la taquinez pas en dévoilant ses bêtises d'enfant".

ငယ်ကျင့်စွဲ- /ŋɛ CIN' `suɛ-/ *v.* prendre l'habitude, dès l'enfance.

ငယ်ကြောက် /ŋɛ cɔʔ/ *n.* personne que l'on craint ou respecte depuis l'enfance, personne que l'on a toujours crainte ou respectée, *ex.* သူက တော့ ငယ်ကြောက်မို့ ပြန်ပြီးမတော်လှန်ဝံ့ဘူး ။ "je n'ose pas me révolter parce que je le crains depuis mon enfance", *cl.*- ယောက်.

ငယ်ကျွန် /ŋɛ CUN/ *n.* vieux serviteur, personne au service de quelqu'un depuis son enfance, *ex.* ငယ်ကျွန်နဲ့ ခရီးသွားတယ်။ "il est parti en voyage avec son vieux serviteur", *cl.* - ယောက်.

ငယ်ကျွမ်း /ŋɛ `CUN/ *n.* personne que l'on connaît depuis son enfance, *cl.* - ယောက်.

ငယ်ချေး /ŋɛ `chi/ *n.* méconium, souillures du nouveau-né, souillures incontrôlées, *ex.* သူခိုးဟာ လန့်ဖျပ်ပြီး ငယ်ချေးပါနေတယ်။ "le voleur éprouvait une peur physique".

ငယ်ချစ် /ŋɛ chiʔ/ *n.* ami, personne aimée, depuis l'enfance, *ex.* ကံကောင်းလို့ ငယ်ချစ်ဟောင်းနဲ့ ပေါင်းရတယ်။ "il a de la chance, il a pu s'unir à une amie d'enfance", *cl.* - ယောက်, - ဦး.

ငယ်ခြေ /ŋɛ che/ *n.* habitudes de jeunesse.

ငယ်ငေါင်း /ŋɛ `ŋɔN-/ *v.* être minuscule, être microscopique, *ex.* ဒီပိုး မွှားက ငယ်ငေါင်းတော့ မျက်စိနဲ့မမြင်နိုင်ဘူး။ "ce parasite est tellement minuscule qu'on ne peut le voir à l'oeil nu".

ငယ်စဉ်ကြီးလိုက်ကိန်း /ŋɛ SIN `ci laiʔ `keN/ *n.* nombres rangés en ordre croissant, *ex.* ၁၊ ၃၊ ၄ ... ။ "1, 3, 4...", ၉၁၊ ၉၂၊ ၉၃၊ ၉၄။ "91, 92, 93, 94", *cl.* - ရပ်, - ခု, - စဉ်, - တန်း.

ငယ်စဉ်တောင်ကျေး /ŋɛ SIN tɔN `ce/ *n.* enfance, *ex.* ငယ်စဉ်တောင်ကျေးက

တစား‌ဖော်များကို တသက်လုံးမမေ့နိုင်။ "on se souvient toute sa vie des compagnons de jeux de son enfance".

ငယ်စိတ် /ŋɛ seʔ/ *n.* caractère enfantin, âme, esprit d'enfant, *ex.* အသက်ကြီးသော်လည်း ငယ်စိတ်ကမကုန်သေးဘူး။ "bien qu'il soit grand il a encore un caractère enfantin".

ငယ်စွအဆုံး /ŋɛ sua' ʔəˋshoN/ *n.* le cadet, le plus jeune ; le plus petit (être animé ou objet inanimé), *ex.* ငယ်စွအဆုံး ကိုမှ ရွေးယူတယ်။ "il n'a pris que le plus petit".

ငယ်ဆရာ /ŋɛ shəya/ *n.* premier maître, personne qui (vous) a enseigné les premiers rudiments, *cl.* – ဦး , – ယောက်.

ငယ်ထိပ် /ŋɛ theʔ/ *n.* fontanelle, > ငယ်ထိပ်မြှေပေါက် /ŋɛ theʔ mue pɔʔ/ *n. adv.* comme foudroyé (par le chagrin), (nouvelle) foudroyante.

ငယ်နာ /ŋɛ Na/ *n.* défaut dans une pierre précieuse, crapaud dans un diamant, *cl.* – ခု.

ငယ်နာမည် /ŋɛ nami/ *n.* nom d'enfant, *cf.* ငယ်နံမည်.

ငယ်နိုင် /ŋɛ naiN/ *n.* 1. personne qui a de l'autorité sur vous depuis l'enfance, personne qui a toujours eu plus d'autorité que soi-même, que l'on a toujours dû écouter, *cf.* ငယ်ကြောက် ; 2. adversaire qui a toujours le dessus sur vous, concurrent toujours vainqueur contre vous, *cl.* – ဦး , – ယောက်.

ငယ်နံမည် /ŋɛ Namɛ/ *n.* nom d'enfant : nom provisoire donné à la naissance, *ex.* ဒေါ်မြရဲ့ငယ်နံမည်က ဘုတ်ဆုံဖြစ်တယ်။ "Le nom d'enfance de Do Mya était 'la grosse mère' ", *cl.* – လုံး , – ခု.

ငယ်ပါ /ŋɛ Pa/ *n.* appellation polie du sexe masculin.

ငယ်ပျောင်း– /ŋɛ ˋŋɔN-/ *v.* être minuscule, microscopique, *même sens que* ငယ်ပေါင်း –.

ငယ်ပေါင်း /ŋɛ ˋPɔN/ *n.* camarade d'enfance, *cl.* – ယောက်.

ငယ်ပေါင်းကြီးဖော် /ŋɛ ˋPɔN ˋCi PHɔ/ *n.* vieux camarade, camarade que l'on a conservé de l'enfance à l'âge mûr ; ami de toujours, *ex.* ကျွန်တော်တို့ဟာ ကွေယာ ငယ်ပေါင်းကြီးဖော်တွေမို့ တဦးနဲ့တဦး အင်မတန်ခင်မင်ကြတယ်။ "nous avons une grande affection mutuelle car nous sommes amis de toujours", *cl.* – ယောက် , – ဦး.

ငယ်ဖော် /ŋɛ PHɔ/ *n.* camarade d'enfance, *cl.* – ယောက်.

ငယ်ဖြူ- /ŋɛ phyu-/ *v.* garder son innocence, sa virginité, être resté pur comme un enfant, se dit d'un moine entré au monastère trop jeune pour avoir eu des relations sexuelles, et qui n'a plus quitté le monastère.

ငယ်ဖြူ /ŋɛ PHyu/ *n.* 1. célibataire, homme ou femme, *cl.* - ယောက် ; 2. bonze ou nonne entré dès l'enfance au monastère, *ex.* ဒီဆရာတော်ကြီးဟာ "တောထွက်" မဟုတ်ဘူး။ ငယ်ဖြူပဲ။ "cet abbé n'a pas eu à quitter le monde : il est bonze depuis son enfance, *cl.* - ပါး.

ငယ်မူ /ŋɛ mu/ *n.* attitude naturelle, conduite habituelle, façons que l'on a depuis l'enfance.

ငယ်မူငယ်ရာ /ŋɛ mu ŋɛ ya/ *n.* gestes, conduite habituels : ceux qué l'on a depuis l'enfance, *cl.*- ရပ် , - ခု ; *se compte rarement.*

ငယ်မူပြန်- /ŋɛ mu pyaɴ-/ *v.* retomber en enfance, devenir gâteux ; 2. se conduire comme un enfant, alors qu'on a atteint l'âge mûr, *péjoratif* ; > ငယ်မူပြန်ခြင်း /ŋɛ mu pyaɴ `CHiɴ/ *n. méd.* régénérescence, rajeunissement.

ငယ်မူရာ /ŋɛ mu ya/ *n.* attitude, conduite habituelle, naturelle, acquise depuis l'enfance ; *même sens que* ငယ်မူငယ်ရာ , *cl.*- ရပ် , - ခု ; *se compte rarement.*

ငယ်မည် /ŋɛ mi/ *n.* 1. nom d'enfant : nom que l'on reçoit à la naissance ou dès l'enfance ; 2. nom de naissance d'un phongyi, *cl.* - ခု .

ငယ်မျစ်- /ŋɛ myiʔ-/ *v.* être très jeune ; paraître très jeune, paraître moins que son âge, *ex.* သူ့အသက်နဲ့မလိုက်အောင် ငယ်မျစ်တယ်။ "il fait beaucoup plus jeune que son âge".

ငယ်မွေးချင်းပေါက် /ŋɛ `mue chaɴ Pɔʔ/ *n.* animal né et élevé chez soi, *cl.* - ကောင် ; 2. personne avec laquelle on a toujours vécu, personne élevée chez soi depuis sa petite enfance, ou que l'on a vu naître chez soi, *ex.* သူတို့ဟာ ငယ်မွေးချင်းပေါက်တွေဆိုတော့ စိတ်ချရတယ်။ "on peut être sûr d'eux puisqu'on les a vus naître", *cl.*- ယောက်.

ငယ်ရူး /ŋɛ `yu/ *n.* fou de naissance, *cl.* - ယောက်.

ငယ်ရည်းစား /ŋɛ`yi `Sa/ *n.* ami(e) d'enfance, celui ou celle ont on est amoureux depuis sa jeunesse, amour d'enfance, *cl.* - ယောက်.

ငယ်ရုပ် /ŋɛ yoʔ/ *n.* aspect, visage que l'on a lorsqu'on est jeune, *ex.*

ငယ်ရုပ်မဖမ်းနိုင်အောင် အိုစာသွားတယ်။"elle a tellement vieilli que je ne peux plus me la représenter jeune".

ငယ်ရွယ်- /ŋɛ yuɛ-/ *v.* être jeune, *ex.* ငယ်ရွယ်တုန်း စာကြိုးစားပါ။ "efforcez-vous d'étudier tant que vous êtes jeune".

ငယ်လင် /ŋɛ lɪɴ/ *n.* le premier amoureux, ou l'ami d'enfance, devenu le mari, *cl.* - ယောက်.

ငယ်လင်ငယ်မယား /ŋɛ lɪɴ ŋɛ mə`ya/ *n.* couple de vieux amoureux, couple formé demuis la jeunesse, *cl.* - ယောက်(နှစ်-).

ငယ်လောင်း /ŋɛ `lɔɴ/ *n.* mulot, petite souris, *ex.* ကြွက်ငယ်လောင်းကို ကျမအလွန် ကြောက်တယ်။ "j'ai très peur des petites souris" ; *voir aussi* ကယ်လောင်း.

ငယ်လျ- /ŋɛ lya'-/ *v.* être petit et allongé, mince et plat, fin, élégant.

ငယ်သား /ŋɛ `θa/ *n.* employé subalterne, subordonné, dans un bureau, une administration, "lieutenant" dans un gang, *ex.* ငယ်သားကို ချစ်ခင်လှတဲ့ ရုံးအုပ်ကြီး ။ "un chef de bureau empressé auprès d'une subordonnée".

ငယ်သူငယ်ချင်း /ŋɛ θəŋɛ `CHɪɴ/ *n.* ami d'enfance, *cl.* - ယောက်.

ငယ်သံ /ŋɛ θaɴ/ *n.* voix aigüe, voix d'enfant; >ငယ်သံပါ- /ŋɛ θaɴ pa-/ *v.* avoir une voix aigüe.

ငယ်သွား /ŋɛ `θua/ *n.* dents de lait, *ex.* ဒီကလေးငယ်သွားမလဲသေးဘူး။ "cet enfant n'a pas encore perdu ses dents de lait", *cl.*- ချောင်း.

ငယ်သွေး /ŋɛ `θue/ *n.* teint d'enfant, aspect juvénile.

ငေါ့- /ŋɔ'-/ *v.* 1. s'avancer au-dessus, surplomber, faire saillie ; 2. se moquer, *ex.* ကျမလုပ်လို့မရတဲ့ကြားထဲ မလှက ငေါ့ပြုံးတယ်။ tandis que je n'arrive pas à faire ce travail, Ma Hla se moque de moi", သူကကျမသူဌေးဖြစ်မယ်လို့ ငေါ့နေတယ်။ "il prétend en se moquant, que je suis riche".

- ငေါ့ငဲ့ /ŋɔ' ŋɛ'/ *n. e.* en pointe, (objet) se dressant verticalement, *ex.* စာကလေးတကောင်ဟာ အမြီးငေါ့ငဲ့နဲ့ အော်မြည်နေတယ်။ "le petit oiseau sifflait la queue dressée".

ငေါ့တော့တော့ /ŋɔ' tɔ' tɔ'/ *n. adv.* reproche, critique ; avec ironie, avec reproche, *ex.* ငေါ့တော့တော့ ပြောတယ်။ "j'ai fait une réflexion critique", "j'ai parlé ironiquement".

ငေါ့လုံး /ŋɔ' `loN/ *n.* brocards, reproches ironiques, plaisanteries critiques, pointes, piques, *ex.* သတင်းစာက ငေါ့လုံးတွေ ရေးပြီး ကဲ့ရဲ့ကြပါတယ်။ "les journaux critiquent en lançant des piques",*cl.*- ရပ်.

ငေါ- /ŋɔ-/ *v.* 1. crier, *ex.* ဒေါင်းငေါသံ သာယာသလား။ "le cri du paon est-il agréable ?" ; 2. avoir mauvais goût, avoir un goût âcre, *ex.* ဒီဆေးဟာ မပြင်းမငေါ ပါဘူး။ "ce médicament n'a pas trop de goût, il n'est pas âcre" ; 3. projeter en avant, faire pointer en avant ; faire saillie, être protubérant, *ex.* အောက်နှုတ်ခမ်း ငေါထွက်နေတဲ့လူဟာ မလှပါ။ "les gens qui ont la lèvre inférieure saillante ne sont pas beaux" ; 4. être bien connu, être évident.

- ငေါငေါ /-ŋɔ ŋɔ/ *ou* ငေါငေါ- /ŋɔ ŋɔ-/ *n.e.* (chose) très distincte, (impression) très forte, *ex.* အသံငေါငေါကြားရင် ကျွမ ရင်တုန်တယ်။ "en entendant ce grand bruit, j'ai eu peur".

ငေါငက်- /ŋɔ ŋɛʔ-/ *v.* rendre un son désagréable, faire du bruit, parler d'un ton désagréable, *ex.* ဖေဖေက ငေါငက်လိုက်တယ်။ "mon père a parlé d'un ton grondeur".

ငေါငြီး- /ŋɔ `ŋi-/ *v.* résonner, faire du bruit, grincer, *ex.* မငေါငြီးအောင် ဆီနဲ့နဲ့ထည့်လိုက်ပါ။ "mets de l'huile pour que ça ne grince pas".

ငေါတုးတုး /ŋɔ `tu `tu/ *n. adv.* parole brutale ou rude ; façon de parler brutale, sèche, *ex.* ယဉ်ကျေးတဲ့လူများဟာ စကားပြောရင် ငေါတုးတုးမပြော၊ ချိုချိုသာသာ ပြောသည်။ "Les gens bien élevés ne parlent pas avec rudesse, ils parlent gentiment".

ငေါတော် /ŋɔ tɔ/ *n. poét.* façon de parler brutale.

ငေါတော်ငက်တက် /ŋɔ tɔ ŋɛʔ tɛʔ/ *n.* façon de parler désagréable, paroles désagréables, *ex.* ငေါတော်ငက်တက်တွေလာမပြောနဲ့။ "ne viens pas dire de choses désagréables".

ငေါတော်ငေါက်တောက် /ŋɔ tɔ ŋɔʔ tɔʔ/ *n.* façon de parler désagréable, *même sens que* ငေါတော်ငက်တက်.

ငေါ်- /`ŋɔ-/ *v.* 1. surplomber, faire saillie, *ex.* ခြေကျိုးပြီး အရိုး ငေါ်ထွက်နေတယ်။ "il s'est cassé la jambe et l'os fait saillie" ; 2. être très haut, dépasser en hauteur.

ငေါ် /`ŋɔ/ *n.* corniche, surplomb, *ex.* ဒီငေါ်ထဲမှာ သစ်ခွပန်းရှိတယ်။ "dans cette corniche, il y a des orchidées".

ငို့ဘ /ŋo' ba'/ *n.* anagramme de ငါ့ဘို့ , égoïste, ambitieux, *ex.* နိုင်ငံရေးသမားဟာ ငို့ဘချည်းဘဲ။ "les politiciens ne sont que des ambitieux", *cl.* - ယောက်.

ငို- / ŋo - / *v.* 1. pleurer, *ex.* ငိုဝိုးတော့ တောင်းပန်မယ်။ "je le supplierai en pleurant" (သာဓုအမိနာ, 198), ငိုအားထက်ရယ်အားသန်။ "c'est lamentable et risible à la fois" ; 2. s'humidifier, "suer", en parlant de certaines denrées, *ex.* မိုးစိုတဲ့ယမ်းငိုလို့မပေါက်နိုင်တော့။ "la poudre qui a pris l'humidité ne part plus".

ငိုကြီးချက်မ /ŋo `Ci chɛʔ Ma'/ *n.* gros sanglots, *ex.* ငိုကြီးချက်မနဲ့လာတောင်းပန်တော့လည်း ခွင့်လွှတ်လိုက်ရတာပေါ့။ "il est certain aussi que le pardon a été accordé parce qu'on l'a supplié avec de gros sanglots".

ငိုကြောရှည် /ŋo `Cɔ ʃe-/ *v.* pleurer continuellement ; s'attarder à pleurer, ne pas s'arrêter de pleurer, *ex.* ငိုကြောရှည်ကြီးရေ၊ မငိုပါတော့နဲ့။ "petit pleurnicheur, ne pleure plus".

ငိုကြွေး- /ŋo `cue-/ *v.* sangloter, pleurer bruyamment.

ငိုချင်လျက်လက်တို့- /ŋo CHIN lyɛʔ lɛʔ to'-/ *v.* aller dans le sens du désir de quelqu'un, donner (à quelqu'un) l'occasion de faire ce qu'il désire, *littéral.* "heurter quelqu'un qui avait justement envie de pleurer", tomber à pic, *ex.* သူ့အဖို့ ငိုချင်လျက်လက်တို့ ဖြစ်သွားတာပေါ့။ "pour lui, c'est très bien tombé".

ငိုချင်း /ŋo `CHIN/ *n.* texte triste en prose ou en vers, passage triste d'une pièce de théâtre, morceau littéraire sur le mode larmoyant, *cl.* - ပုဒ် , - ပိုဒ်.

ငိုချင်းချ- /ŋo `CHIN cha'-/ *v.* mimer un chant triste, réciter sur le mode larmoyant, au théâtre.

ငိုချင်းသည် /ŋo `CHIN θɛ/ *n.* pleureur, pleureuse professionnels à des funérailles, *cl.* - ယောက်.

ငိုတလုံးရယ်တလုံး /ŋo tə`lON yɛ tə`lON/ *n. adv.* moitié pleurant, moitié riant, pleurant et riant à la fois, *ex.* ငိုတလုံးရယ်တလုံးနဲ့ လာပြောတော့လည်း လက်ခံလိုက်ရတာပေါ့။ "puisqu'il venait nous dire ça moitié pleurant, moitié riant, il fallut bien l'admettre".

ငိုပွဲ /ŋo `Puɛ/ *n.* deuil général, marqué par une scène collective de pleurs, par une assistance en pleurs, *ex.* အဆိုကျော်ကြီးဆုံးတဲ့သတင်းကြားတော့ လူမျိုးဖြူစု ငိုပွဲဆင်ပါတော့တယ်။ "quand la nouvelle de la mort de la vedette fut connue, tout un groupe de jeunes filles se livra à une scène de pleurs collectifs".

ငိုမဲ့- /ŋo mɛ'-/ *v.* être prêt à pleurer, être au bord des larmes, *ex.* ငိုမဲ့တဲ့ မျက်နှာထွင်နဲ့လှည့်ထွက်သွားတယ်။ "il a dû se retourner et sortir, avec, sur le visage, l'expression de quelqu'un qui va pleurer".

ငိုမြည်- /ŋo myi-/ *v.* pleurer bruyamment.

ငိုယို- /ŋo yo-/ *v.* pleurer à chaudes larmes, laisser couler ses larmes, *ex.* အရိုက်ခံရတဲ့ကလေးဟာ ငိုယိုပြီး မိခင်ထံ ပြေးတိုင်ပါတော့တယ်။ "l'enfant battu courut se plaindre à sa mère en pleurant".

ငိုသံပါ- /ŋo θaɴ pa-/ *v.* parler d'une voix altérée par l'envie de pleurer, brouillée par les larmes, *ex.* ကလေးက ငိုသံပါနဲ့ တိုင်ပြောနေတယ်။ "l'enfant se plaignit avec des larmes dans la voix".

ငိုးငိုးငွါးငွါး /`ŋo `ŋo `ŋua `ŋua/ *n. adv.* de façon gigantesque, *ex.* ဒီအလံတိုင်ကိုပန်းခြံထဲမှာ ငိုးငိုးငွါးငွါး စိုက်ထူထားသည်။ "le mât du drapeau se dresse, immense, dans le jardin".

ငိုးငေါက် /`ŋo ŋɔʔ/ *n. adv.* se dressant très haut, dominant de haut, *ex.* ငိုးငေါက်ထောင်နေသောတိုင်ပေါ်တွင် စွန်တကောင်ငြိနေတယ်။ "le cerf-volant est resté accroché à un poteau qui se dresse très haut".

ငိုးတိုးငေါက်တောက် /`ŋo 'to ŋɔʔ tɔʔ/ *n. adv.* se dressant très haut, *cf.* ငိုးငေါက်.

ငက်- /ŋɛʔ-/ *v.* 1. convoiter ; 2. parler, *litt.*, *poét.*

ငေါက်- /ŋɔʔ-/ *v.* 1. parler fort, de colère, parler brutalement, faire des reproches ; 2. surplomber, être très haut, >ငေါက်ကနဲ /ŋɔʔ Kə`ɴɛ/ *n. adv.* en se dressant brusquement.

ငေါက်ငက် /ŋɔʔ ɴɛʔ/ *n. adv.* en surplomb, dressé, *cf.* ငိုးငေါက်.

ငေါက်ငန်း- *ou* ငေါက်ငမ်း- /ŋɔʔ `ŋaɴ- / *v.* parler haut, en signe de reproche, parler brutalement, *ex.* သားကို မငေါက်မငမ်းပါနဲ့။ "ne criez pas après le fils".

ငေါက်ဆတ်ဆတ် /ŋɔʔ shaʔ SHəʔ/ *n. adv.* en parlant brutalement, avec des paroles brutales.

ငေါက်တက်တက် /nɔʔ Tɛʔ Tɛʔ/ *n. adv.* seul, tout seul, isolé (à la différence des autres), *ex.* အပေါင်းမပါတော့ တယောက်တည်း ငေါက်တက်တက်ဖြစ်နေတယ်။ "Comme il n'a pas de compagnons, il reste très isolé".

ငေါက်တောက် /ŋɔʔ Tɔʔ/ *n. adv.* en dressant, en pointant, en dirigeant vers, *ex.* လက်ညှိုး ငေါက်တောက်ထိုးပြီး ရန်မတွေ့ပါနဲ့။ "ne cherchez pas querelle, en menaçant de l'index pointé en avant..."

ငေါက်လောက် /ŋɔʔ lɔʔ/ *n. adv.* en dressant, en pointant, *cf.* ငေါက်တောက်.

ငေါက်လောက်တော်လော် /ŋɔʔ lɔʔ thɔlɔ/ *n. adv.* 1. en se dressant, *cf.* ငေါက်လောက် ; 2. *sens fig.* orgueilleusement.

ငိုက်- /ŋaiʔ-/ *v.* 1. pencher la tête, courber la tête, avoir le chef incliné : hommes, plantes, céréales ; pencher en avant, *ex.* ဒီပိုက်ကိုအရှေ့နဲ့နဲ့ ငိုက်လိုက်ပါ။ "courbez un peu ce tuyau en avant" ; 2. piquer du nez, avoir la tête qui tombe, par somnolence, *ex.* ဒီကောင်လေး ညက မအိပ်လို့ငိုက်နေပြီ။ "ce gosse a le front qui penche de sommeil, car il n'a pas dormi hier soir".

ငိုက်စိုက် *ou* ငိုက်ဆိုက် /ŋaiʔ Saiʔ/ *n. adv.* 1. la tête en avant ; la tête basse, le nez baissé, *ex.* သူ့ခမျာ ခေါင်းငိုက်စိုက်နဲ့ပြန်သွားရတယ်။ "il a dû repartir la tête basse", ဒီအရုပ်ခါးကျိုးနေလို့ အောက်ကိုငိုက်စိုက်ကျနေတယ်။ "cette poupée a le corps cassé et pique du nez vers le sol".

ငိုက်တွဲ- /ŋaiʔ `tuɛ-/ *v.* avoir la tête qui tombe, la tête qui penche, ou pend, *ex.* အသီးအနှံအောင်လို့ စပါးပင်များငိုက်တွဲကျနေတယ်။ "le paddy penche la tête parce que les épis sont bien pleins".

ငိုက်မိန်း- /ŋaiʔ `meN-/ *v.* être à moitié endormi, somnoler.

ငိုက်မျဉ်း- /ŋaiʔ `myi-/ *v.* être à demi endormi, dormir d'un oeil, somnoler, *ex.* အလုပ်ပင်ပန်းလို့ ငိုက်မျဉ်းနေတယ်။ "son travail est tellement fatigant qu'il somnole".

ငိုက်ရွမ်း- /ŋaiʔ `yuaN-/ *v.* pencher la tête, se courber, en parlant d'épis mûrs.

ငင့်- /ŋiN'-/ *v.* filer au rouet, *ex.* လာသာတုန်းဗိုင်းငင့်။ "profite du clair de lune pour filer" (*Prov.*: "ne laisse pas passer l'occasion").

ငင်- /ŋiN-/ *v.* 1. tirer vers soi, attirer, tirer sur ; tirer sur le coton pour former le fil : filer ; 2. prolonger dans le temps, faire durer au-delà du temps normal ; 3. extraire, en pressant ; *fam.* extorquer ; 4. tracer, *rare, employé dans* တချောင်းငင် ၊ နှစ်ချောင်းငင်။ "*u*" et "*ū*".

ငင်ခေါ်- /ŋiN khɔ-/ *v.* attirer, faire venir.

ငင်ချ- /ŋiN cha'-/ *v.* tirer pour faire tomber (un fruit de l'arbre, du linge d'une corde) ; faire descendre de force, en tirant (quelqu'un, par exemple).

ငင်ချိတ်- /ŋiN cheʔ-/ *v.* accrocher en tirant, comme de la viande sur un croc, un poisson sur l'hameçon, le ferrer.

ငင်တွယ်- /ŋiN tuɛ-/ *v.* tirer et garder en main, tirer vers soi et prendre ; entraîner, accrocher et traîner, comme un waggon entraîne le suivant.

ငင်ပိုက် /ŋiN Paiʔ/ *n.* filet de pêche, épervier, *cl.* -လုံး.

ငင်းငင်း /`ŋiN `ŋiN/ *n. adv.* avec espoir, avec attente, *ex.* အစာကို အသာငင်းငင်းတောင်းတနေတယ်။ "il convoitait la nourriture et l'attendait avec espoir".

ငေါင်- /ŋɔN-/ *n.* crier, en parlant du paon.

ငေါင်း /`ŋɔN/ *n.* 1 oiseau légendaire à une patte ; 2. *cf.* ငုံး , caille.

ငေါင်း- /`ŋɔN-/ *v.* faire saillie, comme les canines des ogres, les défenses d'éléphant ; *archit.* être en saillie, en corniche.

ငေါင်းစင်းစင်း /`ŋɔN `siN `SiN/ *n. adv.* 1. *sens pr.* en surplomb ; 2. *sens fig.* de façon qui choque la vue ; spectacle trop voyant, qui choque la vue, *ex.* အားလုံးက ကျောင်းဝတ်စုံဝတ်ပြီး၊ သူက ဖင်ကြပ်ဘောင်းဘီဝတ်ထားတော့ ငေါင်းစင်းစင်းဖြစ်နေတယ်။ "alors que tous portent l'uniforme de l'école, lui se donne en spectacle en portant des jeans".

ငိုင်- /ŋaiN-/ *v.* être perdu dans ses pensées, avoir l'air rêveur, rêver en fixant un point devant soi, *ex.* ဒီသတင်းကြားတော့ သူငိုင်သွားတယ်။ "cette nouvelle l'a rendu rêveur", ထမင်းစားယင်း ငိုင်နေသူ အမီနာအား ··· မေးလိုက်သည်နှင့် ··· ။ "par sa question, posée à une Amina qui rêvait en mangeant..." (သာဓု, အမီနာ , p. 197).

ငိုင်တိုင်တိုင် /ŋaiN taiN taiN/ *n. adv.* en rêvant, l'oeil vague, le regard fixe, ou vide, *ex.* ဒီကလေး ငိုင်တိုင်တိုင်နဲ့။ "cet enfant, avec son air endormi !"

ငိုင်တွေတွေ /ŋaiN tue tue/ *n. adv.* l'air perdu dans ses réflexions, *ex.* သူ့ဆုံးသွားတဲ့ ကလေးအကြောင်းကို မေးမိလို့ သူငိုင်တွေတွေဖြစ်သွားတယ်။ "cela le plongea dans un abîme de réflexions qu'on lui ait demandé l'histoire de l'enfant mort".

ငတ် - /ŋaʔ-/ *v.* 1. avoir faim ou soif, *ex.* ရေငတ်တယ်။ "j'ai soif" ; être affamé, assoiffé, être privé de nourriture, de boisson, etc... *ex.* ဆေးလိပ်ငတ်နေတာကြာပြီ။ "ça fait longtemps que je suis privé de cigares" ; 2. être gourmand, insatiable, *ex.* ဒီက လေးသိပ် ငတ်တယ်၊ ဘယ်လောက်စားစား မဝဘူး။ "cet enfant est très gourmand, il a beau manger, il n'est jamais rassasié" ; 3. être cupide, avide, *ex.* ပိုက်ဆံငတ်တယ်။ "il est avide d'argent".

ငတ်ကြီးကျ- /ŋaʔ `ci ca'-/ *v.* être cupide, être avide, vouloir satisfaire ses moindres désirs, *ex.* ငတ်ကြီးကျပါတယ်ဟာ၊ မပေးရင်လည်း မတောင်းပါတော့နဲ့။ "ce serait se montrer avide, s'il ne veut pas donner, ne demandez pas", ငတ်ကြီးကျလိုက်တာ။ "quelle avidité !"

ငတ်ကြီးကျ /ŋaʔ `ci ca'/ *n.* personne cupide, avide, insatiable, *ex.* ငတ်ကြီးကျ ဗိသဘယ်ကွာ။ "c'est véritablement un insatiable !", *cl.*- ယောက်.

ငတ်ငီးငတ်ငန်း /ŋaʔ `ɲi ŋaʔ `ɲaN/ *n. adv.* avidement, avec avidité, avec cupidité.

ငတ်ငေါ- /ŋaʔ `ŋɔ-/ *v.* n'avoir rien à manger ni à boire, souffrir de la faim et de la soif, souffrir de la famine.

ငတ်တလှည့်ပြတ်တလှည့် /ŋaʔ Təl̥ɛ' pyaʔ Təl̥ɛ'/ *n. adv.* n'ayant pas toujours de quoi manger ; situation peu rentable, peu sûre, existence précaire, *ex.* ငတ်တလှည့်ပြတ်တလှည့်ဖြစ်နေပေမဲ့၊ သူစာရေးဆရာအလုပ်ကို မစွန့်လွှတ်ဘူး။ "même s'il est comme l'oiseau sur la branche il n'abandonne pas son métier d'écrivain".

ငတ်ပေါက် /ŋaʔ Pɔʔ/ *n.* 1. famine, faim, sans possibilité de la satisfaire ; 2. malchance, marasme , mauvaises perspectives, *ex.* ငတ်ပေါက်မှလွတ်အောင်ကြိုးစားပါ။ "tâchez de sortir de votre mauvaise situation".

ငတ်ပေါက်တိုး- /ŋaʔ Pɔʔ `to-/ *v.* être acculé à la famine, être menacé de mourir de faim, *ex.* ဒီအလုပ်ကပြုတ်ရင်တော့ ငတ်ပေါက်တိုးမှာဘဲ။ "si je perds ce travail, je vais mourir de faim, c'est sûr".

ငတ်ပြတ်- /ŋaʔ Pyaʔ-/ *v.* ne pas avoir à manger à sa faim ; souffrir de malnutrition, > အငတ်ငတ်အပြတ်ပြတ် /ʔəŋaʔ ɲaʔ ʔəpyaʔ Pyaʔ/ *n.* manque de nourriture, *ex.* အငတ်ငတ်အပြတ်ပြတ်နှင့် ဝိန်ချုံးပြီး ရောဂါ [illegible]။ "la pauvre a été atteinte de consomption par suite du manque de nourriture" (မြစိမ်း , မိုးဝေသောည , p. 52).

ငတ်မွတ်- /ŋaʔ muʔ-/ *v.* souffrir de la faim, être privé de nourriture.

ငတ်မွတ်ခေါင်းပါး- /ŋaʔ muʔ `khɔɴ `Pa-/ *v.* manquer, être rares (en parlant de vivres) ; souffrir de la famine, *ex.* ဒီနှစ် ငတ်မွတ်ခေါင်းပါးဘေးမှ လွတ်နိုင်ပါလိမ့်။ "cette année on pourra échapper à la famine".

ငုတ် /ŋoʔ/ *n.* 1. pieu ; tronc d'arbre, souche, chicot d'arbre ; 2. tout objet modérément haut qui dépasse du sol dans lequel il est planté, *cl.* - ငုတ်, - ခု.

- ငုတ်ငုတ် /-ŋoʔ ɴoʔ/ *n. e. s'emploie après un nom,* petit objet bas, faisant saillie sur une surface, protubérance ., bosse, *ex.* သစ်ငုတ် ငုတ်လေးပေါ်မှာ ခဏထိုင်ပြီးအနားယူပါအုံး ။ "reposez-vous en vous asseyant un instant sur le petit siège que vous offre la souche".

ငုတ်ငုတ်ထိုင်- /ŋoʔ ŋoʔ thaiɴ-/ *v.* être assis oisif ; rêvasser assis, *ex.* အလုပ်မလုပ်ဘဲ ငိုင်ပြီး ငုတ်ငုတ်မထိုင်နေပါနဲ့။ "ne reste pas assis à rêvasser sans rien faire".

ငုတ်စိကြီး /ŋoʔ Si' `Ci/ *n. adv.* sans bouger ni parler ; tout à fair immobile, silencieux, passif, *ex.* ငုတ်စိကြီးထိုင်မနေနဲ့၊ ပြောစရာရှိပြော၊ လုပ်စရာရှိလုပ်။ "ne reste pas assis sans un mot : dis ce qu'il y a à dire, fais ce qu'il y a à faire".

ငုတ်တို /ŋoʔ To/ *n.* petit tronc court, bille de bois, *ex.* ငုတ်တိုပေါ်မှာ ငှက်ကလေးတကောင်သီချင်းဆိုနေတယ်။ "sur la bûche le petit oiseau chante", သစ်ပင်ကိုခုတ်လိုက်တော့ ငုတ်တိုဘဲကျန်တော့တယ်။ "l'arbre a été coupé et il ne reste plus qu'un chicot", *cl.* - ခု.

ငုတ်တက်တော /ŋoʔ Tɛʔ `Tɔ/ *n.* plantes basses, à hauteur d'homme, végétation à hauteur d'homme.

ငုတ်တိုင် / ŋoʔ Taiɴ / *n.* fiche, pieu, piquet muni d'une corde, *ex.* ထိုနေရာ၌ ငုတ်တိုင်စိုက်သည်။ "il planta le pieu à cet endroit" (မနုသာ ကျော်ဝင်း , တက္ကသိုလ်ကာလ်မှာရှိတယ်။ p.113)

ငုတ်တုတ် /ŋoʔ ToʔI *n. adv.* 1. sans mouvement, *ex.* ငုတ်တုတ်နေတယ်။ "il reste immobile" ; 2. en station debout ou assise, *ex.* ဆေးခန်းမှာ လူနာများ ငုတ်တုတ်ထိုင်စောင့်နေရတယ်။ "au dispensaire les gens malades doivent rester assis à attendre" ; 3. très visiblement, visible, c'est-à-dire "de ce monde", "en vie", *ex.* အဖေကြီး ငုတ်တုတ်

ရှိနေတာတောင်၊ သူတို့အမွေခွဲဖို့ ကြိုပြင်နေပြီ။ "même du temps où leur père était encore en vie, ils avaient posé des jalons pour se partager l'héritage".

ငုတ်တုတ်ခံ- /ŋoʔ Toʔ khaɴ-/ *v.* ne pas réagir, être inerte, supporter passivement, *ex.* သူကအင်အားမရှိတော့ သူများလုပ်သမျှ ငုတ်တုတ်ခံနေရတာပေါ့။ "comme il n'a pas de force, il reste inerte, quoi que fassent les autres".

ငုတ်တုတ်မိုးလင်း /ŋoʔ Toʔ `mo `Liɴ/ *n. adv.* veille, au chevet d'un malade, ou dans l'attente de quelque chose, *ex.* အမေဖျားလို့ ငုတ်တုတ်မိုးလင်း ထိုင်စောင့်ရတယ်။ "j'ai dû rester assis à veiller parce que ma mère avait la fièvre".

ငုတ်ပေါ်ပစ်မှတ် /ŋoʔ Pɔ pyiʔ Maʔ/ *n.* cible tournante, pivotante, mobile, *cl.* -ခု, -လက်.

ငုတ်ရင်း /ŋoʔ `yiɴ/ *n.* base d'une souche, *cl.* -ခု.

ငုတ်ရင်းပင်ဖြတ်သစ် /ŋoʔ `yiɴ piɴ phyaʔ θiʔ/ *n.* arbre abattu, coupé à la base, *cl.* -တုံး, -လုံး, -ခု.

ငုတ်လုတ် /ŋoʔ Loʔ/ *comme* ငုတ်တုတ် *n. adv. (voir ce mot).*

ငန်- /ŋaɴ-/ *v.* être salé, avoir un goût salé, l'une des six saveurs fondamentales, les autres étant : l'acide, le doux, le pimenté (le fort), l'âpre (ou âcre), l'amer.

ငန်ကျိကျိ /ŋaɴ ci' ci'/ *n.* goût légèrement salé, éventuellement peu agréable.

ငန်ညီငန်ညီ /ŋaɴ ɲi' ŋaɴ ɲi'/ *n.* goût légèrement salé éventuellement peu agréable, *comme* ငန်ကျိကျိ.

ငန်ပျပျ /ŋaɴ pya' pya'/ *n.* goût légèrement salé, attribué, par exemple à la sueur ou aux larmes ; goût non désagréable.

ငန်ပြာရေ /ŋaɴ Pya ye/ *n. thai-bir.* liquide qui s'écoule du poisson pressé, condimentaire, *cf.* ငံပြာရည်.

ငန်မြှက်- /ŋaɴ Myɛʔ-/ *v.* avoir un goût très salé, trop salé, au point d'être désagréable.

ငန်း- /`ŋaɴ- / *v. arg.* lorgner les filles.

ငန်း /ˋŋaN/ *n.* 1. oie, *ex.* ငန်းတောင်ကလောင် ॥ "plume d'oie pour écrire", *cl.*- ကောင် ; 2. serpent très venimeux, *cl.* - ကောင် ; 3. maladie provoquant une fièvre violente accompagnée de délire, *cl.* - ရပ်.

- ငန်း /ˋŋaN/ *n.e.* part de travail, tâche, *ex.* လုပ်ငန်း ॥ "entreprise", *cl.* - ငန်း.

ငန်းကုလား /ˋŋaN kəˋla/ *n.* serpent.

ငန်းကျား /ˋŋaN ˋCa/ *n, zool. Bungarus fasciatus* Schneider, *Boa fasciatus* Shaw, pseudo-boa, *cf.* ငန်းတော်ကျား.

ငန်းကြက်တက် /ˋŋaN cɛʔ Tɛʔ/ *n.* maladie qui affecte les yeux, rendant la vue trouble, *cl.* - ရပ်.

ငန်းကြောင်တောင် /ˋŋaN cɔN TɔN/ *n.* maladie qui rend la vue trouble, *cf.* ငန်းကြက်တက် , *cl.* - ရပ်.

ငန်းကွက် /ˋŋaN kuɛʔ/ *n.* 1. espèce de boa ; 2. maladie : fièvre et éruption de boursouflures, *cl.* - ရပ်.

ငန်းကျွဲ /ˋŋaN/ *n.* serpent.

- ငန်းစု /ˋŋaN Su'/ *n.e.* entreprise collective, *nom généralement précédé de* လုပ် , လုပ်ငန်းစု "travail collectif", *cl.* - စု , - ခု , - ရပ်.

ငန်းစောင်း /ˋŋaN ˋSɔN/ *n. zool. Coluber Korros* Shaw, sorte de couleuvre.

ငန်းအောင်းထ- /ˋŋaN ˋ ɔN tha'-/ *v.* manifester ses désirs sans retenue, sans pudeur, montrer ouvertement sa convoitise.

ငန်းစိမ်းနွယ် /ˋŋaN seN nuɛ/ *n. bot.* apocynacée, *Melodinus khasianus* Hook, liane qui se trouve à Mogok.

ငန်းစွယ် /ˋŋaN Suɛ/ *n.* plante médicinale, le tubercule, broyé, délayé dans l'eau, se boit contre les maux d'estomac et les vomissements, il s'utilise aussi comme onguent contre les piqûres d'araignée.

ငန်းဆေး /ˋŋaN ˋSHe/ *n.* annonacée, *Artabotrys kurzii* Hook, plante médicinale à goût salé, bonne contre le rhume.

ငန်းရှုံဆို့ /ˋŋaN shoN SHo/ *n.* maladie ; oppression, difficulté à respirer et toux, *cl.* - ရပ်.

ငန်းတာ /`ŋaN ta/ *n.* chantier, lieu de travail, place assignée à un ouvrier, à un employé, pour faire son travail, *cl.* - ရပ်, - ခု.

ငန်းတော်ကျား /`ŋaN Tɔ `Ca/.
ငန်းကျား /`ŋaN `Ca/
n. zool. Bungarus fasciatus Schneider, serpent à rayures jaunes et noires, pseudo-boa.

ငန်းတိုက်- /`ŋaN taiʔ-/ *v.* s'acquitter de sa tâche complètement, avec soin, exactitude et par soi-même.

ငန်းထွန့်- /`ŋaN tɯN'-/ *v.* avoir une petite attaque ; avoir des convulsions.

ငန်းနက်ဖျားကြီး /`ŋaN Nɛʔ `phya `Ci/ *n.* peste, maladie épidémique.

ငန်းပုပ် /`ŋaN poʔ/ *n.* serpent dangereux, d'un noir terne : *hamadryas*.

ငန်းပြား /`ŋaN `Pya/ *n.* binette à long manche, sarcloir, *cl.* - လက်.

ငန်းပြောက် /`ŋaN Pyɔʔ/ *n.* fièvre accompagnée de l'apparition de taches rouges sur la peau, *cf.* ငန်းထွက် , *cl.* - ရပ်.

ငန်းဖောက်- /`ŋaN phɔʔ-/ *v.* être atteint gravement de la fièvre dite " ငန်း "; avoir un accès de fièvre " ငန်း " .

ငန်းဖမ်း- /`ŋaN `phaN-/ *v.* avoir une violente attaque de fièvre " ငန်း "

ငန်းဖျား /`ŋaN `phya/ *n.* fièvre du type " ငန်း " , *cl.* - ရပ်.

ငန်းဖြူ /`ŋaN phyu/ *n.* serpent d'un blanc argenté.

ငန်းဖွဲ့- /`ŋaN phuɛ'-/ *v.* distribuer le travail, répartir les tâches.

ငန်းမန်း /`ŋaN `MaN/ *n.* maladie : empoisonnement du sang, *cl.* - ရပ်.

ငန်းရူး /`ŋaN `yu/ *n.* personne atteinte d'un délire provoqué par la fièvre dite " ငန်း " , *cl.* - ယောက်.

ငန်းရူးဖမ်း- /`ŋaN `yu `phaN-/ *v.* délirer, sous l'effet de la fièvre dite " ငန်း " ; > ငန်းရူးဖမ်း *n.* attaque, crise de " ငန်း ".

ငန်းရေခမိုး /`ŋaN ye khə`mo/ *n.* de maladie : sorte de grippe avec courbatures et fièvre, *cl.* - ရပ်.

ငန်းရည်မန်းရည် /`ŋaN ye `maN ye/ *n.* maladie se manifestant par des abcès dûs à une empoisonnement du sang, *cf.* ငန်းမန်း.

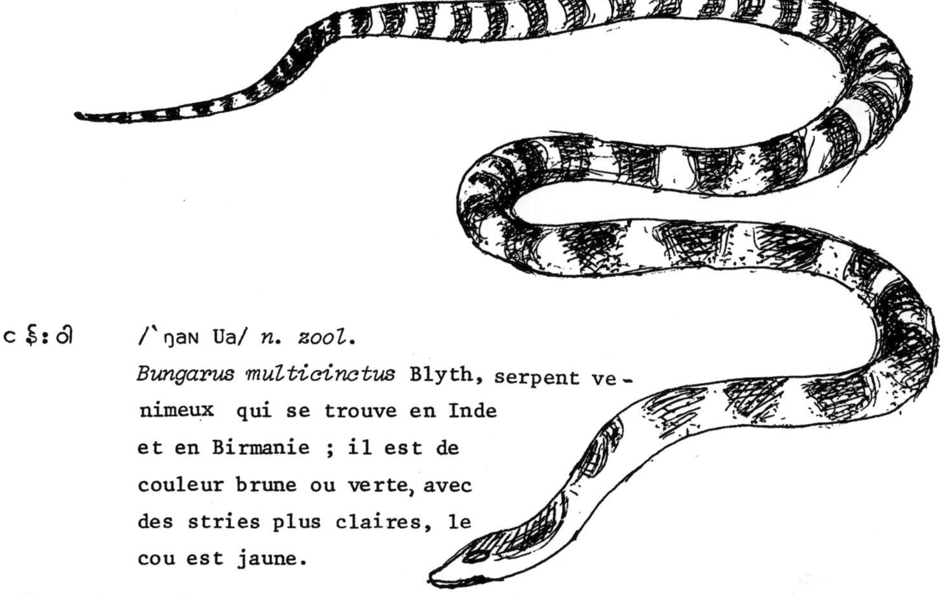

ငန်းဝါ /ˋŋaN Ua/ *n. zool.* *Bungarus multicinctus* Blyth, serpent venimeux qui se trouve en Inde et en Birmanie ; il est de couleur brune ou verte, avec des stries plus claires, le cou est jaune.

ငတ်- / ŋaʔ- / *v.*désirer vivement, convoiter.

ငတ်ငြး /ŋaʔ ˋɲa/ *n. adv.* 1. *e.* béant, grand ouvert, *ex.*မောင်မောင်အိပ်တဲ့အခါ ပါးစပ်ငတ်ငြးနဲ့အိပ်ရယ်စရာကောင်းတယ်။ "quand Maung Maung dort, c'est très drôle à cause de sa bouche ouverte" ; 2. avec convoitise, avec un très vif désir.

ငတ်လွား /ŋaʔ ˋLua/ *n. adv. e.* grand ouvert, béant, *suit un nom.*

ငုပ်- /ŋoʔ-/ *v.* 1. s'enfoncer dans l'eau, plonger, s'immerger ; *généralement précédé de* ရေ , ရေငုပ်- "plonger dans l'eau" ; 2. demeurer caché, demeurer invisible ; ne pas s'extérioriser, *terme médical, ex.* အပူငုပ်။ "échauffement, état congestif interne", ချွေးငုပ်။ "sueur qui ne sort pas", couver, en parlant d'une maladie, d'une fièvre, *ex.* အဖျားငုပ်။ "fièvre qui couve".

ငုပ်ကွယ်- /ŋoʔ kuɛ-/ *v.* s'enfoncer dans et disparaître ; plonger et disparaître.

ငုပ်တိမ်- /ŋoʔ teN-/ *v.* s'enfoncer dans et disparaître ; *moins usuel que* ငုပ်ကွယ်- .

ငုပ်ဓါတ် /ŋoʔ Taʔ/ *n. bir. p.* élément "disparu", "caché" : la disparition d'un des sept éléments nécessaires à la vie est considérée comme une cause de maladie, *ex.* ဒီငုပ်ဓါတ်ကြောင့် သူဖျားနာနေတယ်။ "il a la fièvre à cause de cet élément disparu".

ငုပ်နာ /ŋoʔ Na/ *n.* maladie due à la disparition d'un des éléments qui contribuent à la vie ; *cf.* ငုပ်ဓါတ် ; *cl.* -ရုပ်.

ငုပ်လျှိုး- /ŋoʔ `ʃo-/ *v.* sombrer, s'enfoncer dans et disparaître, s'engloutir dans, être englouti par... (l'eau, la terre).

ငုပ်အောင်း- /ŋoʔ ʔɔN-/ *v.* être caché, demeurer caché, dissimulé dans, enfoui dans, dissimuler, *ex.* သူ့စိတ်ခံစားချက်များ ငုပ်အောင်းနေတယ်။ "il dissimule ses sentiments".

ငံ့- /ŋaN'-/ *v.* 1. s'arrêter un court instant, faire halte, faire une courte pause, dans un voyage ou un travail, une occupation ; 2. attendre, guetter, espérer quelque chose ; 3. être complet, *en phrase négative ou à la suite d'un autre verbe*, *ex.* သူလခလေးမငံ့မလောက်နဲ့ အသက်ရှင်နေရတယ်။ "il faut subsister avec un salaire mensuel insuffisant", လူတွေစုံငံ့တော့ ထွက်ကြတာပေါ့။ "on partira quand tout le monde sera au complet".

ငံ့စား- /ŋaN' `Sa/ *v.* 1. faire une pause, faire halte momentanément ; 2. attendre, s'attendre à, espérer.

ငံ့ဆိုင်း- /ŋaN' `shaiN-/ *v.* s'arrêter dans l'attente de, s'arrêter pour attendre ; muser au travail, rester sans rien faire au beau milieu d'un d'un travail.

ငံ့ဆည်- /ŋaN' shɛ-/ *v.* stopper, réprimer un sentiment, une réaction, *ex.* အမျက်ကို ငံ့ဆည်လိုက်စမ်းပါ။ "réprimez donc votre colère".

ငံ့ဆည်း- /ŋaN' `shɛ-/ *v.* muser au travail, s'arrêter en cours de travail, > ငံ့ငံ့ဆည်းဆည်း *n. adv.* en musant, *ex.* အလုပ်ကို ငံ့ငံ့ဆည်းဆည်း မလုပ်ပါနဲ့။ "ne musez pas au travail".

ငံ့ဆွယ်- /ŋaN' shuɛ-/ *comme* ငံ့ဆွဲ *v.* s'arrêter dans l'attente de, *ex.* အမေဟာသားအပြန်ကို ငံ့ဆွယ်ပြီး စောင့်နေတယ်။ "la mère attend, espérant le retour de son fils".

ငံ့ညောင်း- /ŋaN' ɲɔN'-/ *v. litt., désuet, cf.* ငံ့ဆိုင်း-

ငံ့တန့်- /ŋaN' taN'-/ *v.* interrompre en attendant quelque chose, ou pour faire quelque chose, s'arrêter pour attendre, suspendre sa marche, son travail, momentanément.

ငံ့တွယ်- /ŋaN' tuɛ-/ *v.* attendre, laisser passer un peu de temps, remettre à plus tard.

ငံ့ထောက်- /ŋaN' thɔʔ-/ *v.* s'arrêter en route quelque temps ; faire une pause momentanée, dans une activité, un voyage.

ငံ့မျှော်- /ŋaN' myɔ-/ *v.* attendre quelque chose, s'attendre à, espérer, *ex.* ခလေးမုန့်စားရန် ငံ့မျှော်နေပါတယ်။ "l'enfant s'attend à manger un gâteau".

ငံ့လင့်- /ŋaN' lIN'-/ *v.* 1. s'arrêter, faire une pause ; 2. s'attendre à, espérer.

ငံ- /ŋaN-/ *v. poét.* être terminé, être complet.

ငံပြာရည် /ŋaN Pya ye/ *ou* /naN Pya ye/ *n. thai-bir. littéral.* "eau de poisson", liquide condimentaire, salé, à forte saveur ; *classificateur : le contenant de ce liquide.*

ငန်း- /`ŋaN-/ *v.* convoiter, désirer beaucoup, violemment ; être coureur.

ငန်းငန်း /`ŋaN `ŋaN/ *n. adv.* avec convoitise, avec un très grand désir ; désir amoureux.

ငန်းငန်းတက်- /`ŋaN `ŋaN tɛʔ-/ *v.* être dévoré du désir de..., avoir un désir frénétique de..., avoir une frénésie de... ; courir les femmes, *ex.* မိန်းမမြင်ရင် ငန်းငန်းတက်နေတာဘဲ။ "la vue d'une femme l'affole".

ငန်းငန်းထ- /`ŋaN `ŋaN tha'-/ *v.* avoir un désir effréné de, avoir une frénésie de... ; être coureur ou coureuse, *ex.* လူများလင်ကို ငန်းငန်းထပြီး မရမကလုယူတယ်။ "quand elle s'éprend du mari d'une autre, il le lui faut à tout prix".

ငုံ့- /ŋON'-/ *v.* s'incliner, baisser la tête, souvent précédé de ခေါင်း , *ex.* ခေါင်းငုံ့သွား၏။ "il baissa la tête" (သာဓု, အမိန့ာ , p. 55).

ငုံ့ကျို့- /ŋON' co'-/ *v.* se faire tout petit, baissant la tête, se courbant, se ramassant sur soi-même, par politesse, par exemple pour passer devant quelqu'un.

ငုံခံ- /ŋoN' khaN-/ *v.* accepter en silence, subir en silence, prêtendre ignorer, un discours ou des actes qui ne vous plaisent pas.

ငုံ့စုံပစ် /ŋoN' SoN pyi?/ *n. adv.* en supportant sans réagir, en subissant en silence, avec impassibilité, *ex.* သူများပြောသမျှ ငုံ့စုံပစ်ခံနေရတယ်။ "il a supporté avec impassibilité tout ce que les autres lui disaient".

ငုံ့ရှိုး- /ŋoN' `ʃo-/ *v.* se courber ; courber la tête et les épaules, se faire tout petit, en signe de respect, ou par crainte.

ငုံ-/ŋoN-/ *v.* 1. tenir en bouche, garder dans sa bouche, *ex.* သည်ကော်ဖီကိုအနည်းငယ်ငုံကာ ...။ "en dégustant un peu de ce café..." > အငုံ *n.* ce qui est contenu dans la bouche, *ex.* ရေတငုံ။ "une gorgée d'eau" ; *sens dérivé (v.)* garder, tenir secret, caché ; 2. amonceler pour recouvrir, > အငုံ *n.* bouton de fleur, bourgeon.

ငုံကင်း- /ŋoN `kiN-/ *v.* être sur le point de s'ouvrir, de s'épanouir ; /ŋoN `KiN/ *n.* bouton de fleur commençant à éclore, fruit commençant à se former, *cl.* -ကင်း, -ခု.

ငုံဆေး /ŋoN `SHe/ *n.* pastille, médicament à laisser fondre dans la bouche sans croquer, *cl.* -လုံး, -ပြား.

ငုံတံ /ŋoN TaN/ *n.* bouton de fleur, *cl.* -ခု, -လုံး.

ငုံမိ- /ŋoN mi'-/ *v.* comprendre, savoir quelque chose complètement, totalement, à fond, *ex.* မတ်(စ်)ဝါဒရဲ့သဘောတရားကို ငုံမိတယ်။ "je connais parfaitement la doctrine marxiste".

ငုံလှည့်ခွ /ŋoN lɛ́ KHua'/ *n.* clef à douille, *cl.* -ခု, -လက်, -ချောင်း.

ငုံး /`ŋoN/ *n. ornith. Excalfactoria chinensis* et *Turnix tanki*, cailles.

Turnix tanki

Excalfatoria chinensis

ငုံးငုံး /`ŋON `ŋON/ *n. adv.* très rapidement, en un instant ; avec brièveté, avec concision, *ex.* ငုံးငုံးတိုမိန့်ခွန်းကိုကြိုက်ပါတယ်။ "j'aime la concision (les discours brefs)".

ငုံးတိ /`ŋON ti'/ *n.* objet très court, petit objet quelconque, indéterminé ; petit morceau, *ex.* အိုင်တင်မခံနေနဲ့၊ ငုံးတိ တောင်ကျန်မှာမဟုတ်ဘူး ။ "ne faites pas de manières, il ne va plus rien rester ! (même pas un petit morceau (de nourriture))".

ငုံးတိတိ /`ŋON ti' ti'/ *n. adv.* 1. *en parlant d'arbres,* petit arbre nu, sans branchages divergents, *ex.* ဒီသစ်ပင်က ငုံးတိတိဖြစ်နေတယ်။ "cet arbre est dépourvu de branches" ; *susceptible d'un emploi enclitique : après un nom ;* 2. *en parlant de personnes,* tout seul, isolément, en solitaire, *ex.* မောင်ဘမှာ ဆွေမရှိ မျိုးမရှိ ငုံးတိတိဖြစ်လို့ စိတ်မချမ်းသာဘူး ။ "Maung Ba n'est pas heureux car il est seul, sans parent, sans ami" ; *en parlant d'objet :* isolé, en dehors de tout ensemble, comme dépareillé, *de discours* : en dehors de tout contexte, isolément, *ex.* စကား ပြောတယ်အဆုံးအစမရှိ ငုံးတိတိနဲ့မို့ နား မလည်နိုင်ဘူး။ "on ne peut le comprendre : il dit les choses à moitié".

ငုံးတို /`ŋON to/ *n.* végétal de petite taille et de forme nue, dépouillée, réduit à la tige, objet (en général) réduit à sa plus simple expression, *ex.* ဒီပန်းခင်း ပေါ်ဆိတ်တွေမလွှတ်ပါနဲ့၊ သူတို့ပန်းပင်တွေစား ရင်ပန်းပင်ကလေး ငုံးတိုဖြစ်ကုန်မယ်။ "ne laissez pas les chèvres aller sur la plate-bande de fleurs, sinon elles les dévoreraient et ne laisseraient que les tiges".

ငုံးမြက် /`ŋON myɛʔ/ *n. bot.* graminée *Chrysopogon aciculatus* Trin. chiendent-grenille, *appelé aussi* နောက်ပိုးမြက် *ou* မောင်ရင်ငို *ou* မျောက်မြား ,

ငြာ -/ɲa˧/ *v.* pousser des clameurs, acclamer.

ငြာသံ /ɲa θaN/ *n.* 1. clameur, acclamation, *ex.* အလုပ်သမားများ လမ်းအလယ်မှာ ငြာသံပေး၍ဆန္ဒပြနေကြတယ်။ "Les travailleurs, poussant des clameurs au milieu de la rue, manifestèrent" ; 2. notes aigües, voix aigüe, soprano.

ငြား- /`ɲa-/ *écrit aussi* ညား *v.* 1. se marier, être unis ; 2. avoir une occasion ; se trouver, se présenter, en parlant d'une occasion.

-ငြား /-`ɲa/ *subordonnant litt.* bien que, quoique ; *employé en langue parlée dans l'expression* ရလိုရငြား , *ex.* ရလိုရငြား ပြောကြည့်မယ်။ "je vais essayer d'en parler même s'il y a peu de chance de l'obtenir".

-ငြားသော်လည်း /-`ɲa θɔ `lɛ/ *subordonnant litt.* quoique, bien que.

ငြိ- /ɲi'-/ *v.* 1. *sens pr.* accrocher accidentellement, s'accrocher à un obstacle ; être accroché au passage ; 2. *sens fig.* s'associer l'un avec l'autre, être complice l'un de l'autre ; 3. *sens fig.* être rivé à, fixé à, en parlant d'un défaut, d'un trait de caractère, *ex.* သူ လောဘငြိလို့ ငရဲပြည် ရောက်တော့မှာဘဲ။ "il ira en Enfer tellement il est cupide" ; 4. allumer du feu, allumer, *ex.* မီးငြိလိုက်ပါ။ *ou* (မီးညှိလိုက်ပါ။) "allumez le feu".

ငြိကပ်- /ɲi' kaʔ-/ *v.* 1. *sens pr.* s'accrocher, être accroché ; 2. *sens fig.* être bien ancré dans, en parlant de défaut, de mauvaise habitude.

ငြိရှို့- /ɲi `shuɛ-/ *v.* brûler, être allumé ; être pris, en parlant du feu.

ငြိစွန်း- /ɲi `sun-/ *v.* 1. *sens pr.* accrocher, aggriper ; 2. *sens fig. terme jurid.* tomber sous le coup de, *ex.* မည်သူမဆို ဒီပုဒ်မနဲ့ငြိစွန်းလာရင်၊ ဥပဒေအရ အရေးယူရမှာဘဲ။ "quiconque tombe sous le coup de cet article doit être poursuivi en vertu de la loi" ; 3. *sens fig.* se laisser mettre le grappin dessus, par quelqu'un de l'autre sexe, *ex.* ဒီမိန်းကလေးဟာ မလွတ်လပ်တဲ့လူတယောက်နဲ့ငြိစွန်းနေတယ်။ "cette jeune personne est complètement assujettie à un homme marié".

ငြိတွယ်- /ɲi' tuɛ-/ *v.* convoiter, être attiré par, être séduit par, *ex.* သူ့ပေါ်မှာ မေတ္တာငြိတွယ်နေတဲ့အတွက်၊ ကျမသူ့နောက်လိုက်တော့မယ်။ "je le suivrai (je lui cèderai) parce que je suis attirée par lui".

ငြီး-/`ɲi-/ *v.* se dégoûter de, se lasser de, *ex.* ဒီမိန်းမကိုငြီးသွားတယ်။ "il s'est lassé de cette femme", ကြည့်၍မငြီးကြည့်သည်။ "il ne se lasse pas de regarder", ဒီလိုကားမျိုး ငြီးသွားပြီ။ "des films pareils n'ont plus d'intérêt pour moi".

ငြီးငွေ့- /`ɲi ŋue-/ *v.* se dégoûter de, se lasser de.

ငြီးစီစီ /`ɲi si Si/ /`ɲi si si/ *n. adv.* (avec) déplaisir, (avec) un léger dégoût, *ex.* အခန်းကလုံပြီး ပန်ကာလဲမရှိလို့ လူတွေငြီးစီစီဖြစ်နေတယ်။ "les gens se sentaient mal à l'aise dans cette pièce trop fermée et dépourvue de ventilateur".

ငြီးစော်နံ- /`ɲi Sɔ naN-/ *v.* 1. être incommodé, temporairement, par une odeur non désagréable en soi ; devenir incommodant, en parlant d'une odeur, *ex.* ကြက်သွန်တော့ ငြီးစော်နံမယ်။ "l'odeur de l'oignon serait déplaisante" (ခင်နှင်းယု, ယောက်ျားတို့အကြောင်း, p. 137) ; 2. se dégoûter, se lasser de, à la longue, *ex.* ဒီသီချင်း ငြီးစော်နံအောင်နားထောင်နေရတာမို့လုံးဝနားမထောင်ချင်တော့ပါဘူး။ "je ne veux plus écouter cette chanson car je l'ai tellement entendue que j'en suis dégoûté".

ငြီးတောက်- /`ɲi tɔʔ-/ *v.* se dégoûter de, se lasser de, se fatiguer de.

ငြီးငေါက်- /`ɲi ŋɔʔ-/ *v.* 1. avoir dégoût de quelqu'un ou de quelque chose, être épuisé, à la longue, *ex.* အလုပ်ကပင်ပန်း၊ ရေလဲမချိုးရတော့ငြီးငေါက်နေတာဘဲ။ "je suis épuisé par ce travail fatigant, et aussi parce que je n'ai pas pu me doucher" ; 2. prendre en grippe.

ငြူစူ- /ɲu su-/ *v.* jalouser, éprouver un sentiment d'envie, *ex.* သူကျမကို စာမေးပွဲကိစ္စနဲ့ငြူစူနေတယ်။ "elle me jalouse à cause de cette question d'examen".

ငြို- /ɲo-/ *v. poèt. seul,* être difficile, en parlant d'un travail, *cf.* ငြိုငြင်-.

ငြိုငြင်- /ɲo ɲiN-/ *v.* 1. être difficile, en parlant d'un travail ; 2. avoir du ressentiment, en vouloir à quelqu'un ; être récalcitrant, *ex.* ရှင်ခိုင်းတာကို ကျမ မငြိုမငြင်လုပ်ပေးမယ်။ "j'exécuterai vos ordres bien volontiers" ; 3. être misérable, fatigué, être malheureux.

ငြိုး-/`ɲo-/ *v.* 1. détester ; 2. chercher querelle, avoir des desseins belliqueux, hostiles, *ex.* သူကျမကို ငြိုးနေတာကြာပြီ။ "il y a longtemps qu'elle me cherche querelle".

ငြိုးငြိုးငြိမ့်ငြိမ့် /`ɲo `ɲo ɲeN' ɲeN'/ *n. adv.* plaisamment, agréablement, en parlant de musique, de son.

ငြိုးစုန်း- *ou* ငြိုးဆုန်း /`ɲo `soN-/ *v.* 1. détester ; 2. être en colère contre, être animé de sentiments hostiles, manifester de l'hostilité.

ငြိုးညံ- /`ɲo ɲaN-/ *v.* crier, pour troubler autrui, arrêter son mouvement, son action ; menacer autrui par des cris.

ငြိုးထား- /`ɲo `tha-/ *v.* manifester de l'hostilité, se montrer hostile.

ငြိုးမည်း- /`ɲo `mḭ-/ *v.* manifester de l'hostilité, *même sens que* ငြိုးထား- *mais moins courant.*

ငြိုးမာန် /`ɲo MEN/ *n.* hostilité, *ex.* သူ့ကျနော့်ပေါ်မှာ ငြိုးမာန်မရှိပါ။ "il n'a pas d'hostilité contre moi", မိုးကဘယ်သူ့ငိုငြိုးမာန်နဲ့ဖြိုးရွာနေသလဲမသိဘူး။ "je me demande après qui en a la pluie qui tombe à verse !"

ငြိုးသူရန်ဘက် /`ɲo θu yaN PHɛʔ/ *n.* ennemi, adversaire, *ex.* သူဟာကျမရဲ့ငြိုးသူရန်ဘက်ဖြစ်တယ်။ "il est mon adversaire", *cl.* - ယောက်.

ငြင်- /ɲiN-/ *v. poét.* redouter, avoir peur.

ငြင်း- /`ɲiN-/ *v.* 1. nier, contredire ; 2. réfuter ; 3. refuser d'agir de parler... ; 4. s'opposer à, s'opposer l'un à l'autre.

ငြင်း /`ɲiN/ *n.* sorte d'orgue à bouche, instrument de musique à anche, formé d'une coque végétale (calebasse, par ex.), dans laquelle sont fixés des tubes, utilisé par les charmeurs de serpent, *cl.* -လက်.

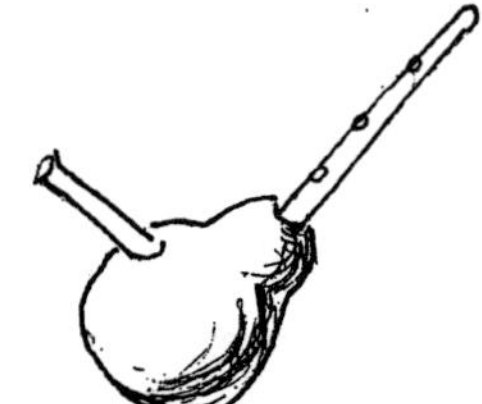

ငြင်းကွယ်- /`ɲiN kue-/ *v.* nier, réfuter.

ငြင်းခုံ- /`ɲiN khoN-/ *v.* 1. se disputer ; 2. contredire, être d'avis contraire ; soutenir des points de vue différents ; réfuter, *ex.* ငြင်းခုံတတ်သောဝါသနာ။ "la passion de la dialectique".

ငြင်းချက် /`ɲiN CHɛʔ/ *n.* argument contre, réfutation, *cl.* - ချက်.

ငြင်းဆို- /`ɲiN sho-/ *v.* 1. nier, contester ; se contredire mutuellement, *ex.* သူတို့နှစ်ယောက် နိုင်ငံရေးနဲ့ပတ်သက်ပြီး ငြင်းဆိုနေကြတယ်။ "tous deux se contredisent mutuellement en politique" ; 2. refuser d'obéir, refuser d'écouter, refuser de faire l'action demandée, *ex.* သူမဟာသီချင်းဆိုပြရန်ငြင်းဆိုနေပါတယ်။ "elle refuse se chanter pour nous".

ငြင်းဆန်- /`ɲiN shaN-/ *v.* refuser d'obéir, refuser d'agir, *ex.* ကျမပေးတဲ့လက်ဆောင်ကိုယူပါ၊ မငြင်းဆန်ပါနဲ့။ "prenez le cadeau que je vous offre, ne refusez pas".

ငြင်းပယ်- /`ɲiN pɛ-/ *v.* refuser, une offre, une tâche ; repousser une proposition, *ex.* ဒီတာဝန်ကို မငြင်းပယ်ပါနဲ့။ "ne refusez pas cette tâche".

ငြင်းဖီ- /`ɲiN phi-/ *v.* refuser une offre, une tâche etc..., *même sens que* ငြင်းပယ်- *mais beaucoup moins courant*.

ငြင်းလုံး /`ɲiN `LON/ *n.* discussion où les points de vue s'opposent, débat contradictoire.

ငြောင့် /ɲoN'/ *n.* pointe dépassant du sol ou dépassant d'une surface plane, *ex.* ရန်သူတပ်များမလာနိုင်အောင် ငြောင့်တောင်ထောင်ထားတယ်။ "des pointes ont été fichées dans le sol pour empêcher l'armée ennemie d'avancer", *cl.* - ငြောင့်.

ငြောင်- /ɲɔN-/ *v. poét.* crier.

ငြုတ် /ŋəyoʔ/ *n. cf.* ငရုတ် , piment.

ငြုတ်တပြုး /ŋ(ə)yoʔ tə `pyu/ *n. pharm.* deux grains de poivre, mesure utilisée dans les préparations médicinales ; *noter la graphie* ငြုတ် , *traditionnelle dans ce cas ;* ငြုတ်လေးပြုး။ quatre grains de poivre *etc...*

ငြုပ် /ŋəyoʔ/ *n. cf.* ငရုတ် , piment.

ငြမ်း /`ɲaN/ *n.* 1. échafaudage, plate-forme, *cl.* - ငြမ်း ; 2. *sens litt.(poét.)* appui.

ငြမ်းစင် /`ɲaN SiN/ *n.* scène, plateau de théâtre, plate-forme surélevée, estrade, *ex.* ငြမ်းစင်တစင်ထိုးပြီး ပွဲကတော့စီစဉ်နေတယ်။ "on prépare la représentation en dressant une scène".

ငြမ်းဆင့် /`ɲaN shiN'/ *n. (construction, échafaudage)* boulin, *cl.* - ဆင့်.

ငြမ်းဆင်- /`ɲaN shiN-/ *v.* 1. *sens pr.* faire un échafaudage, échafauder ; 2. *sens fig.* préparer méthodiquement, faire un plan.

ငြမ်းတိုင် /`ɲaN TaiN/ *n.* plate-forme, palier d'accès à un niveau supérieur, *cl.* - စင်.

ငြိမ့်ငြက်- /ɲeN' ɲɛʔ-/ *v.* se mouvoir très doucement, avoir des gestes doux, calmes, mesurés.

ငြိမ့်ငြိမ့်မွှန်း- /ɲeN' NeN' `m̥uN-/ *v.* bouger doucement et en foule (êtres animés), *ex.* လူများငြိမ့်ငြိမ့်မွှန်းမွှန်း စည်းဝေးခန်းမဆောင်မှ ထွက်လာကြသည်။ "les gens sortirent lentement, en foule, de la salle de réunion".

ငြိမ့်ညောင်း- /ɲeN'`ɲɔ?-/ *v.* être doux et plaisant, être délicat ; se dit souvent de chant, de musique.

ငြိမ့်တန်း /ɲeN' `TaN/ *n.* escarpolette, *cl.* -တန်း.

ငြမ်းထီး /`ɲaN `thi/ *n.* appui moral ou intellectuel sûr ; référence, bonne source, source sûre, *ex.* ဒီကျမ်းကြီးသည်ငြမ်းထီးတခုအဖြစ် ကိုးကားနိုင်ပါသည်။ "on peut (se fier à) prendre cet ouvrage comme référence", *cl.* -ခု.

ငြိမ့်- /ɲeN'-/ *v.* se mouvoir doucement, calmement, avoir des gestes très mesurés, *ex.* ဒီမြင်းလှည်းငြိမ့်လို့၊ ကျမအိပ်ပျော်သွားသည်။ "Je me suis endormie car la charrette allait tout doucement".

ငြိမ့်ချေ- /ɲeN' che-/ *v.* être très doux, être très poli, très courtois.

ငြိမ့်လေး- /ɲeN'`le-/ *v.* être mesuré, plein de modération, se dominer, agir ou parler avec mesure, *ex.* သူငြိမ့်လေးစွာမိန့်ခွန်းပြောနေတယ်။ "il prononce son discours d'une façon mesurée".

ငြိမ့်အေး- /ɲeN' `?e-/ *v.* être très doux, très délicat, surtout en parlant de musique, de sons.

ငြိမ်- /ɲeN-/ *v.* être silencieux et immobile, être calme, être paisible.

ငြိမ်ချက်သားကောင်း /ɲeN CHɛ? `θa `KɔN-/ *v.* être silencieux et tranquille, avare de paroles et de gestes, en parlant d'êtres humains.

ငြိမ်ငြိမ် /ɲeN ɲeN/ *n. adv.* sans bruit, silencieusement, et sans mouvement.

ငြိမ်ဆေး /ɲeN `she/ *n.* calmant : drogue, médicament ; *le classificateur dépend de la forme ou du contenant.*

ငြိမ်ဆိမ်- /ɲeN sheN-/ *v.* être mesuré, être modéré, être serein, calme, en parlant d'êtres animés ou de lieux, *ex.* ဒီစေတီရင်ပြင်မှာစာကျက်ကြရအောင်၊ သိပ်ငြိမ်ဆိမ်တယ်။ "c'est si calme, devant la pagode, que l'on peut y étudier".

ငြိမ်ဝပ် /ɲeN U?-/ *v.* 1. être en paix, être paisible, calme, plus souvent en parlent de pays que d'hommes ; 2. maîtriser, faire tenir tranquille, *ex.* တပ်မတော်ရဲ့စစ်ဆင်မှုကြောင့် သူပုန်တွေငြိမ်ဝပ်သွားကြပြီ။ "grâce à l'action de l'armée, les rebelles ont été maîtrisés".

ငြိမ်ဝပ်ပိပြားရေး /ɲeN U? pi' `pya `ye/ *n.* sécurité, maintien de l'ordre, *ex.* မြန်မာပြည်၏ငြိမ်ဝပ်ပိပြားရေးအတွက်။ "pour la sécurité de la Birmanie" (ရွှေသို့, တော်လှန်ရေးပုဂ္ဂိုလ်ကြီးများ).

ငြိမ်သက် - /ɲeɴ θɛʔ-/ *v.* devenir silencieux et immobile, se calmer, être serein, être en paix, ငြိမ်သက်ခြင်း /ɲeɴ θɛʔ `CHIN/ *n.* paix, *ex.* မြေကြီးပေါ်၌ ငြိမ်သက်ခြင်း ရှိစေသတည်း။ "que la paix règne sur la terre !"

ငြိမ်း - /`ɲeɴ-/ *v.* éteindre, s'éteindre, en parlant du feu, de sentiments violents ; s'arrêter, arrêter, supprimer, en parlant d'ennuis, de fléau, *ex.* မီးငြိမ်းသွားပြီ။ "le feu s'est éteint", ခုမှ ဒုက္ခငြိမ်း တော့တယ်။ "à présent seulement, les ennuis sont terminés".

ငြိမ်းချမ်း - /`ɲeɴ `chaɴ-/ *v.* être paisible, en parlant d'une situation, d'un pays, ငြိမ်းချမ်းစွာ အတူ နေ ရေး /`ɲeɴ `CHaɴ Sua ʔətu ne `ye/ *n.* coexistence pacifique.

ငြိမ်းချမ်းရေး /`ɲeɴ `chaɴ `ye/ *n.* paix, état de paix, *ex.* ပြည်တွင်းငြိမ်းချမ်းရေး ရရန်လူတိုင်းမှာ တာဝန် ရှိပါသည်။ "chacun a le devoir d'oeuvrer pour la paix intérieure du pays", *cl.* – ရပ်.

ငြိမ်းစ - /`ɲeɴ `Sɛ-/ *v.* disparaître, prendre fin, s'apaiser, *ex.* ဒုက္ခအပေါင်း ငြိမ်းစပါစေလို့ ဆုတောင်းပါတယ်။ "Je souhaite que tous vos ennuis prennent fin", သန်းခေါင်ကျော်မှ စစ်ပွဲငြိမ်းစသွား တော့တယ်။ "les combats ont pris fin après minuit seulement".

ငြိမ်းမြေ့ - /`ɲeɴ mye'-/ *v.* se sentir paisible, avoir le coeur, l'esprit, en paix, sereins.

ငြိမ်းအေး - /`ɲeɴ `ʔe-/ *v.* s'apaiser, se calmer ; être débarrassé (de ses ennuis), être libéré (d'un danger).

ငွါး - /`ŋua-/ *v.* être très élevé et abrupt, en parlant de montagnes, de monuments, de bâtiments.

ငွါးငွါး /`ŋua `ɴua/ *n. adv.* grande altitude, en hauteur.

ငွါးငွါးငေါက်ငေါက် /`ŋua `ɴua ŋɔʔ ɴɔʔ/ *n. adv.* tout en hauteur, à grande altitude.

ငွါးငွါးငွင့်ငွင့် /`ŋua `ɴue `ŋuiɴ' ɴuiɴ'/ *n. adv.* tout en hauteur, à grande altitude.

ငွါးငွါးစွင့်စွင့် /`ŋua `ɴua suiɴ' Suiɴ'/ *n. adv.* tout en hauteur, à grande altitude.

ငွါးမြင့် - /`ŋua myiɴ'-/ *v.* être très élevé et escarpé, en parlant de montagnes, de monuments.

ငွေ့- /ŋue'-/ *v.* 1. être un peu chaud, suffisamment pour produire une légère vapeur ; 2. *rare,* être un peu préoccupé par quelque chose.

ငွေ့ /ŋue'/ *n.* 1. *sens pr.* vapeur ; 2. *sens fig. enclit.* atmosphère autour, atmosphère qui se dégage de, *ex.* သူကထီးငွေ့နန်းငွေ့နဲ့ မကင်း သေးဘူး။"il est encore plongé dans l'atmosphère royale".

ငွေ့ငွေ့ /ŋue' ɲue'/ *n. adv.* un peu de, un soupçon de, une ombre de..., *ex.* လူမမာ အသက် ငွေ့ ငွေ့သာကျန် တော့တယ်။ "le malade n'a plus qu'un souffle de vie", အပူ ငွေ့ ငွေ့သာကျန် တော့တယ်။ ဒီဝရာမှာတနေ့လောက် နားအုံး။ "il ne reste plus qu'un soupçon de fièvre ; il suffira d'un jour de repos au lit".

ငွေ့ပျံ- /ŋue' pyaN-/ *v.* 1. *terme de physique,* s'évaporer, *ex.* ရေကို ငွေ့ပျံ အောင် အပူပေးပါ။ "chauffez jusqu'à évaporation" ; > ငွေ့ပျံအောင်း ပူ /ŋue' pyaN `ʔɔN Pu/ *n. physique,* chaleur d'évaporation, point d'évaporation ; 2. *terme courant* အငွေ့ပျံ- /ʔəŋue' pyaN-/ *v.* s'évaporer, produire de la vapeur, s'élever, en parlant de vapeur.

ငွေ့ရည် /ŋue' ye/ *n. physique,* liquide distillé.

ငွေ့ရည်ဖွဲ့- /ŋue' ye phuɛ'-/ *v. physique,* se condenser, en parlant de vapeur.

ငွေ /ŋue/ *n.* 1. argent, métal précieux, *ex.* ငွေတန်ဆောင်း။ "couvercle d'argent" ; 2. argent, monnaie, *ex.* ငွေအကြွေ။ "pièces d'argent", ငွေတရာ။ "cent kyats".

ငွေကူ- /ŋue ku-/ *v.* apporter une contribution financière, *ex.* လူအားနဲ့ မကူနိုင်ပေမဲ့ ငွေကူတာကို ကျေးဇူးတင်ပါတယ်။ "même si vous ne pouvez collaborer personnellement, je vous remercie de contribuer financièrement".

ငွေကူ /ŋue Ku/ *n.* contribution en argent, lorsqu'il s'agit de funérailles, et que les parents, amis et voisins participent aux frais ou lorsqu'il s'agit de donation religieuse, *classificateur selon la somme, ex.* ငွေကူနှစ်ရာ။ "une contribution de deux cents kyats".

ငွေကဲ /ŋue `Kɛ/ *n.* taux d'un alliage, taux en argent, *ex.* ဒင်္ဂါး နှစ်ပြား ငွေကဲချင်း တူရဲ့လား။ "est-ce que ces deux pièces ont le même taux d'alliage ?"

ငွေကုန်ကြေးကျ /ŋue ON `ce ca'/ *n.* frais, dépenses, *ex.* ဒီလ ငွေကုန်ကြေးကျ များတယ်။"ce mois-ci les dépenses ont été élevées".

ငွေကုန်လူပန်း /ŋue KON lu `PaN/ *n.* gaspillage d'argent et de peine.

ငွေကုန်လက်ပန်း /ŋue KON lɛʔ `PaN/ *n*, gaspillage d'argent et de peine.

ငွေကုန်သံပြာ /ŋue KON θaN Pya/ *n.* gaspillage d'argent et d'énergie, *littéral.* : on a dépensé son argent et l'on s'est enroué au point de n'avoir plus de voix tant on s'est égosillé, *ex.* ရွေးကောက်ပွဲမှာ သူခမျာ ငွေကုန်သံပြာပါဘဲ၊ အမတ်အရွေး မခံရပါဘူး ။ "le pauvre a gaspillé son argent et ses forces pour les élections, en vain : il n'a pas été élu".

ငွေကြေး /ŋue `Ce/ *n.* argent, richesse, *ex.* ငွေကြေးပြဿနာနဲ့ ပတ်သက်လာရင်၊ သူငယ်ချင်းတွေရန်သူဖြစ်သွားနိုင်တယ်။ "des amis peuvent se brouiller pour des questions d'argent".

ငွေကြေးကျပ်တည်းမှု /ŋue `Ce caʔ `Tɛ m̥u'/ *n. écon.* insuffisance de capitaux, baisse, insuffisance de réserves monétaires.

ငွေကြေးပို့- /ŋue `Ce po'-/ *v.* envoyer de l'argent ; transférer des fonds.

ငွေကြေးပို့အမိန့် /ŋue `Ce po' ʔəmeN'/ *n.* mandat, *peu usuel, cf.* ငွေပို့လွှာ *et* ငွေလွှဲစာ , *cl.* - စောင်.

ငွေကြေးဖေါင်းပွမှု /ŋue `Ce `phɔN pua' m̥u'/ *n.* inflation.

ငွေကြေးလဲလှယ်မှု /ŋue `Ce `lɛ l̥ɛ m̥u'/ *n.* change, échange d'argent, *cl.* - ရပ်.

ငွေကျော် /ŋue Cɔ/ *n.* argent(métal) d'un taux d'alliage élevé.

ငွေကျောက် /ŋue cɔʔ/ *n.* pierre argentifère, *cl.* - တုံး, - ခဲ.

ငွေကြမ်း /ŋue `CaN/ *n.* argent (métal) de peu de valeur, dont l'alliage est de basse qualité.

ငွေကြွေ /ŋue Cue/ *n.* monnaie, *cl.* - ပြား, - စေ့.

ငွေခပ် /ŋue khaʔ/ *n.* expert en argent (métal), *cl.* - ဦး, - ယောက်.

ငွေခံလက်မှတ် /ŋue KHaN lɛʔ Maʔ/ *n.* chèque, *peu usuel, cf.* ချက်လက်မှတ်, *cl.* - စောင်.

ငွေချေ- /ŋue che-/ *v.* payer comptant, verser de l'argent, *ex.* ငွေချက်ခြင်း မချေနိုင်ရင် အကြွေးနဲ့ယူပါ။ "si vous ne payez pas comptant, prenez-le à crédit".

ငွေချေး- /ŋue `chi-/ *v.* 1. prêter de l'argent ; 2. emprunter de l'argent.

ငွေချေးဌာန /ŋue `che tha Na'/ *n.* office de prêt, *cl.* - ဌာန, - ခု.

ငွေချိန် /ŋue cheɴ/ *n.* 1. "peseur d'argent", autrefois, quand le métal servait de monnaie, *cl.* - ယောက်, - ဦး. ; 2. taux en argent.

ငွေချပ် /ŋue cha?/ *n.* sorte de cotte des soldats birmans, sous la royauté : vêtement revêtu de grosses plaques rondes d'argent, *cl.* - ထည်.

ငွေခွက် /ŋue khuɛ?/ *n.* 1. tasse, bol, d'argent ; 2. *désuet*, barre d'argent, dont des portions déterminées constituaient, autrefois, une monnaie, *cl.* - ခု, - လုံး.

ငွေခွဲ- /ŋue `khuɛ-/ *v.* 1. répartir les contributions, fixer l'impôt dû par chacun ; 2. répartir de l'argent, distribuer un butin.

ငွေခွန် /ŋue khuɴ/ *n.* taxe sur le minerai d'argent, sur l'exploitation du minerai, *cl.* - ရပ် ; > ငွေခွန်ကျေးရွာ *n.* village d'extracteurs de minerai, soumis à la taxe sur le minerai ; ces villages se trouvent dans l'Etat Chane du Sud.

ငွေခွန်ဝန် /ŋue khuɴ UN/ *n.* contrôleur-percepteur des taxes sur les mines d'argent, *cl.* - ဦး.

ငွေစ /ŋue Sa'/ *n.* 1. *désuet.* partie de lingot, fraction de lingot d'argent, en usage autrefois, en guise de monnaie, *cl.* - တုံး, - ခဲ ; 2. de l'argent, des ressources, *ex.* ဒီလသူ့လက်ထဲမှာ ငွေစ ပေါ်တယ်။ "ce mois-ci, il a de l'argent à sa disposition".

ငွေစကြေးစ /ŋue Sa' `ce Sa'/ *n.* 1. fortune, richesses, biens, *ex.* ငွေစကြေးစချမ်းသာသူတို့အဖို့ သုံးနိုင်တာ ပေါ့။ "C'est à l'usage exclusif des gens riches" ; 2. de l'argent, *ex.* ရှိသမျှ ငွေစ ကြေးစကိုယူပြီး မြင်း ပွဲကိုသွားတော့တယ်။ "il s'est précipité aux courses, emportant tout l'argent qu'il avait".

ငွေစငွေန /ŋue Sa' ŋue Na'/ *n.* 1. fortune, richesses ; 2. de l'argent, *ex.* ငွေစငွေနစုပေါင်းပြီးမှ အိမ်ဝယ်ရန်စီစဉ် နေတယ်။ "il s'arrange pour acheter une maison après avoir ramassé de l'argent de tous côtés".

ငွေစာရင်း /ŋue cə`yiɴ/ *n.* *finance*, compte, des comptes, *ex.* ငွေစာရင်း ရုံး။ "Cour des comptes", *cl.* - ခု.

ငွေစာရင်းကိုင် /ŋue sə`yiɴ kaiɴ/ *n.* comptable, *cl.* - ဦး, - ယောက်.

ငွေစာရင်းစာအုပ် /ŋue sə`yiɴ sa?o?/ *n.* registre de comptabilité, livre de comptes, *cl.* - အုပ်.

ငွေစား-/ŋue `sa-/ *v.* accepter les pots-de-vin, se laisser corrompre, *cf.* လာဘ်စား- , *ex.* ဒီအရာရှိအင်မတန်ငွေစားတယ်။ "ce cadre est totalement corrompu".

ငွေစား /ŋue `Sa/ *n.* débiteur, *cf.* မြီစား , *plus usuel en économie, cl.* - ယောက်.

ငွေစားကြေးယူ /ŋue `sa `ce yu-/ *v.* se laisser corrompre par de l'argent ou des cadeaux : accepter des pots-de-vin.

ငွေစားနဂါးချေး /ŋue `Sa nə`Ka `Che/ *n.* fonte d'argent, produit que l'on obtient après la fonte.

ငွေစု- /ŋue su'-/ *v.* mettre de l'argent de côté, faire des économies, des épargnes, *ex.* ငွေစုငွေချေးအသင်း။ "société d'épargne et de crédit", "caisse d'épargne et de crédit".

ငွေစုစာအုပ် /ŋue su' sa ʔoʔ/ *n.* livret de caisse d'épargne, *ex.*ငွေစုစာအုပ်တအုပ် စာတိုက်မှာထုတ်ယူခဲ့ပါတယ်။ "il a pris un livret de caisse d'épargne à la poste", *cl.* - အုပ်.

ငွေစုဘဏ် /ŋue su' baɴ/ *n.* banque d'épargne, *cl.* - ခု, - တိုက်.

ငွေစက္ကူ /ŋue sɛʔKu/ *n.* *b. môn*, billet de banque, *ex.* ခုခေတ်မှာငွေစက္ကူတန်ဖိုးကျတယ်။ "de nos jours l'argent se dévalue", *cl.*- ရွက်, - အုပ်(liasse), - ထပ်.

ငွေစင် /ŋue siɴ/ *n.* argent pur, *cl.* -တုံး, - ခဲ.

ငွေဈေး /ŋue `ze/ *n.* 1. taux de l'argent-métal ; 2. cours de la monnaie, *ex.* ငွေဈေးကျဆင်းမှု။ "baisse de l'argent (métal)", ou "dévaluation".

ငွေဆိပ် /ŋue sheʔ/ *n.* argyrie (sel d'argent toxique).

ငွေညှစ်- /ŋue ɲiʔ-/ *v.* extorquer de l'argent par ruse ou menace, *ex.*အကျင့်ပျက်ရဲသားက တရားခံကို ငွေညှစ်နေတယ်။ "un policier malhonnête a extorqué de l'argent à l'accusé".

ငွေတုသစ်ခွပန်း /ŋue Tu θiʔ khua' `PaN/ *n. bot.* orchidacée, *Dendrobium thyrsiflorum* Reichb., syn. *Densiflorum* Well.

ငွေတော် /ŋue Tɔ/ *n. désuet.* trésor royal, *cl.* - ရပ်.

ငွေတိုး /ŋue `To/ *n.* intérêt de l'argent, *ex.* အစိုးရထံမှ ချေးငွေအတွက် ငွေတိုးပေးရမည်။"nous devons payer un intérêt sur les emprunts à l'Etat", *cl.* - ရပ်.

ငွေတိုးချ- /ŋue `To cha'-/ *v.* prêter à intérêt, *ex.* ငွေတိုးချစားရတဲ့အလုပ်ကို ဘယ်တော့မှမလုပ်ပါ။ "je n'ai jamais pratiqué l'usure",

ငွေတိုးပေး- /ŋue `To `pe-/ *v.* prêter à intérêt, *ex.* အိမ်နေရင်းနဲ့စိတ်ချသူကို ငွေတဆယ်စနှစ်ဆယ်စ ငွေတိုးပေးလေ့ရှိတယ်။ "tout en restant chez elle, elle a l'habitude de prêter à intérêt à des gens sûrs".

ငွေတိုက် /ŋue Tai?/ *n.* dépôt, trésor national ; en France : la "Banque de France", *cl.* -ခု, -လုံး, -တိုက်.

ငွေတင်- /ŋue tin-/ *v.* faire un dépôt d'argent, laisser de l'argent en dépôt ; faire un versement provisionnel ; doter une fille, en fonction, ou en prévision de la brillante position sociale du futur gendre, *ex.* သားမက်လောင်းရဲ့မိဘထံ ငွေတင်တောင်းရတယ်။ "il faut faire la demande aux parents du futur gendre en offrant une dot".

ငွေတောင်းလွှာ /ŋue `tɔN lua/ *n.* facture, *ex.* ငွေတောင်းလွှာတစောင်ပို့လိုက်ပါသည်။"il a envoyé une facture", *cl.* -လွှာ, -စောင်, -ရွက်.

ငွေတန်ဖိုးကျ- /ŋue taN `Po ca'-/ *v.* se dévaluer, dévaluer ; ငွေတန်ဖိုးကျဆင်းမှု /ŋue taN `Po ce' `shiN Mu'/ *n.* dévaluation.

ငွေတန်ဖိုးတက်- /ŋue taN `Po tɛ?-/ *v.* réévaluer ; ငွေတန်ဖိုးတက်မှု /ŋue taN `Po tɛ? Mu'/ *n.* réévalution.

ငွေထိုး- /ŋue `tho-/ *v.* donner de l'argent à quelqu'un pour un travail malhonnête, pour l'entraîner dans une affaire illégale ; corrompre quelqu'un, *ex.* သူ့အမှုက ငွေထိုးလို့နိုင်တာပါ။ "il a gagné son procès en versant des pots-de-vin".

ငွေထောက်- /ŋue thɔ?-/ *v.* aider financièrement, *ex.* သူတို့က ငွေထောက်လို့ သူကျောင်းဆက်နေနိုင်တာ။"c'est grâce à leur aide financière qu'il peut continuer à fréquenter l'école".

ငွေထုတ်- /ŋue tho?-/ *v.* sortir de l'argent, retirer de l'argent.

ငွေထိန်း /ŋue `THeN/ *n.* 1. caissier ; 2. trésorier, dépositaire de l'argent d'une communauté : association, club, syndicat..., *cl.* -ဦး. -ယောက်; *voir aussi* ဘဏ္ဍာရေးမှူး.

ငွေထွက်- /ŋue thuɛ?-/ *v.* dépenser de l'argent.

ငွေဒင်္ဂါး /ŋue `diN`Ka / *n.* *désuet.* pièce d'argent (en argent), *cl.* -ပြား.

ငွေဒဏ် /ŋue daN/ *n.* condamnation à une amende, *ex.* …ားဦးက ငွေဒဏ်ပေး

ရန် ဒဏ်ငွေ ချက်ချလိုက်တယ်။ "le tribunal a décidé de lui infliger une amende".

ငွေနားနက် /ŋue `na nɛʔ/ *n.* race de poule noire à plumes blanches autour des orifices auditifs.

ငွေနားဖြူ /ŋue `na phyu/ *n.* poule leghorn.

ငွေနုပ် /ŋue noʔ/ *n.* monnaie (celle que l'on rend sur un billet ou une gorsse pièce), *ex.* ရှင့်မှာ ငွေနုပ်ရှိရင် နှစ်ဆယ့်ငါးပြား ခဏ ချေးပါ။ "si vous avez de la monnaie, passez-moi vingt-cing pyas pour un petit moment" ; *voir aussi* အနုပ်.

ငွေပေးပြေစာ /ŋue `pe pyeSa/ *n.* reçu, acquit, reconnaissance de don (en argent), *cl.* - စောင်.

ငွေပို့လွှာ /ŋue po' ʝua/ *n.* mandat, *cl.* - ခု, - စောင်.

ငွေပို ငွေလျှံ /ŋue po ŋue ʃaN/ *n.* surplus d'argent, économies, argent de poche : argent qui reste une fois les dépenses normales faites, *ex.* ငွေပို ငွေလျှံရှိရင် ခြံတခြံ ဝယ်ထားပါလား။ "si vous avez des économies, achetez donc un pavillon".

ငွေပေါ် - /ŋue pɔ-/ *v.* 1. récupérer son argent, rentrer dans ses fonds, après une opération commerciale, *ex.* ဒီငါးတွေ ရောင်းစားလိုက်ရင် ငွေပေါ်လာမှာဘဲ။ "en vendant du poisson on rentre dans ses fonds" ; 2. gagner de l'argent dans le commerce.

ငွေပင် ငွေရင်း /ŋue PiN ŋue `yiN/ *n.* (le) capital, les fonds, *ex.* အလုပ်ကို ချဲ့ချင်ရင် ငွေပင် ငွေရင်း ပိုစိုက်ရမယ်။ "si vous développez votre entreprise, vous devez investir un plus gros capital", *cl.* - ရပ်.

ငွေပေါင်း /ŋue `PɔN/ *n.* somme (totale), total, total final.

ငွေပန်း /ŋue `PaN/ *n.* *bot.* 1. zingibéracée, *Hedychium coronarium* Koenig, *syn.* *H. spicatum* Lodd., à fleur ornementale, blanche odorante, (*voir aussi* ရွှေပန်း à fleur jaune), plante médicinale ; *Hedychium spicatum* Ham., plante médicinale ; 2. orchidiacée, *Dendrobium formosum* Roxb., épiphyte ; 3. *sens littéral,* fleur artificielle, d'argent.

ငွေပန်းထိမ် /ŋue Pə THeN/ n. orfèvrerie : pièce ou décor sur une pièce d'orfèvrerie en argent ;> ငွေပန်းထိမ်ဆရာ /ŋue Pa THeN shəya/ n. orfèvre en argenterie ; cl. – ဦး , – ယောက်.

ငွေပြေ /ŋue pye-/ v. régler complètement un achat, acquitter, ex. ကျွန်တော် စာအုပ်တအုပ်ကိုအကြွေးနဲ့ ဝယ်ထားတာ အခုငွေပြေပြီ။ "j'ai maintenant payé le livre que j'avais acheté à crédit".

ငွေပြေလက်မှတ် /ŋue Pye lɛʔ Maʔ/ n. quittance, ex. ငွေပြေလက်မှတ်ရပြီလား။ "avez-vous reçu votre quittance ?", cl. – စောင်.

ငွေပြောင်းငွေလွှဲ /ŋue `pyɔN ŋue `l̥uɛ/ n. transfert d'argent.

ငွေပွင့် /ŋue PuN'/ /ŋue PuiN'/ n. 1. pailletage d'étoiles d'argent pour décorer un tissu ; broderie de fils d'argent ; 2. efflorescence qui apparaît à la surface de l'argent pur, cl. – ပွင့်.

ငွေဖလား /ŋue phə`la/ n. 1. bol d'argent ; 2. coupe : récompense dans une compétition sportive, cl. – လုံး , – ခု.

ငွေဖလှယ်- /ŋue phəl̥e-/ v. échanger de l'argent, changer, > ငွေဖလှယ်ကြီးကြပ်ရေး n. contrôle des changes.

ငွေဖေါင်းပွမှု /ŋue `phɔN phua' m̥u'/ n. inflation, ex. ငွေဖေါင်းပွမှုကိုကာကွယ်ဖို့ ကုန်ပစ္စည်းတိုးထုတ်ရမယ်။ "il faudrait produire plus pour stopper l'inflation".

ငွေဖြူ /ŋue PHyu/ n. argent presque pur.

ငွေဗူး /ŋue `bu/ n. récipient d'argent, souvent utilisé pour le bétel, cl. – ဗူး , – လုံး.

ငွေဗိုင်းတိုင် /ŋue `baiN TaiN/ n. aigrette (oiseau), *terme assez peu employé.*

ငွေမလည်- *ou* ငွေရေးမလည်- /ŋue mə lɛ-/ v. 1. être à court d'argent pour faire tourner un commerce, renouveler des marchandises ; 2. *fam.* être à court d'argent, attendre après la paye, ex. ပြီးခဲ့တဲ့လကုန်ပိုင်းမှာ၊ ကျမငွေမလည်လို့ ရုပ်ရှင်ကောင်းတွေကိုမကြည့်လိုက်ရဘူး။ "comme je n'avais plus un sou à la fin du mois dernier, je n'ai pu aller voir de bons films".

ငွေမဲ *ou* ငွေမည်း /ŋue `mɛ/ n. argent gagné malhonnêtement, profits illicites, cl. – ရပ်.

ငွေမင်းစံ /ŋue `miN saN/ n. argent ayant le taux d'alliage officiel : fixé par le roi ; *désuet.*

ငွေမှုတ်- /ŋue m̥o?-/ *v.* fondre (de) l'argent.

ငွေယား /ŋue `ya/ *n.* 1. argent sacré, dépôt sacré, auquel il ne faut pas toucher sous peine d'avoir des démangeaisons (argent destiné au Bouddha, trésor supposé gardé par les nats ou argent pour les bonzes, un ascète etc...) ; 2. argent à dépenser, non à mettre de côté, argent que l'on a envie de dépenser, *ex.* သူမှာ ငွေယားရှိ နေလို့ ဘာမဆို ဝယ်ချင် နေတယ်။ "elle voulait acheter tout, parce qu'elle avait de l'argent à dépenser".

ငွေရတုသဘင် /ŋue yətu' θəbiɴ/ *n.* vingt cinquième anniversaire (cérémonie du), noces d'argent, *ex.* မနေ့က ကျွန်တော်တို့ ရဲ့ ငွေရတုသဘင်ကို ကျင်းပခဲ့တယ်။ "hier nous avons célébré nos noces d'argent".

ငွေရ ပေါက် /ŋue ya' pɔ?/ *n.* gain, bénéfice en perspective, *ex.* ငွေရ ပေါက် ရှိရင် တော့ ကျနော်လိုက်ခဲ့မယ်။ "s'il y a un gain en perspective, j'irai" (je l'y suivrai), *cl.* - ခု.

ငွေ ရေး ကြေး ရေး /ŋue `ye `ce `ye/ *n.* 1. situation monétaire ; 2. situation financière d'une personne, d'une famille, affaires, *ex.* မောင်ဘဟာ ငွေ ရေး ကြေး ရေး ကြပ်တည်း လို့ ကျောင်း ဆက်မတက်နိုင်ဘူး။ "Maung Ba ne peut continuer ses études parce que sa situation financière est trop précaire".

ငွေ ရေး မလည်- /ŋue `ye mə lɛ-/ *v.* 1.*employé surtout négativement,* être à court d'argent, ne pas avoir d'argent d'avance (commerce), mal équilibrer son budget, *ex.* ဒီထမင်း ဆိုင် ငွေ ရေး မလည်လို့ ဆိုင်ပိတ်လိုက်ရတယ်။ "ce restaurant va fermer parce que le budget était mal équilibré ; 2. *fam.* être imprévoyant, sur le plan financier, ne pas boucler son budget , dans son ménage, d'une façon générale, *se dit plutôt :* ငွေမလည်- .

ငွေရင်း /ŋue `yiɴ/ *n.* capital, *se dit aussi* ငွေပင် ငွေရင်း , *cl.* - ရပ်.

ငွေရင်း မြှုပ်နှံမှု ŋue `yiɴ myo? n̥aɴ Mu'/ *n.* investissement (de fonds, de capital), *cl.* - ရပ်.

ငွေရည်စိမ်- /ŋue ye seɴ-/ *v.* argenter, tremper dans un bain pour argenter, *ex.* သူ့လက်စွပ်ဟာ ငွေ ရည်စိမ်လက်စွပ်ပဲ။ "sa bague, ce n'est que du métal argenté'.

ငွေရှင် /ŋue ʃiɴ/ *n.* 1. prêteur, créancier, *cl.* - ယောက် ; 2. fonds dont le dépositaire conserve la libre disposition, *ex.* ငွေ သေ မဟုတ်ဘဲ ငွေရှင်ဖြစ်တော့ အချိန်မရွေး ထုတ်နိုင်တာပေါ့။ "comme ce ne sont pas des fonds gelés, le dépositaire peut les retirer à n'importe quel moment", *cl.* – ရပ်.

ငွေရွှင် /ŋue ʃuiN-/ *v.* être au large, financièrement, être à l'aise, ne pas être gêné financièrement, *ex.* သူဖဲနိုင်လို့ ငွေရွှင်နေတယ်။ "il est riche car il a gagné aux cartes".

ငွေလဲနှုန်း /ŋue `lɛ `ŋ̊oN/ *n.* taux de change.

ငွေလဲဘဏ် /ŋue `lɛ baN/ *n.* bureau de change, *cl.* – ခု.

ငွေလက်ကျန် /ŋue lɛʔ caN/ *n.* solde d'un budget, solde d'un compte.

ငွေလက်ကျန်ရှင်းတမ်း /ŋue lɛʔ caN `ʃiN `taN/ *n.* balance des comptes, balance des paiements courants, sous forme de document écrit, *cl.* – စောင်.

ငွေလက်ငင်း /ŋue lɛʔ `ɲiN/ *n.* paiement comptant, *ex.* ဒီစာအုပ်ကို ငွေလက်ငင်းနဲ့ဝယ်ထားတယ်။ "j'ai acheté ce livre en le payant comptant".

ငွေလည်- /ŋue lɛ-/ *v.* avoir de l'argent d'avance, avoir de l'argent à sa disposition, avoir des diponibilités financières ; *moins usuel que son contraire* ငွေမလည်- , *ex.* နေ့တိုင်း အရောင်းအဝယ်ရှိမှ ငွေလည်နိုင်မယ်။ "je pourrai avoir de l'argent d'avance à condition de faire des affaires tous les jours".

ငွေလုံးငွေရင်း /ŋue `loN ŋue `yiN/ *n.* capital, *ex.* ငွေလုံး ငွေရင်း သုံးပြီး, အလုပ်တခုကိုလုပ်ထားတယ်။ "il s'est mis à faire un travail en y investissant son capital".

ငွေလှူဒါန်း- /ŋue l̥u `daN-/ *v.* donner de l'argent, doter en fonds, *ex.* ဒေသကောလိပ်တို့ ငွေလှူဒါန်း ရန်ကိစ္စ။ "la question des fonds à donner aux collèges régionaux" (ဗိုလ်တထောင်, 11.8.78).

ငွေလှည့်- /ŋue l̥ɛ'-/ *v.* emprunter de l'argent, *ex.* ကျမ ငွေရင်း မလည်လို့ သူ့ထံမှ ငွေလှည့်ထားတယ်။ "je lui ai emprunté de l'argent parce que je n'avais pas de disponibilités".

ငွေလွှဲ- /ŋue `l̥uɛ-/ *v.* transférer, virer de l'argent par chèque, mandat etc. *ex.* စာတိုက်မှ ငွေလွှဲရန် ပုံစံတခွက်ယူခဲ့ပါ။ "prenez un formulaire de mandat pour envoyer de l'argent par la poste", ဒီနေ့ဘဏ်တိုက်က နေ အမေ့ထံ ငွေလွှဲလိုက်တယ်။ "j'ai fait transférer de l'argent à ma mère par la banque, aujourd'hui".

ငွေဝယ်ကျွန် /ŋue Uɛ cuN/ *n.* esclave par achat, *cl.* - ယောက်.

ငွေဝင်- /ŋue UiN-/ *v.* rentrer, en parlant de l'argent, avoir une rentrée d'argent, gagner, faire un bénéfice.

ငွေဝင်ပေါက် /ŋue UiN Pɔʔ/ *n.* possibilité, perspective de bénéfice, moyen, occasion de faire une source de revenus, de recettes, *voir aussi* ငွေရပေါက် , *ex.* သူ့မှာ ဈေးဆိုင်တခုရှိတာဟာ ငွေဝင်ပေါက်ဘဲ။ "avoir une boutique au marché, c'est une source de revenus pour lui", *cl.* - ခု.

ငွေဝင်လမ်း /ŋue Uin `laN/ *n.* moyen, perspective de recettes, de gains, source de revenus, *cl.* - လမ်း, - ခု.

ငွေဝင်လမ်းဖြောင့်- /ŋue UiN `laN pyɔN'-/ *v.* avoir ses rentrées d'argent assurées, avoir un revenu assuré (et régulier) ; être assuré et régulier en parlant de rentrées d'argent.

ငွေသား /ŋue `θa/ *n.* argent : métal ; argent : pièces de monnaie d'argent, *ex.* ငွေသားချည်းမလိုချင်ပါဘူး၊ ငွေစက္ကူနဲ့ ရောပြီး ပေးပါ။ "je ne veux pas que des pièces, donnez-moi aussi des billets".

ငွေသီး- /ŋue `θi-/ *v.* être rentable, rapporter beaucoup, voir son argent rapporter, *ex* ခုခေတ်ဟာ မှောင်ခိုလုပ်သူများလက်မှာ ငွေသီးတဲ့ခေတ် ပေါ့။ "à notre époque, l'argent fait des petits entre les mains des trafiquants du marché noir".

ငွေသေ /ŋue θe/ *n.* capitaux engagés, capitaux gelés, argent improductif ou dépôt auquel on ne peut toucher, *ex.* ရှိတဲ့ ငွေနဲ့ အိမ်ဝယ်ထားလိုက်တော့ ငွေသေဖြစ်သွားတာပေါ့။ "comme il a acheté une maison avec l'argent qu'il possédait, celui-ci n'est plus disponible".

ငွေအကြွေ /ŋue ʔəcue/ *n.* petite monnaie, pièces de monnaie, *cl.* - ပြား, - စေ့, - ချပ်.

ငွေအား /ŋue `ʔa/ *n.* ressources financières, fonds, *ex.* ငွေအား တောင့်တယ်။ "j'ai beaucoup de ressources".

ငွေအိပ်- /ŋue ʔeʔ-/ dormir (en parlant de l'argent) : être improductif (argent).

ငှ- /ŋa'-/ *v. peu utilisé seul,* distribuer, partager, *ex.* တယောက်ခဲတံတချောင်းဝေငှပေးတယ်။ "on a donné un crayon à chacun".

ငှဝေ- /ŋa' Ue-/ *v.* partager, distribuer, *cf.* ဝေငှ- *plus courant.*

-ငှါ /-ɴ̥a/ *e. subordonnant litt. précédé de* သော *ou d'un nom auxiliaire* pour, en vue de, *ex.* ဒီညရုပ်ရှင်သွားနိုင်ရန် အလို့ငှါ သူတနံနက်လုံး အိမ်အလုပ်ကုန်းလုပ်နေသည်။ "elle a fait tout le travail de la maison ce matin pour pouvoir aller au cinéma ce soir", လုံခြုံအံ့သောငှါ ...။"pour la sécurité..."

ငှါး - /`ŋ̊a-/ *v.* 1. prêter *ou* emprunter, en nature et non en argent, *ex.* ဒီစာအုပ်ကို တရက်လောက်ငှား ပါ။ "prêtez-moi ce livre pour une journée" ; 2. louer : donner *ou* prendre en location, engager, *ex.* ငှား မဲ့လူရှိရင်ကျမ ဒီအိမ်ကိုငှား လိုက်မယ်။"je louerai cette maison s'il y a preneur", ပွဲငှားတယ်။ "on a engagé une troupe".

ငှါးခ /`ŋ̊a KHa'/ *n.* loyer, prix de location.

ငှါးရမ်း - /`ŋ̊a `yaɴ-/ *v.* prêter *ou* emprunter, en nature, non en espèce ; 2. louer, donner *ou* prendre une location ; louer les services de, engager quelqu'un, *ex.* ငှါးမဲ့အိမ်ရှိရင် ကျမငှါးရမ်းချင်တယ်။ "s'il y a une maison à louer, je voudrais la prendre en location".

ငှဲ့- /ŋ̊ɛ'-/ *v.* 1. incliner, pencher un récipient pour en faire couler quelque chose ; 2. servir, verser, faire couler, *ex.* ကိုကိုမောင်အတွက် သောက်ရေငှဲ့ပေးပြီး ရှင်..."ayant versé de l'eau à Ko Ko Maung..." 3. faire couler le liquide en surplus, égoutter, *ex.* ထမင်းအိုး ငှဲ့တယ်။ "on égoutte la marmite de riz".

ငှက် /ŋ̊ɛʔ/ *n.* 1. oiseau, en général, *cl.* - ကောင် ; 2. barque, petit bateau de passeur, *cl.* -စင်း ; 3. maladie qui se manifeste par une forte fièvre.

ငှက်ကုလား /ŋ̊ɛʔ Kə`la/ *n. ornith. Xenorhynchus asiaticus,* cigogne à bec noir, cigogne d'Asie.

ငှက်ကုလားအုတ် /ŋ̊ɛʔ kələ ʔoʔ/ *n.* autruche.

ငှက်ကုလားအုတ်ပု /ŋ̊ɛʔ Kələ ʔoʔ Pu'/ *n.* émeu : oiseau coureur d'Australie.

ငှက်ကျား /ŋ̊ɛʔ `Ca/ *n. ornith.* 1. *Ibis leucocephale,* ibis ; 2. *Saxicola caprata,* traquet de Birmanie.

traquet

ငှက်ကြီးကာ /ŋ̊ɛʔ `Ci ka/ *n.* dais funéraire, étoffe tendue au-dessus d'un cadavre, *cf.* ငှက်ရှေးခံ 1., *cl.* -ထည်.

ငှက်ကြီး ဒုံးစပ် /ŋɛʔ `Cí `doN Saʔ/ *n. ornith. Leptoptilos dubius*, marabout d'Asie.

ငှက်ကြီး ဝံပို /ŋɛʔ `Cí UN po/ *n. ornith. Pelecanus philippensis*, pélican des Philippines.

ငှက်ခါး /ŋɛʔ `KHa/ *n. ornith. Coracius benghalensis affinis*, geai.

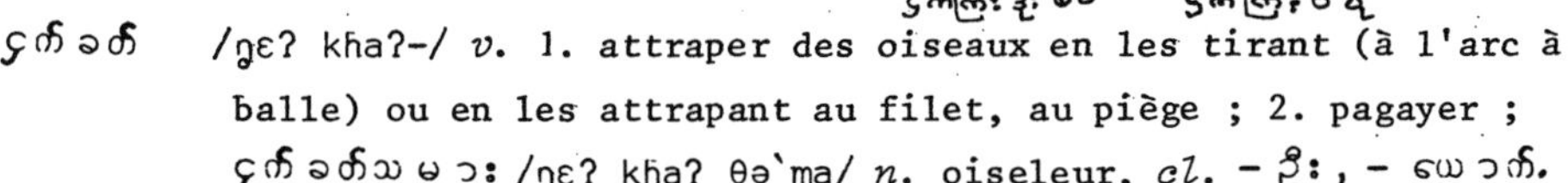

ငှက်ခတ် /ŋɛʔ kʰaʔ-/ *v.* 1. attraper des oiseaux en les tirant (à l'arc à balle) ou en les attrapant au filet, au piège ; 2. pagayer ; ငှက်ခတ်သမား /ŋɛʔ kʰaʔ θə`ma/ *n.* oiseleur, *cl.* – ဦး , – ယောက်.

ငှက်ချေးခံ /ŋɛʔ `CHí KHaN/ *n.* 1. tissu protecteur, contre les souillures des oiseaux, étendu comme un dais au-dessus d'un cadavre, *cf.* ငှက်ကြီးကာ , *cl.* –ထည် ; 2. face supérieure des feuilles d'arbres, celle qui reçoit les excréments des oiseaux, *cl.* –ဘက်.

ငှက်ခြောက်ရုပ် /ŋɛʔ CHɔʔ yoʔ/ *n.* épouvantail, *cl.* –ရုပ်.

ငှက်ငနွား /ŋɛʔ ŋə `nua/ *n. ornith. Muscadivora aenea sylvatica*, pigeon impérial à la queue et aux ailes vertes ; son nom vient de son cri qui ressemble à un meuglement.

ငှက်ငနွားပြောက် /ŋɛʔ ŋə`nua Pyɔʔ/ *n. ornith. Ducula bicolor* Scopoli ; sorte de tourterelle.

ငှက်စာ /ŋɛʔSa/ *n.* 1. nourriture pour oiseaux ; 2. aliment contaminé susceptible de donner le paludisme, *cl.* –ခု , –မျိုး.

ငှက်စာဆော်– /ŋɛʔSa shɔ-/ *v.* 1. fructifier pour la première fois, en parlant d'un arbre ; *littéral.* "inviter les oiseaux au festin" ; 2. *sens fig.* avoir le charme de l'adolescence, exercer la séduction d'un "fruit vert" ; se dit d'une très jeune fille devenue séduisante ; 3. *terme de l'époque de Pagan,* faire un sacrifice, offrir en sacrifice au grand oiseau (divinité :monstre redoutable de Pagan).

ငှက်စာလုတ် /ŋɛʔ Səloʔ/ *n.* 1. jabot des oiseaux, *cl.* –လုံး , – ခု ; 2. sorte de sampan en forme de jabot d'oiseau, *cl.* – စင်း.

ငှက်စင်ရော် /ŋɛʔ SíN yɔ/ *n.* mouette, *plus communément appelée* စင်ရော်

ou ဇင်ရော် /zɪN yɔ/.

ငှက်စပ် /ŋɛʔ Saʔ/ *n. ornith. Urocissa erythrorhyncha magnirostris*, pie bleue, à bec rouge et corps bleu dessus, blanc dessous ; *syn.* ငှက်တော်ပြာ, ငှက်အောင်မ.

ငှက်စိမ်း /ŋɛʔ `SeN/ *n. ornith. Chloropsis aurifrons* Temm. verdin à front d'or.

ငှက်ဆိုး /ŋɛʔ `SHo/ *n. ornith. tyto alba subsp.* chouette-effraie, *syn.* မိနှ *et* လင်ကောင်ဆိုးငှက် *ex.* ငှက်ဆိုး တိုး ရင် နိမိတ်မကောင်းဘူး ။ "c'est de mauvais augure si l'effraie crie".

ငှက်ဆတ် /ŋɛʔ SHaʔ/ *n. ornith. Psarisomus dalhousiae*, eurylaime.

ငှက်တဇပ် /ŋɛʔ Təzaʔ/ *n. ornith. Lanius cristatus*, oiseau migrateur qui vient en septembre-octobre en Birmanie et repart en avril : pie-grièche brune.

ငှက်တလိုင်း /ŋɛʔ Tə`laiN/ *n.* oiseau, *cf.* စပ်တလိုင်း.

ငှက်တော် /ŋɛʔ Tɔ/ *n. ornith. Dicrurus leucophoeus mohouti*, drongo gris.

ငှက်တော်စောင့် /ŋɛʔ Tɔ sɔN'/ *n.* guetteur d'oiseaux : guetteur que l'on postait, du temps des rois de Birmanie, sur une plate-forme commandant les toits du palais, pour empêcher les chouettes-effraie (de mauvais augure) de s'y poser, *cl.* –ဦး, –ယောက်.

ငှက်တော်ပြာ /ŋɛʔ Tɔ pya/ *n. ornith. Urocissa erythrorhyncha magnirostris*, *cf.* ငှက်စပ်.

ငှက်တော်မြီး *ou* ငှက်တော်မြီးမြက် /ŋɛʔ Tɔ `m(y)i myɛʔ/ *n. bot.* graminée, *Axonopus compressus (sev.)* Beauv.

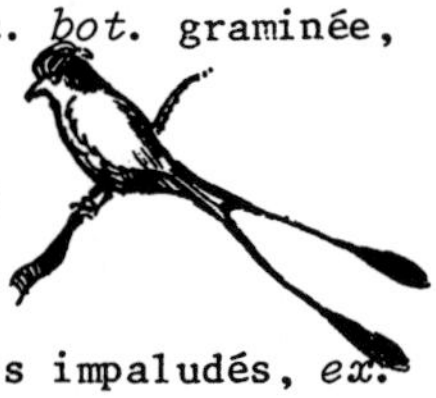

ငှက်တော်မြီးရှည် /ŋɛʔ Tɔ `m(y)i ʃe/ *n. ornith. Dissemurus paradiseus rangounensis*, drongo à raquettes.

ငှက်တော်ခွေးတော /ŋɛʔ Tɔ `khue Tɔ/ *n.* forêt, endroits impaludés, *ex.* ဘုရင်က အမတ်ကြီးကို အမျက်ထွက်လို့ ငှက်တော်ခွေးတောသို့ ပို့တယ်။ "le roi, furieux contre son ministre, l'exila dans une forêt lointaine", *cl.* –ခု.

ငှက်ပတီး /ŋɛʔ Pə`Ti/ *n.* oiseau, *cf.* စာပသီး.

ငှက်ပုစဉ်းထိုး /ŋɛʔ Pə`SIN `tho/ *n. ornith. Merops orientalis birmanus,* guêpier vert de Birmanie.

ငှက်ပန်းထိမ် /ŋɛʔ PəTHeN/ *n. ornith. Xantholaema haemacephala indica,* le barbu chaudronnier, ainsi nommé à cause de son crî.

ငှက်ပျော /ŋə`pyɔ/ *n. bot.* musacée, *Musa paradisiaca,* banane (espèce).

ငှက်ပျောခေါင်း / ŋə`pyɔ `gɔN/ *n.* collet de bananier, partie du stipe qui émerge juste du sol, *cl.* - ခေါင်း, - လုံး .

ငှက်ပျောခိုင် / ŋə`pyɔ KHaiN/ *n.* régime de banane, *cl.* - ခိုင် .

ငှက်ပျောချက် / ŋə`pyɔ CHɛʔ/ *n.* hile, *hilum,* de bananier, qui reste, au bout du régime, quand la fleur est tombée, *cl.* - ချောင်း, - ဖူး .

ငှက်ပျောခြည် / ŋə`pyɔ CHi/ *n.* fibres longitudinales entre les couches du stipe de bananier, *cf.* ငှက်ပျော ရှော် , *cl.* - ချောင်း

ငှက်ပျောညှောက် / ŋə`pyɔ Nɔʔ/ *n.* jeune plant de bananier :oeilleton, *cl.* - ညှောက် .

ငှက်ပျောတောကွက် / ŋə`pyɔ `To kuɛʔ/ *n.* vannerie de bambou, tissée, avec, pour motif, une étoile à six pointes.

ငှက်ပျောထောပတ် / ŋə`pyɔ `thɔ Paʔ/ *n.* bananier à petit fruit très tendre et très parfumé ; *on dit plutôt* ထောပတ်ငှက်ပျော .

ငှက်ပျောနီ / ŋə`pyɔ Ni/ *n.* bananier à fruits rouges , parfois à pépins si nombreux qu'ils ne sont pas agréables à manger.

ငှက်ပျောပင်ဖတ် / ŋə`pyɔ PiN PHaʔ/ *n. cf.* ငှက်ပျောဖတ် .

ငှက်ပျောပတ် / ŋə`pyɔ Paʔ/ *n.* stipe de bananier.

ငှက်ပျောပွဲ / ŋə`pyɔ `Puɛ/ *n.* offrande aux nats composés d'un plat de bananes et d'une noix de coco entourée d'étoffe rouge ; *se dit aussi* ဘုန်းပွဲ , *cl.* - ပွဲ .

ငှက်ပျောဖီးကြမ်း / ŋə`pyɔ `phi `CaN/ *n.* bananier dont les fruits sont à section triangulaire, *cf.* ဖိုးကြာမိုး *plus usuel.*

ငှက်ပျောဖူး / ŋə`pyɔ `Phu/ *n.* 1. jeune stipe de bananier avant que le fruits n'en soient sortis ; 2. partie renflée, bulbe au sommet d'un jedi, sous le clocheton terminal, *cl.* – ဖူး .

ငှက်ပျောဖက် / ŋə`pyɔ PHɛʔ/ *n.* feuille de bananier : nom spécial pour certaines feuilles qui sont appelées ainsi lorsqu'elles servent d'assiette, d'emballage etc... ; terme utilisé pour les feuilles de bambou , de cocotier, *cl.* – ဖက် , – ရွက် .

ငှက်ပျောဖတ် / ŋə`pyɔ PHaʔ/ *n.* parties tendres, couleur ivoire, à l'intérieur du stipe de bananier, qui, hachées et cuites sont mangées comme plat de légumes, *ex.* မုန့်ဟင်းခါးဟင်းထဲမှာ ငှက်ပျောဖတ်ပါတယ်။ "il y a des petits morceaux de stipe de bananier dans le mohinga", *cl.* – ဖတ် .

ငှက်ပျောမျှင် / ŋə`pyɔ m̥(y)iN/ *n.* fibre(s) longitudinale(s) qui sépare(nt) les couches de stipe de bananier, *cf.* ငှက်ပျောရှော် , *cl.* – မျှင် , – ချောင်း .

ငှက်ပျောလက် / ŋə`pyɔ lɛʔ/ *n.* palmes ou feuilles de bananier ; *on dit plus rarement* ငှက်ပျောရွက် , *cl.* – လက် .

ငှက်ပျောရှော် / ŋə`pyɔ ʃɔ/ *n.* fibre verticale, longitudinale, de stipe de bananier, *plus usuel que* ငှက်ပျောခြည် *ou* ငှက်ပျောမျှင် , *cl.* – ရှော် , – ချောင်း .

ငှက်ပျောဝက်မလွတ် / ŋə`pyɔ Uɛʔ məluʔ/ *n. bot.* musacée, *Musa nana,* clône de bananier nain, sous lequel les cochons s'empêtrent et se trouvent pris, d'où son nom.

ငှက်ပျောသီးမွှေး / ŋə`pyɔ `θi `Mue/ *n.* bananier à fruit court, (six à sept centimètres), très parfumé , jaune, à section ronde ; သီးမွှေး *seul est plus usuel.*

ငှက်ပျောဥ / ŋə`pyɔ ʔu'/ *n.* collet de bananier, partie renflée du stipe à l'endroit où il sort de terre, *cf.* ငှက်ပျောခေါင်း, *cl.* – ဥ , – လုံး.

ငှက်ပျောအူ / ŋə`pyɔ ʔu/ *n.* pédoncule central du stipe de bananier qui se termine par l'inflorescence, *cl.* – ချောင်း , – တိုင် .

ငှက်ပြာချောက် /ŋɛ? Pya Cɔ?/ *n. ornith. Sitta Castanea neglecta*, sorte de sittelle torche-pot, geai de montagne.

ငှက်ပြာမယ် /ŋɛ? Pya mɛ/ *n.* "guides" (scouts féminines), *cl.* - ယောက်.

ငှက်ဖျား /ŋɛ? `PHya/ *n.* malaria, paludisme.

ငှက်ဖျားတားဆေး /ŋɛ? `PHya`ta `she/ *n.* quinine.

ငှက်ဖျားမိ- /ŋɛ? `PHya mi'-/ *v.* contracter la malaria, *ex.* ကျွန်တော် တော ထဲကပြန်လာပြီး ငှက်ဖျားမိလာတယ်။ "à mon retour de jungle, j'avais la malaria".

ငှက်ဘီလူး /ŋɛ? bə`lu/ *n. Lanius collurioides Less,* lanier, oiseau-boucher.

ငှက်မင်းသား /ŋɛ? `miɴ `θa/ *n. ornith. Pericrocotus speciosus* Gould, grand minivet.

ငှက်မြတ်နား /ŋɛ? mə`na/ *n.* partie sommitale mobile d'un stupa ; forme girouette.

ငှက်ရွှေဝါ /ŋɛ? ʃue Ua/ *n. ornith. Oriolus chinensis tenuirostris,* plutôt appelé ငှက်ဝါ, loriot.

ငှက်လက်မ /ŋɛ? lɛ? Ma'/*n. ornith. Prinia inornata Blanfordi,* roitelet modeste.

ငှက်ဝါ /ŋɛ̂? Ua/ *n. ornith. Oriolus chinensis tenuirostris,* loriot de Birmanie, à nuque noire.

ငှက်သခွါး /ŋɛ? θə `KHua/ *n. bot.* cucurbitacée, *Citrullus colocynthis* Schrad., coloquinte dont le fruit se mange cuit en légume ou en soupe.

ငှက်သူခိုး /ŋɛ? θə`kho/*n. ornith. Monticola solitaria affinas,* merle de roche bleu, oiseau à plumage bleuté.

ငှက်သူတော် /ŋɛ? θu Tɔ/ *n. ornith. Tyto alba* subsp. *littéral.* "le noble oiseau", appellation euphémistique d'un oiseau de mauvais augure : la chouette-effraie.

ငှက်သိုက် /ŋɛʔ θaiʔ/ *n.* 1. nid, en général ; 2. nid de la salangane, dit "nid d'hirondelle", mets très apprécié, et tirant sa valeur de la substance gélatineuse que la salangane, nourrie d'algues, régurgite pour le construire.

ငှက်သိုက်မုန့် /ŋɛʔ θaiʔ MON'/ *n.* friandise : "barbe à papa", *cl.* – ခု.

ငှက်သမ္ဗန် /ŋɛʔ θaMPaN/ *n.* petite barque étroite, *cl.* – စင်း.

ငှက်အောင်မ /ŋɛʔ ʔɔN Ma'/ *n.* *ornith.* *Urocissa erythrorhyncha magnirostris*, *cf.* ငှက်စိမ်.

ငြိ- /ŋi'-/ *v.* allumer du feu, une cigarette, prendre, en parlant du feu, être allumé, *ex.* ဆေးလိပ်ဖွား ငြိပြီ။ "mon cigare est allumé".

ငြင်း /`ŋiN/ *n.* instrument de musique : orgue à bouche, *écrit aussi* ငြင်း, *cl.* – လက်.

ငြိမ်း- /`ŋeN-/ *v.* 1. éteindre, *ex.* မီးကိုငြိမ်းသည်။ "il a éteint le feu" ; 2. *sens fig.* apaiser une querelle, l'angoisse.

စ /sa'/ sixième lettre, sixième consonne de l'alphabet birman, première consonne d'une série d'anciennes affriquées palatales devenues sifflantes.

စ-/sa'-/ *v.* 1. commencer, *ex.* ထိုနေ့မှစ၍..."depuis ce jour..."(ဂုဒိုင် ကျေးလက်ပုံပြင်, p. 34), နွေအခါဘယ်လကစသလဲ။ "à partir de quel mois commence la saison chaude ?" ; *suivi d'un autre verbe :* commencer par, *ex.* ဒီက စလုပ်ကြစို့။ "commençons le travail par ici" ; commencer à, *ex.* ကျောင်းဘယ်တော့စဖွင့်မလဲ။ "quand l'école rouvre-t-elle ?" ; 2. être le premier, agir en premier, *éventuellement suivi d'un autre verbe, ex.* သူစပြောမှ ကျမပြန်ပြောမယ်။ "je répondrai quand il aura parlé le premier".

-စ /-Sa'/ *n. e.* 1. petite partie, portion, fraction, petite quantité, *ex.* ရုပ်ရှင်ရုံထဲမှာလူတယောက်စနှစ်ယောက်စသာရှိသေးတယ်။ "il n'y a encore qu'une ou deux personnes dans la salle de cinéma" ; နမူနာအဖြစ်အဝတ်စလေးဖြတ်ပေးပါ။ "coupez-moi un petit bout de tissu comme échantillon", *cl.*- စ, - ခု ; 2. commencement, début, *ex.* စ၊ လယ်၊ အဆုံးကိုကျနစွာစဉ်းစားပြီးမှစရေးတယ်။ "on ne commence à écrire qu'après avoir bien réfléchi au début, au milieu et à la fin", လုပ်စမှာနှေးတယ်။ "le commencement d'un travail est lent" ; *1. et 2. se disent aussi* အစ /ʔəsa'/ *n.*

စ /sa'-/ *v.* taquiner, provoquer par des paroles ou des gestes moqueurs, *ex.* သမက်မှာ... စတတ်သော ဝါသနာရှိလေသည်။ "le gendre était très taquin" (ဂုဒိုင် ကျေးလက်ပုံပြင်, p. 33), သူ့ကိုမစနဲ့၊ သူမကြိုက်ဘူး။ "ne le taquine pas ! Il n'aime pas ça !", ကောင်လေးတွေ စရဲကြ ပေါ့။ "naturellement les garçons n'ont pas peur de taquiner" (တက္ကသိုလ်ဖိုးဝင်း, သိုးမဲ,p. 128).

-စ/-Sa'/ *m. inter. arch.* ou *style ironique*, est-ce que ...?, la réponse attendue étant "oui" ou "non", *ex*, ကောင်းပါစ။ "est-ce bien ?" ဟုတ်စ။ . "oui ?", *question posée sans conviction, avec doute, en style arch. poét*, -စံ့ /SaN'/.

- စ - /-Sə-/ *préf. de marque v.* n'ajoutant rien au sens de la marque suivante, *ex.* ဒီကလေးက ချစ်စချင်ကလေးနော်။ "quel enfant adorable", ချစ်စဖွယ် ကောင်းတဲ့အမျိုးသမီး။ "une fille charmante" ; *voir aussi* -သ- , *même emploi*.

စက /SəKa'/ *n.* 1. la moyenne, en valeur, taille, âge etc..., le milieu, le juste milieu, à mi-longueur, parcours etc..., *ex.* ကျမ ဒီ နေ့ လက်စက အင်္ကျီဝတ်ထားတာ မလှဘူးလား ။ "n'est-ce pas joli la blouse à manches mi-longues que j'ai mise aujourd'hui ?" ; 2. valeur, état "entre les deux", ni l'un ni l'autre, *éventuellement péjor. ex.* သူ့အရွယ်က ကလေးမဟုတ်၊ လူကြီးမဟုတ်၊ စကအရွယ်ဖြစ်နေတယ်။ "d'après son âge, ce n'est ni un enfant ni un vieux, c'est une personne quelconque, sans plus".

စကထာ /SəKə tha/ *n.* devinette, énigme, *ex.* ဒီစကထာကို ရှင် ဖြေနိုင်မလား။ မဖွပ်ဘဲနှင့်ဖြူ၊ မထည့်ဘဲနှင့် ပြည့်။ "pouvez-vous trouver la réponse à cette énigme : blanc sans être lavé, plein sans qu'on y mette rien ?" (la noix de coco), *écrit aussi* စကားထာ , *cl.*- ခု , - ပုဒ်.

စကထာဖွက်- /SəKə tha phuɛʔ-/ *v.* poser une devinette, *ex.* ကျွန်တော် စကထာ ဖွက်မယ်။ ဖြေပါ။ "je vais vous poser une devinette ; répondez".

စကာ /SəKa/ *n.* passoire, tamis, de bambou ou de métal, van ; *cf.* ဆန်ခါ , *cl.* -လုံး , -လက်.

စကာကြဲ /səKa `Cɛ/ *n.* tamis à gros trous, tamis très lâche pour rincer les germes de soja, par exemple, *cl.* -လုံး , -လက်.

စကာချ-/səKa cha'-/ *v.* tamiser.

စကာစိပ် /səKa seʔ/ *n.* tamis fin, pour riz etc..., *cl.* -လုံး , -လက်.

စကာတင်-/SəKa tiN-/ *v.* rester dans le tamis, la passoire, après tamisage.

စကာတင် /SəKa tiN/ *n.* 1. ce qui reste dans le tamis, la passoire, après tamisage ; 2. *sens fig.* le dessus du panier, le meilleur, sélection, *ex.* ပြိုင်ပွဲဝင်သူဆယ်ယောက်မှာ စကာတင်တယောက်ဘဲ တော်တယ်။ "un seul, sélectionné parmi les dis cométiteurs, est bon", *cl.*- ယောက်.

စကာပေါက် /SəKa Pɔʔ/ *n.* trous d'un tamis, d'une passoire, *cl.* - ပေါက်.

စကား /ˌSəˋKa / *n.* 1. mots, paroles, *ex.* (*dicton*) စကားနည်းရန်စဲ။ "une querelle s'apaise vite si l'on n'en dit pas trop (si l'on ménage ses paroles)", *cl.* – ခွန်း, – လုံး; 2. discours, allocution, *ex.* လူကြီး စကားပြောပြီးတော့မှ အားလုံးစားကြတယ်။ "tout le monde mangea après le discours des grands personnages" ; 3. langue, langage, *ex.* စကားလေးငါးမျိုးပြောတတ်တယ်။ "il sait parler quatre ou cinq langues".

စကား /ˌSəˋKa/ *ou* စံကား *n. bot.* magnoliacée, *Michelia champaca* Linn., champac, fleurit en mai, ses fleurs fragiles, blanches à bords rosés, sont très parfumées et se mettent dans les cheveux, *voir aussi* စကားဝါ.

စကား- /ˌsəˋKa-/ *v. inversion enfantine fréquente de* ကစား- , jouer, *ex.* ကလေးက မစကားချင်ဘူးပြောနေတယ်။ "l'enfant dit qu'il ne veut pas jouer".

စကားကား- /ˌSəˋKa ˋka-/ *v.* exagérer, *ex.* စကားကိုကားမပြောပါနဲ့။ "n'exagérez pas ".

စကားကိုယ် /Səˋka ko/ *n.* paroles justes, paroles exprimant la réalité, paroles allant droit au but, droit au fait, discours exprimant l'essentiel ; partie principale, essentielle, d'un discours, *ex.* စကားကိုယ်အတိုင်းပြောပါ။ "relatez exactement les faits".

စကားကောင်း- /Səˋka ˋkɔN-/ *v.* avoir une conversation animée, intéressante, avoir des choses à dire, à se dire, *ex.* သူတို့သစ်ပင်အောက်မှာ စကားကောင်းနေကြတယ်။ "ils ont eu une longue conversation sous un arbre", စကားကောင်း /SəKə ˋkɔN/ *n.* bonnes paroles, paroles utiles, bienveillantes ; paroles sincères, sérieuses, *cl.* – ခွန်း, – ရပ်.

စကားကပ်- /Səˋka ka?-/ *v.* jouer sur les mots, prendre perfidement les paroles d'autrui au pied de la lettre, argumenter de façon perfide.

စကားကပ် /SəKə ka?/ *n.* insinuation perfide, interprétation malveillante des propos de l'interlocuteur, paroles à double sens, dites dans une mauvaise intention, *cl.* – ခွန်း, – ရပ်.

စကားကုန်- /Səˋka koN-/ *v.* dire son dernier mot, conclure, n'avoir (plus) rien à ajouter.

စကားကုန် /SəKə KoN/ *n.* dernier mot, conclusion, *ex.* စကားကုန်ပြောရရင် ဒီ

စာအုပ်ကိုတော့ ထောင်ရရင် တောင်မရောင်းဘူး။ "je ne voudrais pas ce livre -et ce sera mon dernier mot- même pour mille kyats", *cl.* - ခွန်း, - ရပ်.

စကားကမ်း-/Sə`Ka `kaN-/ *v.* engager une conversation en vue d'établir des relations, en vue d'une entente, faire des approches verbales, mettre la conversation sur, faire allusion à, *ex.* သူစကားကမ်းနေတာကို ကျွန်မမသိဟန်ဆောင်တယ်။ "je fais comme si je ne savais pas à quoi il fait allusion", သူ့အိမ်ငှားဖို့ သူနဲ့စကားကမ်းကြည့်တော့ အဆင်ပြေပုံရတယ်။ "il m'a semblé que tout allait bien quand j'ai fait allusion, en lui parlant, à la possibilité de louer sa maison".

စကားကမ်းလှမ်း- /Sə`Ka `kaN `l̥aN-/ *v.* engager des pourparlers pour se lier, se rapprocher, entrer en relation avec, *ex.* သားနှင့်သမီးလက်ထပ်ရန် မိဘများစကားကမ်းလှမ်းနေတယ်။ "les parents ont engagé les pourparlers en vue du mariage de leurs enfants".

စကားကျ- /Sə`Ka ca'-/ *v.* 1. avoir un sens, signifier quelque chose, *ex.* သူ စကားကျအောင်ပြောတတ်တယ်။ "il ne parle pas pour ne rien dire" ; 2. omettre, dans son discours, oublier, *ex.* ဒီစာမှာ စကားကျနေလို့ အဓိပ္ပါယ်မရှင်းဘူး။ "il y a des omissions dans cette lettre, elle n'est pas claire".

စကားကျ /Sə`Ka Ca'/ /SəKə Ca'/ *n.* 1. sens, signification des paroles, ce que l'on veut dire ; 2. lacune, omission, dans un discours, un texte, *cl.* - မျိုး, - ခွန်း.

စကားကျကောက်- /SəKə Ca' kɔ?-/ *v.* interpréter de travers des paroles ambigües, prendre, par erreur, au sens littéral, une image, *ex.* ငါ ဒါကို ပြောတာမဟုတ်ဘူး၊ ခင်ဗျားသိပ်စကားကျကောက်တယ်။ "je ne vous ai pas dit ça ; vous interprétez mal mes paroles".

စကားချော်- /Sə`Ka `co-/ *v.* avoir la langue qui fourche, bafouiller, dire des bêtises, *ex.* လူကြီးရှေ့ စကားမချော်ဖို့ သတိထားပါ။ "prenez garde de ne pas dire de bêtise devant un grand personnage".

စကားချော် [SəKə `Co] *n.* parole inconsidérée et erronée, erreur verbale, *cl.* - လုံး, - ခွန်း.

စကားကြီး- /Sə`Ka `ci-/ *v.* s'exprimer pompeusement, se vanter, *ex.* သူစကားကြီးတယ်။ "il se vante".

စကားကြီး /SəKə `Ci/ *n.* 1. grands mots, emphase, termes pompeux ; vantardises ; 2. *dés.* style de discours utilisé jadis, il en existait soixante sortes, *cl.* - ခွန်း , - ရပ်.

စကားကြီးစကားကျယ် /SəKə `Ci SəKə Cɛ/ *n.* grands mots, emphase, vantardise, termes pompeux, *cl.* - ခွန်း, - ရပ်.

စကားကြီးဆယ်မျိုး /SəKə `Ci shɛ `myo/ *n.* les dix bonnes manières de parler, ရေကူးညာတင်။ "prévoir les difficultés", ကောက်ပင်ရိတ်သိမ်း။ "retourner les arguments", ရေစီးဝေါင်ဆန်။ "lutter par la force, comme si l'on allait à contre-courant", ဆီပွတ်ကျည်ပွေ့။ "en mettant de l'huile dans les rouages", ဆင်ရှေ့ရန်ရှောင်။ "en évitant l'affrontement, တောင်သူယာခုတ်။ "en défrichant le terrain", ကြက်ဆုတ်ခွပ်ပစ်။ "en se battant comme un coq", ရေစစ်ကရား။ "en choisissant ses termes", အိုးတန်ဆန်ခပ်။ "comme on prend du riz dans la marmite" (selon les besoins), ခတ်တင် မောင်းနှင်း။"durement, comme on conduit les animaux".

စကားကြော /SəKə `Cɔ/ *n.* fil d'un discours, thème traité dans un discours, *ex.* သူတို့နှစ်ယောက် စကားကြောမတည့်ဘူး။ "leurs points de vue à tous les deux n'arrivent pas à se rencontrer".

စကားကြောရှည်- /SəKə `Cɔ ʃe-/ *v.* faire de longs discours, faire des discours très développés, *ex.* အချိန်မရှိဘူး၊ စကားကြောမရှည်နေနဲ့။ "je n'ai pas le temps, ne vous attardez pas à faire de longs discours".

စကားကြို- /Sə`Ka co-/ *v.* 1. devancer, par ses paroles, dire d'avance, *ex.* သူအလုပ်အောင်မြင်မို့ စကားကြိုထားတယ်။ "il a dit d'avance qu'il réussirait dans ce travail" ; 2. inviter autrui à parler, être prêt à écouter autrui.

စကားကြို /SəKə Co/ *n.* préambule ; annonce de ce qui va se produire, *cl.* - ရပ်, - ခွန်း.

စကားကြမ်း- /Sə`Ka `caN-/ *v.* parler grossièrement.

စကားကြမ်း /SəKə `CaN/ *n.* paroles grossières, *cl.* - ခွန်း, - ရပ်.

စကားကြိမ်း /SəKə `CeN/ *n.* paroles de défi, avant un combat, provocation verbale, *cl.* - ခွန်း, - ရပ်.

စကားကျွံ- /Sə`Ka CuN-/ *v.* parler trop, en dire plus que nécessaire, *ex.* ကြမ်းကျွံရင်နုတ်လို့ရတယ်။ စကားကျွံရင်နုတ်လို့မရဘူး။ "si vous passez le pied au travers du plancher, yous pouvez le retirer ; si yous êtes trop bayard, ce n'est pas rattrapable".

စကားကြွယ် - /Sə`Ka cuε-/ *v.* être éloquent, *ex.* ဒီစာရေးဆရာဟာ စကားကြွယ်ပါတယ်။ "cet écrivain a la parole facile".

စကားကြောင်းလမ်း - /Sə`Ka `cɔN `lan-/ *v.* prendre contact par des entretiens, avoir des conversations pour entrer en relations, *ex.* ဒေါက်တာဘွဲ့ရတဦးနဲ့ သမီးကို ပေးစားဖို့ အောင်သွယ်တယောက်မှတဆင့်စကားကြောင်းလမ်းတယ်။ "des entretiens préliminaires seront menés par un intermédiaire, afin que nous mariions notre fille à un docteur".

စကားခေါ် - /Sə`Ka khɔ-/ *v.* inviter indirectement à, inciter de façon détournée, susciter indirectement une réponse ou une action, *ex.* သူလက်ဆောင်လိုချင်လို့ စကားခေါ်တာပါ။ "c'est sûrement parce qu'il voulait un cadeau qu'il a fait des approches".

စကားခင်း - /Sə`Ka `khiN-/ *v.* énoncer un sujet, une idée, préparer l'auditeur à écouter avec attention, exposer un sujet de façon à capter l'attention ; engager la conversation, de façon qu'elle se poursuive sur la lancée qu'on lui a donnée, *ex.* "မင်းတို့က စပြီးပြောကြ" ဟု စကားခင်းလိုက်သည်။ "il dit pour engager la conversation, "parlez les premiers" " (ရခိုင်ကျေးလက်ပုံပြင်များ, p. 112).

စကားခံ - /Sə`Ka khaN-/ *v.* préciser d'avance les limites d'une promesse, d'un engagement, indiquer à l'avance les conditions de réalisation d'un projet, avertir d'une condition d'acceptation, *ex.* ကျမကြိုးစားပြီးလုပ်ပေးမယ်၊ ဒါပေမဲ့ ရချင်မှ ရမယ်ဆိုတာကို တော့ စကားခံပါရစေ။ "je m'efforcerai de le faire pour vous. Mais permettez-moi de préciser que vous ne l'obtiendrez que s'ils le veulent bien", သူဒီအလုပ်မလုပ်ခင်၊ အောင်မြင်ချင်မှ အောင်မြင်မယ်ဆိုတာကို စကားခံထားတယ်။ "avant que cette personne ne commence le travail, il l'a avertie que cela ne réussirait pas forcément".

စကားချီ - /Sə`Ka chi-/ *v.* annoncer ce qu'on va dire, introduire un discours, énoncer son sujet, *ex.* သူစကားချီကတည်းက ကြွားပြောတော့ မှာဘဲဆိုတာသိထားပါတယ်။ "dès qu'il a énoncé son propos, on a su que ce n'était que vantardise" ; > စကားချီ /SəKə chi/ *n.* introduction, énoncé du sujet, avant un cours, une conférence, *écrit plus usuellement* စကားချီး , *cl.* -ရပ်, -ပုဒ်, -ပိုဒ်.

စကားချီး /SəKə `CHi/ *n.* introduction, énoncé du sujet, *plus usuel que*

စကားချီ, *cl.* - ရပ်, - ပုဒ်, - ပိုဒ်.

စကားချု- /Sə`Ka chu-/ *v.* essayer de faire parler, sonder par des questions, presser de questions, se livrer à une enquête orale, *ex.* ကလေးကို မုန့်နဲ့ စကားချုတယ်။ "il a offert un gâteau à l'enfant pour le faire parler".

စကားချေ- /Sə`Ka che-/ *v.* réfuter l'argument de l'adversaire.

စကားချေစကားတင် /SəKə che SəKə tiN/ *n.* discussion acharnée dans laquelle les opinions, les arguments, s'opposent et se répondent ; *se dit aussi* စကားအချေအတင် , *cl.* - ရပ် .

စကားချက် /Sə`Ka chɛʔ/ *n.* explication détaillée d'un règlement ; points d'un discours, d'un entretien ; clause d'un texte de loi, d'un traité etc..., *ex.* စာချုပ်ပါစကားချက်များကနားလည်ဖို့ခက်လိုက်တာ။ "qu'il est difficile de comprendre toutes les clauses contenues dans l'accord !", *cl.* - ရပ်.

စကားချိတ်- /Sə`Ka cheʔ-/ *v.*1parler de façon détournée, indirectement ; 2. faire allusion à une tierce personne, présente dans la conversation, lui faire des reproches indirects, *ex.* မောင်မောင်ကိုမကျေနပ်လို့စကားချိတ်လိုက်တယ်။ "j'ai exprimé indirectement à Maung Maung mon mécontentement".

စကားချပ်- /Sə`Ka chaʔ-/ *v.* glisser des mots, des explications (dans un discours, une conversation) des interpolations dans un texte ; > စကားချပ် /SəKə Chaʔ/ *n.* incises, rajouts, explications, *ex.* သူရုံးကိစ္စမဆောင်ရွက်မီ၊ စကားချပ်တရပ်တင်ပြခဲ့ပါသည်။ "il a donné des explications, avant d'entreprendre le travail du bureau", ဒီစာအုပ်မှာစာရေးဆရာက စကားချပ်တွေကိုစာမျက်နှာအောက်ခြေမှာ ဖော်ပြလေ့ရှိတယ်။ "dans ce livre, l'auteur donne des explications en bas de page", *cl.* - ရပ်, - ကြောင်း.

စကားခြောက်ခွန်း /Sə`Ka chɔʔ `khuN/ *n. litt.* les six sortes de paroles : 1- vraies, utiles, agréables, 2- vraies, utiles, pas agréables, 3- vraies, pas utiles, pas agréables, 4- pas vraies, utiles, agréables, 5- pas vraies, inutiles, agréables, 6- pas vraies, inutiles, désagréables, *prov.* စကားခြောက်ခွန်းလူ့ဘွန်း၊ လေးခွန်းကိုပယ် နှစ်ခွန်းတယ်။ "les hommes tiennent six sortes de discours, rejettes-en quatre, gardes-en deux".

စကားခွန်း /Sə`Ka `khuN/ *n. litt.* mot (syllabe ou groupe de syllabes ayant un sens), *cl.* - ခွန်း.

စကားငယ် /Sə`Kə ŋɛ/ *n. dés.* partie du discours : type de syntagme nominal, d'expression nominale; théoriquement, il en existait cent en langue ancienne, *cl.* - ရပ်, - ခွန်း.

စကားစ- /Sə`Ka sa'-/ *v.* se mettre à parler, commencer une conversation.

စကားစ /SəKə Sa'/ *n.* propos initial, début de discours, sujet de discours, *ex.* ဒါပြောဖို့စကားစရှာနေတယ်။ "je cherche comment commencer (de quoi parler)" ; partie de discours, propos en cours, *ex.* ပြောတာလဲများပြီ၊ ကျမစကားစကိုသိမ်းလိုက်တော့မယ်။ "j'ai beaucoup parlé, je dois terminer mon discours", *cl.* - ခု.

စကားစမြည် /Sə`Ka Səmɪ/ *n.* 1. conversation, entretien, *suivi du v.* ပြော *ex.* မခင်အားရင် စကားစမြည်ကျမတို့ပြောရအောင်။ "si tu es libre, parlons un peu" ; 2. affaire en justice, *cl.* - ရပ်.

စကားစရပ်- / SəKə Sa' ya?- / *v.* s'interrompre.

စကားစီး- /Sə`Ka`si-/ *v.* être hautain, dédaigneux (dans sa façon de parler) ; être arrogant dans ses propros, "le prendre de haut", en parlant, *ex.* မောင်မြင့်စကားပြောရင် အမြဲတမ်းစကားစီးပြောတယ်။ "'Maung Myint le prend toujours de haut en parlant".

စကားစောင်း- /Sə`Ka `sɔN-/ *v.* exprimer son mécontentement de façon détournée, faire des reproches indirects.

စကားစောင်း /SəKə `SɔN/ *n.* critiques indirectes, propos détournés (et de reproche), reproches indirects, *cl.* - ခွန်း.

စကားစောင်းပစ်- /Sə`Kə `SɔN pyi?-/ *v.* critiquer indirectement, faire des reproches indirects.

စကားစစ် /SəKə Si?/ *n.* dispute verbale, *cl.* - ပွဲ.

စကားစစ်ခင်း- /SəKə Si? `khiN-/ *v.* se disputer verbalement.

စကားစစ်ထိုး- /Sə`Ka si? `tho-/ *v.* se disputer (verbalement), *ex.* မောင်ဘနှင့်မောင်လှစကားစစ်ထိုးနေကြတယ်။ "Maung Ba et Maung Hla se sont disputés verbalement" "Maung Ba et Maung Hla ont eu des mots ensemble" ; > စကားစစ်ထိုးပွဲ /SəKə Si? `tho `Puɛ/ *n.* dispute verbale, *cl.* - ပွဲ.

စကားစဉ် /Sə`Ka siN-/ *v. cf.* စကားဆင်- 1.

စကားစဉ် /SəKə SiN/ *n.* 1. discours, propos suivis, *ex.* သူ့စကားစဉ်က

ရှည်လိုက်တာ။ "que ses discours sont longs !" ; 2. ce que disaient les ancêtres, phrases, propos (des anciens), maximes, aphorismes, *cl.* - ခု , - ရပ်.

စကားစပ်- /Sə`Ka sa?-/ *v.* 1. intervenir dans une conversation, se joindre à une conversation, *ex.* စကားစပ်လို့ပြောရရင်...။ "à propos..." ; 2. engager une conversation, *ex.* လူပြောင်ကအဘိုးကြီး အား... စကားစပ်သည်။ "le plaisantin engagea la conversation avec le vieil homme" (ရန်ကုန် ကျေးလက်ပုံပြင်များ, p. 112).

စကားစပ် /SəKə Sa?/ *n.* sujet d'une conversation ; contexte, *cl.* - ခု .

စကားစပ်မိစပ်ရာ /Sə`Ka sa? Mi' sa? ya/ *n.* banalités ; propos décousus ; paroles vides, mots creux ; ce qui vous vient à l'idée.

စကားစပ်ဝတ္ထု /SəKə Sa? U?THu'/ *n.* histoire symbolique, illustration imagée (d'une leçon morale, d'une sentence etc...) "apologue", "fable", *cl.* - ပုဒ်, - ခု.

စကားစန်း- /Sə`Ka `saN-/ *v.* parler insidieusement pour obtenir des renseignements, s'informer sans en avoir l'air, *ex.* သူ့ဆီဝင်လာလည်ပြီး စကားစန်းတယ်။ "il est venu nous rendre visite pour s'informer".

စကားစန်း /SəKə `SaN/ *n. litt.* paroles insidieuses, questions détournées, paroles dites pour sonder quelqu'un, *cl.* - ခွန်း.

စကားစိန်း /SəKə `SeN/ *n. bot.* annonacée, *Cananga odorata H.f et T.* grand arbre ornemental que l'on plante dans les jardins pour ses fleurs odorantes, d'un vert jaunâtre: ilang-ilang.

စကားစွန်း /SəKə `SuN/ *n.* points susceptibles d'entraîner une contestation, une dispute, *cl.* - ချက်, - ခု .

စကားဆို- /Sə`Ka sho-/ *v.* faire des discours, discuter, *ex.* မကျေနပ်တော့ နှစ်ဖက်က စကားဆိုလာကြတယ်။ "les deux parties, mécontentes, ont discuté" ; proposer, *ex.* စပ်တူလုပ်ရအောင်လို့ မောင်ဘက စကား ဆိုလာတယ်။ "Maung Ba est venu me proposer de nous associer".

စကားဆက်- /Sə`Ka shɛ?-/ *v.* poursuivre un discours, poursuivre une conversation, *ex.* ဆရာမက အခြေအနေမှန် ရောက်အောင် စကားဆက် တယ်။ "l'institutrice a poursuivi sa discussion pour redresser la situation ".

စကားဆက် /SəKə SHɛʔ/ *n.* suite du discours, paroles à dire, que l'on va dire, *ex.* သူ့စကားဆက်က ယခင်ပြဿနာ ရှင်းပြသွားတယ်။ "la question précédente s'est éclaircie grâce à la suite de son discours".

စကားဆင်- /Sə`Ka shiN-/ *v.* 1. préparer son discours, préparer ce qu'on va dire, faire le plan d'un entretien, *ex.* ပါမောက္ခမိန့်ခွန်းပြောရန် စကားဆင်တယ်။ "le professeur a préparé son discours" ; 2. se ressembler (paroles, discours), revenir au même.

စကားညှပ်- /Sə`Ka n̥aʔ-/ *v.* introduire des incidentes, des interpolations.

စကားညှပ် /SəKə ɲaʔ/ *n.* incise, rajouts , explications supplémentaires (éventuellement : superflues), *cf.* စကားချပ် .

စကားတောက်- /Sə`Ka tɔʔ-/ *v.* arracher les mots à quelqu'un qui ne veut pas parler, faire parler, faire dire à quelqu'un plus qu'il ne voulait.

စကားတင်- /Sə`Ka tiN-/ *v.* se mettre en avant, en parlant, se faire valoir, parler d'un ton supérieur.

စကားတင် /SəKəTiŋ/ *n.* 1. propos hautains, discours d'un ton supérieur ; 2. *dés.*, beau discours, discours fleuri, émaillé d'exemples, *cl.* -ရပ်.

စကားတင်စီး- /Sə`Ka tiN `si-/ *v.* se mettre en avant, en parlant.

စကားတင်းဆို- /SəKə `tiŋ sho-/ *v.* critiquer quelqu'un derrière son dos, médire de..., *ex.* သူတို့တစု မောင်ဖြူအကြောင်း စကားတင်းဆိုနေတယ်။ "ils sont tous en train de dire du mal de Maung Phyu".

စကားတောင်း- /Sə`Ka `tɔN-/ *v.* faire parler, demander (à quelqu'un) de parler (sur le sujet qu'on désire), *ex.* ကျနော့်အကြံကို လက်ခံနိုင် လက်မခံနိုင် စကားတောင်းလိုက်တယ်။ "je l'ai amené à dire s'il acceptait ou non mon projet".

စကားတတ်- /Sə`Ka taʔ-/ *v.* être éloquent, bien parler.

စကားတတ် /SəKə Taʔ/ *n.* beau parleur, personne éloquente, *cl.*- ယောက်,- ဦး.

စကားတန် /SəKə TaN/ *n.* paroles qui ne signifient rien, paroles inintéressantes, *cl.* - ရပ် .

စကားတံ/SəKə TaN/ *n.* discours complet, durée du discours, *cl.* - တန်း ,- ရပ် .

စကားတံရှည်- /SəKə TaN ʃe-/ *v.* être bavard, faire de longs discours.

စကားတုံ့- /Sə`Ka toɴ'-/ *v.* répondre, répliquer.

စကားတုံ့ /Sə`Ka toɴ'/ *n.* réponse (orale), réplique, *cl.* - ခွန်း.

စကားတွန့်- /Sə`Ka tuɴ'-/ *v.* 1. répondre de façon peu nette, ajouter des restrictions à ses propos, répondre de mauvaise grâce ; 2. revenir sur ses paroles, se récuser après coup.

စကားတွန့် /SəKə tuŋ'/ *n.* réponse de mauvaise grâce, réponse assortie de restrictions multiples, *cl.* - ရပ်.

စကားတွန့်တက်- /Sə`Ka tuɴ' tɛʔ-/ *v.* discuter, argumenter, trouver des excuses, trouver des raisons pour contredire, refuser.

စကားထာ /SəKə Ta/ *n.* devinette, énigme, > စကားထာဖြေ- *v.* trouver la clef de l'énigme ; > စကားထာဝှက်- *v.* poser une énigme, dire une devinette ; *cl.* - ရပ်, - ခု, - ပုဒ်.

စကားထား- /Sə`Ka `tha-/ *se dit aussi* စကားထည့်- , *v.* prévenir, dire à l'avance, *ex.* မောင်ဘကိုနှုတ်လုံစေရန်စကားထား၍ ကိုဖြူအိမ်လွှတ်လိုက်သည်။ "il a envoyé Maung Ba chez Ko Phyu, en le prévenant qu'il fallait être circonspect (en paroles : être discret)".

စကားထစ်- /Sə`Ka thiʔ-/ *v.* bégayer, trébucher sur les mots.

စကားထည့်- /Sə`Ka thɛ'-/ *v.* 1. prévenir ; 2. charger d'un message, d'une commission orale.

စကားထွက်- /Sə`Ka thuɛʔ-/ *v.* parler, *ex.* ဒီလိုစကားထွက်လာမယ်လို့မထင်ဘူး။ "il ne me semble pas qu'il parlerait ainsi".

စကားနာ /SəKəɴa/ *n.* reproche indirect, paroles de reproche déguisé, constatation amère qui est un reproche déguisé, *cl.* - ရပ်, - ခွန်း.

စကားနာထိုး- /SəKə ɴa `tho-/ *v.* faire des reproches déguisés, faire des reproches, sans en avoir l'air, *ex.* သူ့ကသူ့ကိုမဖိတ်တဲ့အတွက် စကားနာထိုးတယ်။ "il lui a reproché indirectement de ne pas l'avoir invité".

စကားနိုင်လု- /SəKə ɴaiɴ lu'-/ *v.* se livrer à une joute oratoire, discuter avec acharnement, personne ne voulant s'avouer vaincu, *ex.* သူတို့ စကားနိုင်လုရင်း ရန်ဖြစ်ကြတော့တယ်။ "une querelle s'est évidemment produite (ils se sont évidemment querellés) à force de discutions acharnées".

စကားနှိုက်- /Sə`Ka ŋaiʔ-/ *v.* sonder (en paroles), faire parler, arracher les paroles (d'aveu), arracher la vérité, ce qu'on yeut sayoir, *ex.* ရှင်ကျွန်မကို စကားနှိုက် နေတာ ကျွန်မသိပါတယ်။ "je sais que vous êtes en train de vouloir me faire parler".

စကားနှစ်ခွ /Sə`Ka n̥ə khua'/ *n.* paroles à double sens, pour confondre, abuser l'interlocuteur.

စကားပါး- /Sə`Ka `pa-/ *v.* faire une commission (orale), *ex.* သူ့ကို နှုတ်ဆက်ဖို့ လူကြုံနဲ့ စကားပါးလိုက်တယ်။ "il a chargé un commissionnaire de le saluer".

စကားပီ- /Sə`Ka pi-/ *v.* s'exprimer parfaitement, s'exprimer très correctement.

စကားပေါ့ /Səkə pɔ'/ *n.* discours superficiel, paroles creuses, vides, banalités (en paroles), *ex.* အစည်းအဝေးမှာ စကားပေါ့ မပြောသင့်ပါ။ "il ne faut pas parler pour ne rien dire, en réunion", *cl.* - ဂဝ်, - ခွန်း.

စကားပေါက်စကားစ /SəKə Pɔ? SəKə Sa'/ *n.* bavardages à tort et à travers, propos décousus, un mot par ci, un mot par là, *ex.* သူ့စကားပေါက် စကားစသိပ်များတယ်။ "il dit tout ce qui lui passe par la tête".

စကားပလ္လင်ခံ- /Sə`Ka pəlin khaN-/ *v.* faire un préambule, *ex.* စကားပလ္လင်ခံမနေနဲ့၊ တည့်တည့်ပြောပါ။ "n'en restez pas aux préambules ; expliquez-vous".

စကားပလ္လင်ခံ /Sə`Ka pəlIN KHaN/ *n.* préambule, longs préambules, *ex.* ခု ငါပြောတာ စကားပလ္လင်ခံမျှသာ ဖြစ်တယ်။ "ce que je dis n'est qu'un préambule".

စကားပုံ /SəKə PON/ *n.* proverbe, *ex.* သူ စကားပြောရင် စကားပုံအမြဲပါတယ်။ "il émaille toujours ses propos de proverbes", *cl.* - ဂဝ်, - ပုံ.

စကားပျိုး- /Sə`Ka `pyo-/ *v.* exposer son sujet, annoncer ce qu'on va dire, *ex.* သူ စကားပျိုးတာ တခုခု ပြောစရာရှိလိမ့်မယ်။ "d'après son exposition, il a quelque chose à dire".

စကားပျိုး /SəKə `pyo/ *n.* introduction à un discours.

စကားပျက်- /Sə`Ka pyɛ?-/ *v.* manquer à sa parole, *ex.* သူ စကားပျက်လို့ ကျွန်မ စိတ်ဆိုးတယ်။ "je suis fâchée qu'il ait manqué à sa parole".

စကားပြုစကားလုပ် /Səkə Pyu' SaKa Lo?/ *n.* histoires, inventions en paroles, *cl.* – ရင်.

စကားပြေ /SəKə Pye/ *n.* prose, récit en prose, narration ordinaire, *ex.* အောက်ပါကဗျာကို စကားပြေပြန်ပါ။ " transposez en prose la poésie ci-dessous", *cl.* – ပုဒ် .

စကားပြောကြေးနန်း /Sə`Ka `pyɔ `ce ` NaN/*n.* *style écrit, techn.* téléphone, installation téléphonique, *ex.* လူကိုယ်တိုင်သွားဖို့မလို ပါဘူး၊ စကားပြောကြေးနန်းကိုအသုံးပြုနိုင်ပါတယ်။ "il n'y a pas besoin de se déplacer personnellement : on peut se servir du téléphone", *cl.* –လုံး .

စကားပြင်- /Sə`Ka pyiN-/ *v.* 1. préparer un entretien, penser à l'avance à ce qu'on va dire, *ex.* သူနှင့်တွေ့ဆုံလျှင် စကားပြောရန်ကြိုတင် စကားပြင်ထားပါ။ "pensez à l'avance aux paroles à dire si vous le rencontrez" ; 2. arranger, modifier des paroles (déjà dites).

စကားပြင် /SəKə PyiN/ *n.* préparation d'un discours, réflexion sur ce qu'on va dire.

စကားပြန်- /Sə`Ka pyaN-/ *v.* répondre, rendre réponse.

စကားပြန် /SəKə PyaN/ *n.* 1. interprète, *ex* နိုင်ငံတော်တွင်ကျွမ်းကျင်သည့် စကားပြန်တဦးထားရှိရန်လိုသည်။ "on a besoin d'un interprète expérimenté dans le pays, *cl.* – ယောက်, – ဦး. ; 2. traduction.

စကားဖါ- /Sə`Ka pha-/ *v.* se reprendre, après avoir parlé étourdiment ; essayer de rattraper ses paroles, *ex.* သူပြောပြီးမှမှားမှန်းသိလို့ စကားဖါလိုက်တယ်။ "il s'est repris parce qu'il n'a démêlé le vrai du faux qu'après avoir parlé".

စကားဖို /SəKə pho/ *n.* mot nu, mot principal (l'expression se réfère au style : il est rare d'utiliser un seul mot, le mot essentiel **စကားဖို** , pour rendre un concept, en birman ; on y ajoute, le plus souvent, un mot ou plusieurs, de sens identique, ou voisin, ou même vide de sens : simple écho), *cl.* – ရပ်.

စကားဖိုစကားမ /SəKə pho SəKə ma'/*n.* mot composé, expression complexe (mot principal suivi d'autres, complétant son sens ou vides de sens, simples échos) ; *ex. d'expressions complexes :* ကမူး ကရော "précipitamment", သစ်သီးဝလံ "fruit".

စကားဖောင်- /Sə`Ka phɔN-/ *v.* être disert, être bavard.

စကားဖောင်ဖွဲ့ /Sə`Ka phɔN phuɛ'-/ *v.* être disert, être bavard, *ex.* သူစကားဖောင်ဖွဲ့၍ မမောမပန်း ပြောနေသည်။ "il ne se lasse pas de parler car il est bavard".

စကားဖောင်လောက် /Sə`Ka phɔN Lɔʔ/ *exp. adv.* avec de longs discours, discours sans fin, en bavardant interminablement, *ex.* စကား ဖောင်လောက် ပြော နေတယ်။ "ils bavardent comme des pies".

စကားဖောင်း- /Sə`Ka `phɔN-/ *v.* relater en exagérant, relater en déformant, dire des sottises.

စကားဖောင်း /SəKə `PHɔN/*n.* paroles sans intérêt, sottises, *ex.* စကား ကောင်းပြောပါ၊ စကားဖောင်းမပြောပါနဲ့။ "parlez à bon escient ; ne racontez pas de sottises" ; "dites des choses intéressantes ; ne parlez pas pour ne rien dire", *cl.* -ရပ်, -ခု.

စကားဖန်ထိုး- /SəKə PHaN `tho-/ *v.* 1. *dés.* discourir, faire de longs discours ; faire des discours fleuris ; 2. tenir des propos perfides ; susciter une querelle par ses discours, *ex.* မိတ်ဆွေနှစ် ယောက်ရန်ဖြစ်အောင်စကားဖန်မထိုးပါနဲ့။ "ne tenez pas de méchants propos, de nature à semer la discorde entre deux amis".

စကားဖျင်း /SəKə `phyiN/ *n.* paroles vaines, paroles superflues, bavardages, *ex.* အားနေလျှင် စကားဖျင်းမပြောသင့်ပါ။ "quand on est innoccupé, il ne faut pas dire de vaines paroles", *cl.* -ရပ်, -ခွန်း.

စကားဖြူ /SəKə PHyu/ *n. bot.* magnoliacée, *Michelia excelsa* Bl.

စကားမ /SəKəma'/ *n.* mot supplémentaire non indispensable pour le sens, mais qui orne le discours, *ex* မင်္ဂလာဆောင်စကားပြောတဲ့အခါ၊ စကားမကိုသုံးဖွဲ့ရတယ်။ "il faut ajouter des ornements quand on prononce un discours de mariage".

စကားမစပ် /Sə`Ka mə saʔ/ *n.* remarque incidente, remarque "en passant", en dehors du sujet principal du discours, *ex.* စကားမစပ် မေးပါရစေ၊ သူဘာကြောင့် ကျောင်းမလာသလဲ။ "à propos, permettez-moi de poser une question : pourquoi n'est-il pas venu à l'école ?"

စကားများ- /Sə`Ka `mya-/ *v.* 1. bavarder, *ex.* သူစကားများတယ်။ "il est très bavard" ; 2. se disputer, *ex.* သူတို့နှစ်ယောက်စကားများ နေကြတယ်။ "ils se sont disputés tous les deux".

စကားမြွက် /SəKə meʔ/ *n.* 1. allusion ; 2. bribes, fragments de conversation, d'histoire,

စကားရ /SəKə ya'/ *n.* signification,

စကားရောဖောရော /Sə `Ka `yɔ `phɔ `yɔ/ *ou* စကားရောဖွဲရော /Sə `Ka `yɔ `phuɛ `yɔ/ *n. adv.* 1. en parlant à tort et à travers ; 2. en escamotant ce qu'on ne veut pas dire clairement, en marmonnant délibérément, *ex.* မောင်ဘသည်စကားရောဖောရောပြောကာထွက်သွားလေသည်။ "il est sorti comme ça en se contentant de marmonner".

စကားရိုး- /Sə`Ka `yo-/ *v.* exprimer sincèrement sa pensée, dire le fond de sa pensée.

စကားရိုး /SəKə `yo/ *n.* expression pure et simple de ce que l'on pense, fond de la pensée.

စကားရင်း /SəKə `yiN/ *n.* paroles originales, authentiques ; essentiel de ce que l'on veut dire.

စကားရောင်းစကားဝယ် /Sə`Ka `yɔN Sə `Ka Uɛ/ *n.* 1. échange de propos, échange d'informations ; 2. intervention verbale non sollicitée, indiscrète, *ex.* စကားရောင်းစကားဝယ်ဝင်လုပ်တော့၊ မရှုပ်သင့်ဘဲရှုပ်ကုန်တော့ပေါ့။ "tout a été embrouillé alors que cela n'aurait pas dû, parce qu'il s'en est mêlé".

စကားရည်လု- /SəKə ye lu'-/ *v.* débattre.

စကားရည်လုပွဲ /SəKə ye lu' `Puɛ/ *n.* débat, *ex.* စကားရည်လုပွဲတွင်မြန်မာစာပါမောက္ခ အနိုင်ရရှိသည်။ "dans le débat c'est le professeur de littérature birmane qui a eu le dessus", *cl.* - ပွဲ , - ရပ်.

စကားရပ် /SəKə ya?/ *n.* ensemble des propos sur un sujet, *ex.* သူပြောတဲ့ စကားရပ်ကစိတ်ဝင်စားစရာကောင်းတယ်။ "ce dont il parle est intéressant, *cl.* - ခု , - ရပ် .

စကားရိပ် /SəKə ye?/ *n.* allusion, *ex.* သူ့စကားရိပ်တခွန်းကြောင့်ကျွန်မနားလည်သဘောပေါက်သွားပါတယ်။"j'ai compris à cause de son allusion", *cl* - ခွန်း (brève), - ရပ် (longue) ; > စကားရိပ်စကားမြွက် /Sə Kə ye? SəKə muɛ?/ *n.* allusion, *cl.* - ခွန်း, - ရပ်.

စကားရှင် /SəKə ʃiN/ *n.* paroles non concluantes, non décisives, qui laissent la porte ouverte à la discussion, ou à des aménagements, *cl.* - ရပ်.

စကားလက်ဆုံ /Sə`Ka lɛ? SHON/ *n.* accord entre interlocuteurs, identité des points de vue exprimés ; > စကားလက်ဆုံကျ- /Sə `Ka lɛ? SHON ca-/ *v.* converser, parler, en parfait accord, *ex.* ဒီနှစ်ယောက်တယ်ဖြီး စကားလက်ဆုံကျနေပါလား။ "du fait de leur bonne entente, comme ces deux personnes conversent agréablement !"

စကားလက်မှန်- /Sə `Ka lɛ? MUN/ *n.* introduction à un texte, introduction écrite, *néologisme remontant à une vingtaine d'années, cl.*- ပုဒ်, -ပိုဒ်.

စကားလဝ် /SəKə la?/ *n. rare,* sous-entendu.

စကားလိမ်- /Sə`Ka lеɴ-/ *v.* intervertir les voyelles, les syllabes, par jeu ou pour rendre ses paroles inintelligibles, sauf aux initiés, *ex. d'interversions :* လုပ်ကြံ > လံကြုပ် "invention", ငါ့ဘို့ > ငို့ဘာ "égoïste".

စကားလိမ် /SəKə lеɴ/ *n.* devinette, *ex.* "နတ်သမီးနှစ်ပါး မိုးပေါ်ကဆင်းလာတော့၊ လူဆိုးငါးယောက်က ဖမ်းဆီးလိုက်တယ်။" ဒီစကားလိမ်ကို ဖြေနိုင်မလား။ "quand les deux fées descendirent du ciel, les cinq méchants s'en emparèrent. "pouvez vous trouver cette devinette ?" (le nez qui coule et les cinq doigts), *cl.* -လိမ်, -ပုံ.

စကားလုံ- /Sə`Ka lON-/ *v.* se taire (à dessein, dans une circonstance donnée), garder un secret, se montrer discret, *ex.* သူက စကားလုံပါတယ်။ အာလာကို ပင်ပင်နိုင်ပါတယ်။ "il est discret, on peut discuter de tout avec lui".

စကားလုံး /SəKə `LON/ *n.* mot, *cl.* -လုံး.

စကားလုံးကြီး- /SəKə `lON `ci-/ *v.* employer de grands mots, parler avec emphase.

စကားလွန်- /Sə`Ka lUN-/ *v.* parler trop, parler mal à propos.

စကားလုံးစီး- /SəKə `lON `si-/ *v.* être hautain, en parlant, parler dédaigneusement, le prendre de haut, *se dit aussi* စကားစီး- .

စကားလှ- /Sə`Ka l̥a'-/ *v.* dire de belles paroles, parler avec diplomatie, *ex.* မပေးချင်ဘူးလို့တိုက်ရိုက်မပြောပါနဲ့။ စကားလှအောင်ကြည့်ပြောပါ။ "ne dites pas tout de go "je ne veux pas le donner" ; essayez de vous exprimer avec diplomatie".

စကားလှ /SəKə la'/ *n.* belles paroles, paroles diplomatiques, euphémisme, *cl.* -ခွန်း, -ရပ်.

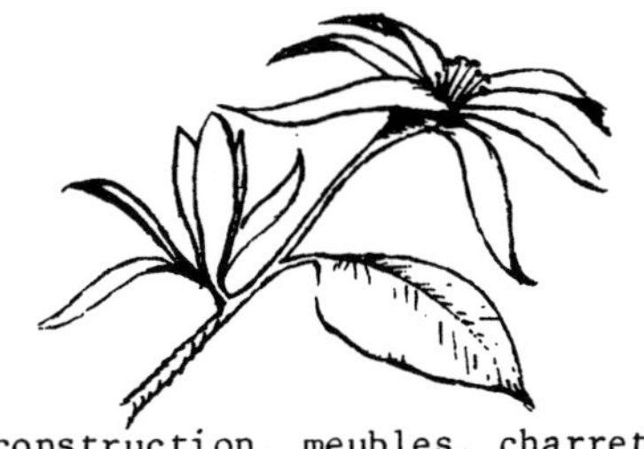

စကားဝါ /SəKə Ua/ *n. bot.* magnoliacées, 1. *Michelia champaca* Linn., *syn.* *Talauma spongo carpa* King, champac jaune, bois de construction, brun jaunâtre à brun olivâtre ; un peu brillant, assez durable ; se travaille et se polit bien ; construction, meubles, charrettes, avirons, jougs, charrues, objets sculptés et tournés, menuiserie, ébénisterie en général , ustensiles de cuisine en particulier; ses fleurs jaunes sont très odorantes ; *s'écrit aussi* စံကားဝါ ; 2. *Michelia nilagirica* Zen. > စကားဝါတုံး /SəKə Ua `TON/ *n.* tronc équarri ou dosse de champac, *cl.* -တုံး.

စကားဝဲ- /Sə`Ka `Uɛ-/ *v.* avoir un accent, *ex.* နိုင်ငံခြားသားတွေ ဗမာလို ပြောရင် စကားဝဲတယ်။ "les étrangers ont un accent quand ils parlent birman ".

စကားဝိုးဝါး / Sə`Ka `Uo `Ua / *n.* paroles peu claires, *ex.* သူ အမြဲတမ်း စကားဝိုးဝါး ပြောတတ်တယ်။ "il ne s'exprime jamais clairement".

စကားဝင်- /Sə`Ka UiN-/ *v.* persuader discrètement, insinuer, influencer (paroles), *ex.* သူ့မိဘ စကားဝင်နေတော့ ဘယ်သူ့ ပြောတာမှ မယုံတော့ဘူး။ "influencé par ses parents, il n'écoutait personne ".

စကားဝိုင်း /SəKə `UaiN/ *n.* 1. cercle de conversation, *ex.* ဒီနေ့ စကားဝိုင်းမှာ လူစုံတယ်။ "aujourd'hui tout le monde participe à la conversation", *cl.* - ဝိုင်း 2. paroles détournées, qui tournent autour du pot, *cl.* - ရပ်.

စကားဝိုင်းပြော- /Sə`Ka `UaiN `pyɔ-/ *v.* tourner autour du pot.

စကားဝိုင်းဖွဲ့- /SəKə `UaiN phuɛ'-/ *v.* former un groupe de conversation, se livrer en groupe à une conversation animée.

စကားဝှက် /SəKə huɛʔ/ *n.* code, langage secret, *ex.* စစ်မြေပြင်မှာ စစ်သားတွေ စကားဝှက်နဲ့ ပြောကြတယ်။ "sur le théâtre des opérations, les militaires emploient un langage codé", *cl.* - ခု , - ခွန်း.

စကားသား /SəKə `θa/ *n.* fond du discours, sens véritable, profond du discours, substance même du discours, *ex.* သူ ပြောတိုင်း စကားသား ရှိတယ်။ "chaque fois qu'il parle, c'est pour dire des choses intéressantes" ; > စကားသားပါ- /SəKə `θa pa-/ *v.* avoir du sens, être riche de sens.

စကားသေ /Səkə θe/ *n*, parole définitive, assurance verbale, *ex.* ကျွန်မစကား သေပြောလိုက်ခြင်းဖြစ်ပါတယ်၊ ဘယ်တော့မှမပြင်မဖျက်တော့ဘူး။ "c'est mon dernier mot. Je ne reviendrai pas dessus", *cl.* - ခွန်း, - ရပ်, (selon la longueur des propos).

စကားသတ်- /Sə`Ka θaʔ-/ *v.* arrêter, interrompre une conversation, un écrit, *ex.* ဒီနေရာမှာကျနော်စကားသတ်မယ်။ "je m'arrêterai là".

စကားသုံး /Səkə `θoN/ *ou* စကားသွား *n.* façon de parler, de s'exprimer, usages (en matière de langue), *ex.* ဒေါ်အေးခင်ရဲ့စကားသုံးဟာ တိကျပြတ်သားတယ်။ "Daw E Khin s'exprime avec beaucoup de précision".

စကားသွား /Səkə `θua/ *n.* façon de parler, usages (en matière de langue), *ex.* သူ့စကားသွားကိုနားထောင်ရတာ၊ ယုံကြည်မတန်ဘူး။ "de l'écouter parler, ça n'inspire pas confiance".

စကားသွားစကားလာ /Səkə `θua Səkə la/ *n.* sens qui se dégage d'un entretien, *ex.* သူတို့ရဲ့စကားသွားစကားလာကိုကြည့်ပြီးမှ ဆုံးဖြတ်ရမယ်။ "nous déciderons en fonction du sens de leur entretien".

စကားသွင်း- /Sə`Ka `θuiN-/ *v.* 1. glisser un mot, dire à l'oreille ; 2. insinuer, *ex.* မလှပြဿနာတက်အောင် မမြကအထက်လူကြီးကို စကားသွင်းနေတယ်။ "les insinuations de Ma Mya auprès de hauts personnages ont pour but de créer des problèmes à Ma Hla".

စကားဟောင်း /Sə`Ka `hɔN/ *n.* vieux dicton, paroles des anciens, *cl.* - ခွန်း, - ရပ် (selon la longueur: mot ou passage).

စကားအခြေအတင် /Sə`Ka ʔəche ʔətiN/ *n.* échange d'arguments, discussion (entre adversaires), *ex.* ဆရာများစုဝေးပြီး စကားအချေအတင် ပြောနေကြပါတယ်။ "les maîtres échangèrent des arguments opposés en réunion", *cl.* - ရပ်.

စကားအစွန်းအစ /Sə`Ka ʔə `SuN ʔəsa'/ *n.* bribes de conversation, d'histoire, de discours (*littéral.* le début et la fin), *ex.* စကားအစွန်းအစကြားမိရုံနဲ့မကြောက်လန့်နေပါနဲ့။ "ne soyez pas effrayé pour n'avoir entendu que des bribes d'histoire" ; *se dit aussi* စကားစွန်းစကားစ /Sə `Ka `suN Səkə sa'/

စကားအပုတ်ချ- /Sə`Ka ʔəpoʔ cha'-/ *v.* médire de.

စကားအရိပ်အမြွက် /Sə`Ka ʔəyeʔ ʔə myuɛʔ/ *n.* allusion, *ex.* သူ့ရဲ့စကားအရိပ်

အမြွက်ကြောင့် ကျမနားလည်လို့လွယ်ကူပါတယ်။ "il m'a été facile de comprendre grâce à son "allusion", *cl.* - ခွန်း, - ရပ် (selon la longueur); *se dit aussi* စကားရိပ်စကားမြွက်.

စကားအရာအင်္ဂါလေးတန် /Sə`Ka ʔəya ʔiN Ga `le TaN/ *n. litt. arch.* les quatre qualités du style de discours : correction, grâce, tenue, véracité.

စကားအသွား- /Sə`Ka ʔa' `θua-/ *v.* devenir muet, perdre l'usage de la parole, *ex.* သူ့ကိုခြိမ်းခြောက်ထားတော့ စကားအသွားပြီး မေးလို့မရတော့ဘူး။ "on ne peut plus l'interroger : il a perdu l'usage de la parole, à force d'être menacé et effrayé".

စကားအုပေါက် /Sə`Ka ʔu Pɔʔ/ *n.* propos décousus, propos sans suite et dépourvus de sens, *ex.* သူကမူးလာရင် စကားအုပေါက်လျှောက်ပြောတာဘဲ။ "il tient des propos insensés quand il est ivre".

စကားဦးစကားစ /SəKə ` ʔu SəKa Sa'/ *n.* début de conversation, de discours, de propos, *ex.* စကားဦးစကားစကို ကြားတာနဲ့ သူ့သဘောထားကိုနာလည်နဲ့ပါတယ်။ "j'ai compris son idée en entendant le début de la conversation".

စကားဦးသန်း- /Sə`Ka ˌ `ʔu `θaN-/ *v.* prendre la parole le premier, donner le coup d'envoi dans une conversation, parler le premier de, *ex.* စာမေးပွဲအောင်ရင်လက်ဆောင်တခုပေးမယ်လို့ သူ့စကားဦးသန်းထားတယ်။ "il a parlé le premier de lui donner un cadeau s'il réussissait à son examen".

စကားအိုး /SəKə `ʔo/ *n. fam.* personne bavarde, moulin à paroles, *ex.* မောင်မြဟာစကားအိုးဘဲ။ "Maung Mya est bavard", *cl.*- ယောက်,- စု,- သိုက်.

စကားအပ်- /Sə`Ka ʔaʔ-/ *v.* charger d'une commission, recommander de dire, *ex.* သူကအရေးကြီးတဲ့ကိစ္စအတွက် သူ့မယားကိုစကားအပ်ထားတယ်။ "il a chargé sa femme d'une commission importante".

စကားအပ် /SəKə ʔaʔ/ *n. terme de théâtre,* intermède (parlé).

စကားအိမ် /SəKə ʔeN/ *n.* discours, propos liés par un thème, un sujet, argumentation.

စကားအိမ်ဖွဲ့- /SəKə ʔeN `phuɛ-/ *v.* construire son discours, lier ses propos, *ex.* သူ့စကားအိမ်ဖွဲ့ပုံ ဦးစုနဲ့တူလိုက်တာ။ "comme son style ressemble à celui de U Su !"

စကေး /s(ə)`ke/ *n. angl.* 1. échelle (cartographie), graduation ; 2. indice, échelon (salaire), fonction, taux, échelle, *ex.* ရှင့်လခက ဘယ်စကေးလဲ။ "quel est votre indice ?", *cl.* – မျိုး.

စကေးကိုက်- /s(ə)`ke kaiʔ-/ *v.* 1. être à l'échelle, être à la même échelle, *ex.* ခင်ဗျား မြေပုံ စကေးမကိုက်ဘူး။ "votre carte n'est pas à l'échelle" ; 2. *sens fig.* correspondre aux prévisions, *ex.* သူ့ကအသုံးအစွဲသိပ် စကေးကိုက်တာဘဲ။ "ses dépenses sont exactement calculées".

စကေးချ- /s(ə)`ke cha'-/ *v. angl.-bir.* reproduire, dessiner à l'échelle.

စကော်စက / SəKɔ SəKa' / *n. cf.* စက *et* စကောစက.

စကော /Sə`Kɔ/ *n.* van : grande vannerie plate à trier le grain.

စကောစက / Sə`Kɔ SəKa'/ *n.* 1. la moyenne, l'intermédiaire, le milieu, au point de vue âge, connaissance ; 2. une personne médiocre en connaissances, en capacités, *ex.* ဒီအဝတ်ကလက်ရှည်လဲ မချုပ်လောက်၊ လက်တိုထက်လဲပိုနေတော့ စကောစကဖြစ်နေတယ်။ "il n'y a pas assez d'étoffe pour le faire à manches longues, trop pour le faire à manches courtes, c'est une mesure intermédiaire" ; *se dit aussi* စက , စကော်စက .

စကောစာ /Sə`Kɔ Sa/ *n.* rebut, nourriture de rebut, (*littéral.* nourriture mise dans un van, comme celle qu'on abandonne aux fantômes et revenants, alors que les offrandes au Bouddha et aux nats sont sur de beaux plateaux), *ex.* ကလေးနေမကောင်းလို့စုန်းကို စကောစာပစ်ရတယ်။ "il faut offrir de la nourriture aux sorcières car cet enfant est malade".

စကောလားရှစ် /s(ə)`kɔlaʃiʔ/ *n. angl.* bourse d'études, frais d'études, *ex.* မောင်သိန်းလွင် စကောလားရှစ်ဆုရတယ်။ "Maung Thein Lwin a obtenu une bourse d'études", *cl.* – နေရာ.

စကောဝိုင်း /¯Sə`Kɔ `UaiN/ *n.* giration du médium possédé par le nat : parce que, en état de transe, il tourne, *littéral.* comme un van que l'on secoue.

စကောဝိုင်းထိုး- / Sə`Kɔ `UaiN `tho-/ *v.* vanner, secouer et faire tourner le grain dans le van.

စကောက် /səKɔʔ/ *n.* 1. tour de cou, ligne de jonction du visage sur le cou ; 2. extrêmité préhensive

de la trompe de l'éléphant ;
3. *angl.* "scout".

စကင်း /s(ə)`kiN/ *n. angl.* plan, organigramme, programme, *ex.* ပညာရေး စကင်းကိုအကောင်အထည်ဖော်ရမယ်။ "il faut réaliser le programme d'éducation", *cl.* – ခု , – ရပ်.

စကယ်လီတန် / skɛ li TaN/ *n. angl. techn.* squelette, *cf.* အရိုးရုပ် , *cl.*–ရုပ်.

စကျင် /s(ə)ciN/ *n.* marbre blanc, nommé d'après son lieu d'origine, *ex.* ကျောက်တော်ကြီးဘုရားရုပ်ပွါးတော်ကို စကျင်ကျောက်နဲ့ထုလုပ်ထားတယ်။ "le Bouddha de Kyauk Taw Gyi est sculpté en marbre blanc".

စကြာ /sɛʔ Ca/ *cf. à* စက်.

စခန်း / sə`khaN/ *n.* 1. camp, station de météorologie, de vacances, balnéaire etc..., *ex.* ရွှေဝါချိုင်စခန်း။ "camp de Shwe Wa Gyaing (en Arakan, à Ngapali)", *cl.* – ခန်း , – ရပ် ; 2. gîte d'étape, auberge, abri pour voyageurs, *cl.* – ဆောက် , – ခု ; 3. situation, *ex.* ဒီစခန်းစိုက်လာမယ်ဆိုတာထင်သားဘဲ။ "je pensais bien qu'on en arriverait là".

စခန်းကုန်လမ်းကုန် / sə`khaN koN `laN koN/ *n. adv.* (par) tous les moyens, (de) toutes les manières, *ex.* သူ့ကိုစခန်းကုန်လမ်းကုန် ဖြောင်းဖြပြီး အရက်ဖြတ်ခိုင်းတယ်။ "en utilisant tous les moyens de persuasion, on lui a prescrit de cesser de boire".

စခန်းကျ– / sə`khaN ca'-/ *v.* concorder, coïncider ; s'harmoniser ; tomber bien, convenir à, *ex.* ဒီအိမ်မှာ ရေချိုးခန်းရှိတာနဲ့ အသန့်ကြိုက်တဲ့ကျမ အဖို့စခန်းကျလိုက်တာ။ "comme ça m'arrange, moi qui aime la propreté, qu'il y ait une salle de bains dans la maison !"

စခန်းကြီး–/ sə`khan `Ci-/ *v.* être fier, orgueilleux, être hautain, *ex.* သူက ဒီနှစ်ဘွဲ့ယူပြီးကတည်းက စခန်းကြီးလိုက်တာ။ "qu'il est fier depuis qu'il a obtenu son diplôme cette année !"

စခန်းချ– / sə`khaN cha'-/ *v.* faire halte, faire étape, camper, établir le camp, *ex.* ဒီနေ့ဒီမှာဘဲစခန်းချမယ်။ "nous allons faire étape ici aujourd'hui", စံပြလုပ်သားများငပလီ ရွှေဝါချိုင်မှာစခန်းချတယ်။ "le camp des travailleurs d'élite est installé à Ngapali, au lieu dit 'Shwewagyaing' ".

စခန်းချဲ့–/ sə`khaN `chɛ-/ *v.* 1. agrandir ; 2. *sens fig.* grossir un évènement, une perspective, donner de l'importance à quelque chose, *ex.* ဒီလူကဘာလုပ်လုပ်သိပ်စခန်းရှည်တာ။ " quoi que fasse cet homme, il en fait toute une affaire".

စခန်းဆုံး- /sə`khaɴ `shoɴ-/ *v.* 1. arriver à destination ; 2. *sens fig.fam.* tomber aux mains de quelqu'un, devenir irrécupérable, *ex.* ခင်ဗျား ပစ္စည်းကိုလိမ်ယူသွားတယ်ဆိုတော့ စခန်းဆုံးပြီပေါ့။ ပြန်ရဖို့မရှိတော့ဘူး။ "puisqu'il s'est emparé de vos affaires sous un prétexte, c'est fini, vous ne les récupérerez plus" ; > စခန်းဆုံး /sə `khaɴ `SHOɴ/ *n.* destination, arrivée à destination.

စခန်းတထောက် / sə`khaɴ tə thɔʔ/ *n.* halte provisoire.

စခန်းတွင်- / sə`khaɴ tuiɴ-/ *v.* 1. arriver sans problème, faire un bon voyage, voyager heureusement, dans de bonnes conditions, facilement ; 2. *sens fig.* venir à bout d'une tâche, abattre du travail, *ex.* ထွန်စက်နဲ့လယ်ထွန်ရတာအင်မတန်စခန်းတွင်တယ်။ "on abat énormément de travail quand on laboure au tracteur" ; ဒီနေ့ဧည့်သည် ခဏခဏလာလို့ အလုပ်စခန်းမတွင်ဘူး။ "le travail n'avance pas aujourd'hui à cause de la venue incessante de visiteurs".

စခန်းထ- / sə`khaɴ tha'-/ *v.* 1. lever le camp, repartir (après une halte, une étape) ; 2. *sens fig.* reprendre vie, recommencer, reprendre, *ex.* ယခု ခေါင်းလောင်းဘောင်းဘီစခန်းထနေတယ်။ လူငယ်တိုင်း ဝတ်ကြတယ်။ "actuellement les pantalons "pattes d'éléphant" redeviennent à la mode ; tous les jeunes en portent".

စခန်း ထောက်- / sə`khaɴ thɔʔ-/ *v.* faire halte momentanément, *ex.* မန္တလေး မြို့ပြင်မှာ ခဏတ္တစခန်း ထောက်ကာ ဆက်လက်ခရီး ထွက် တော့မယ်။ "on se mettra en route après une halte en dehors de Mandalé".

စခန်း ပေါက်- / sə`khaɴ pɔʔ-/ *v.* 1. accomplir heureusement un voyage, voyager sans encombre ; 2. parvenir à ses fins, venir à bout de quelque chose, *ex.* သူ ဒီမိန်းကလေးကိုလူပျိုလှည့်တာ တော်တော်စခန်း ပေါက်ပြီလား ။ "ses assiduités auprès de cette jeune personne ontelles réussi ?"

စခန်းပြတ်- / sə`khaɴ pyaʔ-/ *v.* couper définitivement les relations, *ex.* သူ့ဆီကအကြွေးအားလုံးရပြီး တော့ သူနဲ့စခန်းပြတ်သွားပြီပေါ့။ "maintenant qu'il a obtenu de lui le remboursement de toutes ses dettes, il n'a plus de relations avec lui".

စခန်းသတ်- / sə`khaɴ θaʔ-/ *v.* mettre fin à, terminer, *ex.* ကျနော်လိုတဲ့ဆေး

မရလို့ ဒီပန်းချီကားကို စခန်းမသတ်နိုင်သေးဘူး ။ "je ne peux terminer mon tableau parce que je n'obtiens pas la peinture qu'il me faudraït".

စခန်းသိမ်း- / sə`khaN `θeN-/ *v.* terminer, se terminer : aventures, vie, roman, pièce, film etc..., *ex.* လူမိုက်တယောက် ထောင်ကျသွားတော့ မိုက်တာတွေ စခန်းသိမ်းသွားတာဘဲ ။ "maintenant que le malfaiteur est emprîsonné, voilà ses méfaits terminés".

စခန်းသွား- /. sə`khaN `θua-/ *v.* avoîr une hîstoîre, se dérouler : histoire, évènements ; > စခန်းသွား /sə `khaN `θua/ *n.* déroulement : d'une hîstoîre, d'évènements, de relatîons, des amours etc..., *ex.* မင်းသမီးနဲ့မင်းသား ရုပ်ရှင်ထဲမှာ စခန်းသွားပုံ ကြည့်ရတာ ပျော်စရာ ကောင်းလိုက်တာ ။ "quel plaisir de regarder l'histoire du héros et de l'héroïne dans le film", *cl.* -စခန်း.

-စချင့်ဖွယ် /- SəchiN' PHuɛ/ *loc. e.* (chose) qui fait envie, qui est séduisante, désîrable, *ex.* စားစချင့်ဖွယ် ကောင်းတယ် ။ .'est appétissant", ဝတ်စချင့်ဖွယ် ။ "vêtement qui fait envie", နေစချင့်ဖွယ် ။ "endroit où l'on a envîe d'habiter".

စချဉ့် / sə chiN'/ *n.* rot, renvoi.

စခွန့် /: səkhuN'/ *n.* gros tambour, trapu, à deux peaux, utilisé au théâtre, instrument posé sur des supports en X, *ex.* ဆိုင်းဝိုင်းမှာ စခွန့်လဲ ပါတယ် ။ "dans l'orchestre, figure aussi un gros tambour posé", *cl.* -လုံး.

စစရာရာ /sa' Sa' ya ya / *n. adv.* de toutes sortes de manières, de façons diverses, *ex.* စစရာရာ ဒုက္ခပေးတဲ့ ကောင်ပါ ။ "c'est un individu qui cause des ennuis de toutes sortes".

စတိ /s(ə)ti'/ *n.* 1. masse ou objet de métal plein, *ex.* စတိလက်ကောက် ။ "un bracelet plein" (သိန်းဆိုင်, တနေ့နေ့ ,p. 118) ; métal pur, sans alliage, lingot, *ex.* ဒီလက်ကောက်က ရွှေစတိနဲ့လုပ်ထားတာ ။ "ce bracelet est fait d'un lingot d'or" ; 2. action, geste symbolique, *ex.* စတိသပိတ်မမှောက်ချင်ဘူး ။ "je ne veux pas faire une grève symbolique", စတိအဖြစ် ဒီအရက်နဲနဲ သောက်လိုက်ပါ ။ "buvez un peu de cet alcool, symboliquement".

စတီယာတိုင် /s(ə)tīya TaiN/ *n.angl.bir.* volant de voiture, direction.

စတုဂံ /s(ə)tǔgaN/ *n. pâli,* quadrilatère, *cl.* – ခု , – ပုံ , > ထောင့်မှန်စတုဂံ /dɔN' m̥aN s(ə)tu'gaN/ *n.* rectangle. စတုဂံ

စတုဒိသာ /s(ə)tu' di' θa/ *n. p.* 1. quatre points cardinaux ; 2. *sens fig. n. adv.* toutes directions, tous les côtés, *ex.* ဘုရားပွဲတော်မှာ မုန့်ဟင်းခါး စတုဒိသာ ကျွေးတယ် "à la fête bouddhique, on a servi du mohinga à tous".

စတုမဓု /s(ə)tu' mə du/ *n. p.* médicament sucré fait de quatre ingrédients: miel, beurre, sucre de palme, huile de sésame ; *se compte par quantités, cl.* – ခွက် , – ဇွန်း.

စတုမဟာရာဇ် /s(ə)tu' maha ri?/ *n. p.* les quatre grands nats qui gouvernent au ciel.

စတုရင် /s(ə)tu' yiN/ *n. p. skt.* 1. les quatre corps d'armées : montés sur éléphants, cavalerie, chars, fantassins ; 2. échecs ; *se dit aussi* စစ်တုရင်.

စတုရန်း /s(ə)tu`yaN/ *n. p.* carré, *cl.* ခု , – ပုံ ; *emploi enclitique* စတုရန်း– , *ex.* စတုရန်းပေ။ "pied carré".

စတူဒီယို /s(ə)tudiyo/ *n. angl.* studio de cinéma, studio de photographe ; atelier d'artiste, *ex* ရုပ်ရှင်စတူဒီယိုသို့သွား ရောက် လေ့လာပြီး စတူဒီယို တီးဝိုင်း အဖွဲ့နှင့် ... တွေ့ဆုံကာ ...။ "en rencontrant l'orchestre du lieu , quand ils allèrent voir un studio de cinéma... (လုပ်သားပြည်သူ့နေ့စဉ်, 5 août 1978), *cl.* – ခန်း.

စတေ /s(ə)te/ *n. arch. poét.* matière pure, sans mélange.

စတေး–/ s`te-/ *v.* 1. consacrer un emplacement d'édifice religieux, de ville, en faisant des offrandes aux nats avant la construction, *ex.* မြို့ရိုးတည်တဲ့အခါ လူကို စတေးတယ်ဆိုတာ မမှန်ပါဘူး။ "il est inique de sacrifier des hommes pour consacrer des remparts de ville" ; 2. sacrifier, en général à..., faire de grands sacrifices pour..., *ex.* အစတေးခံတိုက်ပွဲသူများမှာ လယ်သမားထုနဲ့အလုပ်သမားထုများသာဖြစ်ခဲ့ကြပါသည် "les combattants qui supportèrent les grands sacrifices furent uniquement les ouvriers et paysans" (*Discours* de U Ne Win, 25, VII, 77).

စတေဒီယံ / stediyan/ *n. angl.*stade, *cl.* –ကွင်း.

စတဲချ- *ou* စတည်းချ- /s`tɛ cha'-/ *v.* faire halte, résider temporairement, étant de passage, descendre chez, dans, *ex.* ခင်ဗျားရန်ကုန်ရောက်ရင်ဘယ်မှာစတဲချမလဲ။ "où descendrez-vous quand vous passerez à Rangoun ?"

စတော် /SəTɔ/ *n. môn,* canot , embarcation auxiliaire qui accompagne le bateau principal, *cl.* -စင်း.

စတော်ပဲ , စားတော်ပဲ /SəTɔ `Pɛ/ *n. bot.* papilionacée, *Pisum arvense* Linn., pois.

စတက်လွင်ပြင် /s(ə)tɛ luiN PyiN/ *n. angl. bir., géog.* steppe.

စတင်- /sa' tiN-/ *v.* commencer, *non employé seul dans une proposition indépendante ou principale ; s'emploie suivi d'un autre verbe,* commencer à, *ex.* စက်ရုံကိုစတင်လည်ပတ်...။ "... commença à faire tourner l'usine" (ကြေးမုံ, 21, 7, 73) ; (faire) depuis... *ex.* ဇူလိုင်လ ၄-ရက်နေ့တွင်စတင်တည်ထောင်ခဲ့ပေသည် "il est fondé depuis le 4 juillet 1962" (ငွေသို့, 1, 7, 71) ; *en subordonnée* : à partir de, *ex.* ဇန်နဝါရီလ ၄-ရက်နေ့ကစတင်ပြီး... ။ "... à partir du 4 janvier..." ဇွန်လ ၃၀-ရက်နံနက်မှစတင်၍...။ "à partir du 30 juin au matin" (လုပ်သားပြည်သူ့နေ့စဉ် , 30.6.73) ; *emploi adjectival,* premier, qui commence, qui débute, *ex.* စတင်အတည်ပြု။ "entrer en vigueur".

စတိုင် /s(ə)taiN/ *n. angl.* style, manières, genre, *ex.* သူ့စတိုင်ကဝင်းဦးအတိုင်းဘဲ။ "il a les manières de Win U (acteur de cinéma)".

စတည်းချ- /s(ə)`tɛ cha'-/ *v. cf.* စတဲချ-.

စတိတ် /steʔ/ *n. angl.* steak, *cl.* -တုံး, -ချပ်.

စတိတ်စကောလား /s(ə)teʔ s(ə)`kɔlə/ *n. angl.* boursier, bénéficiaire d'une bourse d'études, *ex.* ယနေ့မြန်မာနိုင်ငံမှကျောင်းသူကျောင်းသားများနိုင်ငံပေါင်းစုံသို့စတိတ်စကောလားအဖြစ်စေလွှတ်ပါသည်။ "actuellement , des étudiants birmans sont envoyés comme boursiers dans tous les pays", *cl* - ယောက်, -ဦး ; > စတိတ်စကောလားရှစ် /s(ə)teʔ s(ə)`kɔ lə ʃiʔ/ *n.* bourse nationale, bourse d'état, *cl.* - နေရာ.

စတုတ် /s(ə)Toʔ/ *n.* radoire : baguette à égaliser, ou rader, les mesures de riz, ou autre grain, à faire tomber l'excédent et rendre la mesure exacte, *cl.* - ချောင်း, -လက်.

စတုတ်တိုက်- /səTo? tai?-/ *v.* araser, niveler, rader le grain dans la mesure, avec un bâton spécial, ou radoire, appelé စတုတ် , *ex.*, ဆန်ခြင်တဲ့အခါ စတုတ်တိုက်ပါ။ "quand vous mesurez le paddy, radez-le".

စတုတ္ထ /səTo? THa'/ *adj., nombre ordinal, pâli,* quatrième, *ex.* စတုတ္ထတန်း။ "quatrième classe", စတုတ္ထကပ်။ "ère quaternaire".

စတန့် /s(ə)taN'/ *n. angl.* 1. bluff, *ex.* ကျမစတန့်လုပ်နေတာ မဟုတ်၊ တကယ်လုပ်တာ။ "je ne bluffe pas : je l'ai réellement fait" ; 2. cascadeur, acteur-acrobate, *ex.* ကျနော်က စတန့်မင်းသားမဟုတ်တော့၊ တိုက်ပေါ်က ဘယ်ခုန်ရဲမလဲ။ "je ne suis pas un acrobate : comment oserais-je sauter de la maison ?"

-စတမ်း / -S(ə)`TaN/ *n.e.* engagement mutuel de... ; *voir aussi* -တမ်း , *ex.* ရှုံးသူထွက်စတမ်းနော်။ "qui perd sort, hein !", တဦးကိုတဦး မလိမ်စတမ်း ဆက်ဆံကြမယ်။ "nous serons dans des termes tels que nous ne devrons pas nous tromper l'un l'autre".

စထရော်ဘယ်ရီ /s(ə)thɔbɛrI / *n. angl.* fraisier, *ex.* မေမြို့က စထရော်ဘယ်ရီသီးဟာ အရသာပိုရှိတယ်။ "les fraises de Maymyo ont plus de goût".

စထောင့်စယွန်း- /s(ə)thɔN' sə`yuN-/ *v.* onduler, être sinueux (route, ligne) ; *sens fig.* ne pas être direct, user de circonlocutions, être dissimulé (caractère), *ex.* သူ့သဘောက စထောင့်စထွန်းတော့ လူတွေက ဘယ်ပေါင်းချင်ကြမလဲ။ "qui se lierait avec lui, étant donné son caractère dissimulé ?"

စထွင်- /sa' thuiN-/ *v.* inventer, innover, *ex.* တယ်လီဖုန်းကိုဘယ်သူစထွင်သလဲ။ "qui a inventé le téléphone ?"

စန- /sa' na'-/ *v.* vexer ; tenir des propos blessants, humiliants.

စန /sa' na'/ *n.* 1. portions, fractions, morceaux, *ex.* လေယာဉ်ပျက်ကျတာ စနတောင်ရှာမတွေ့ဘူး။ "on n'a même pas retrouvé les débris de l'appareil accidenté" ; 2. allusions, éléments d'information, bribes de conversation, *ex.* ကျမအားလုံးမသိဘူး၊ စနလောက်သာကြားမိတယ်။ "je ne sais pas tout, je n'ai surpris que des bribes".

စနု /sənu'/ *ou* စနုဆောင် /sənu' shɔN/ *n.* petit bâtiment reliant deux grands édifices : temples, pagodes, palais, couloir, galerie, *ex.* ဘုန်းကြီးကျောင်းမှာစနုဆောင်ပါတယ်။ "il y a un couloir dans le monastère", *cl.* -ဆောင် , *se dit aussi* စမုတ်ကူး.

စနေ /səne/ *n.* le septième astre, celui du samedi ; signe : serpent, nagā,

စနေနေ့ /səne NE'/ *n,* samedi, *ex.* စနေနေ့မှာ ရုံးနေ့တဝက်ဆင်းတာနဲ့ ကျမတို့ ရုပ်ရှင်သွားကြတယ်။ "comme les bureaux ferment le samedi après-midi nous allons au cinéma", *cl.* - နေ့.

စနေနံ /səne NaN/ *n.* 1. signes du samedi, animaux : serpent, nagā ; lettres de l'alphabet : les personnes nées le samedi auront un nom commençant par une dentale soit un de ces signes : တ ၊ ထ ၊ ဒ ၊ ဓ ၊ န ; 2. *arg.* les seins, la poitrine, parce que နို့ , "poitrine" commence avec le signe alphabétique du samedi, *ex.* မိန်းကလေးကသူ့ စနေနံကိုထိပါးတယ်လို့ တိုင်ကြားတယ်။ "la jeune fille a déposé une plainte disant qu'il avait porté la main sur sa poitrine".

စနယ် /sənɛ/ *n.* terre argileuse, terre lourde, *ex.* စနယ်မြေဟာ စိုက်ပျိုးလို့ ကောင်းသလား။ "une terre lourde est-elle bonne pour la culture ?"

စနဲ /sə`nɛ/ *n.* enquête, recherche de renseignements, d'informations ; *s'écrit aussi* စနည်း.

စနဲနာ- /sə`nɛ na-/ *v.* faire une enquête, se renseigner, *ex.* သူ့သတင်းကို စနဲနာတယ်။ "on s'est renseigné sur lui", ကျမ ဈေးမဝယ်မီစနဲနာတယ်။ "je m'informe des prix avant d'acheter".

-စနိုး /-Sə`no/ *e.v. suffixe formatif d'adverbes*, *ex.* သူ ရှက်စနိုး ဖြေတယ်။ "il répond timidement".

စနိုးစနောက် /sə`no sənɔʔ/ *n.* embarras, hésitation, *cf.* စနိုးစနောင့်.

စနိုးစနောင့် /sə`no sənɔʔ/ *n.* embarras, hésitation, *se dit aussi* စနိုးစနောက် , *ex.* စိတ်ထဲမှာ စနိုးစနောင့်နဲ့ တွေကနဲ့ဖြစ်သွားတော့။ "l'embarras et le trouble s'emparèrent de mon esprit" (မြဝတီ , 3, 23, janv. 1975, p. 50).

စနက် /sənɛʔ/ *n.* 1. mèche d'une bombe, d'un obus, *ex.* စနက်မီး "feu mis à une mèche, allumage d'une mèche", *cl.* - ချောင်း ; 2. *sens fig.* chose susceptible de mettre le feu aux poudres, *ex.* စနက်မီးသည် ညီအစ်ကိုနှစ်ယောက်သို့ကူးစက်လာလေတော့သည်။ "la querelle gagna fatalement les deux frères" (မှုန်ပုံပြင် , p. 202).

စနက်တံ /sənɛʔ aN/ *n.* détonateur, *ex.* ဗျောက်အိုးမှာ စနက်တံပါတယ်။ "les pétards ont un détonateur", *cl.* - တံ, - ချောင်း.

စနောင့်စနင်း *ou* စနောင်စနင်း /sənɔɴ' sə`niɴ/ /sənɔɴ sə`niɴ/ *n.* embarras, hésitation, incapacité de décider, *ex.* မင်းမရှိသည့်အခါ တိုင်းပြည်စနောင့်စနင်းဖြစ်လေ့ရှိသည်။ "en cas de vacance du trône le pays est dans l'embarras".

စနစ်- /səniʔ-/ *v.* 1.*dés.* mesurer ; 2. *dés. poét.* plier un vêtement.

စနစ် /səniʔ/ *n.* 1. plan, méthode ; 2. programme, doctrine, *ex.* ဗမာနိုင်ငံ တွင် ဆိုရှယ်လစ်စနစ်ကိုတည်ဆောက်လျက်ရှိပါသည်။ "nous sommes en train de mettre en oeuvre le programme socialiste en Birmanie", (လုပ်သားပြည်သူ့နေ့စဉ်,14, 2, 70) ; 3. pliure, dans un vêtement, pli ; 4. cause.

စနစ်စနာ /səni? Səna/ *n.* cause ; situation, histoire (de quelqu'un), *ex.* သူများရဲ့စနစ်စနာကိုစိတ်မဝင်းစားဘူး။ "je ne veux pas entendre les histoires d'autrui", *cl.* – ရပ်.

စနစ်တကျ /səni? Tə Ca'/ *n. adv.* méthodiquement, systématiquement, *ex.* စနစ် တကျပြောတတ်တယ်။ "il s'exprime méthodiquement", အဝတ်အထည်များကို စနစ်တကျသိမ်းဆည်းပါ။ "rangez soigneusement les vêtements", အလုပ် ကိုစနစ်တကျလုပ်ပါ။ "faites votre travail méthodiquement".

စနစ်ပုံ /səni? Poɴ/ *n.* maquette, plan en relief, *ex.* ဒီပုံဟာနန်းတော်ရဲ့စနစ် ပုံဖြစ်တယ်။ "cette maquette est celle du palais", *cl.* – ခု.

စနည်းနာ- /sə`ni na-/ *v.* s'informer, collecter des informations.

စနတ် /sənaʔ/ *n. rare, dés. môn,* mesure ; comparaison ; conformité.

စနတ်ကွက် /sənaʔ Kuɛʔ/ *n.* case d'un quadrillage pour convertir l'échelle d'une carte, d'un dessin, *cl.* – ကွက်.

စနုန်း *ou* စနှုန်း /sa' `noɴ/ *n.* 1. valeur d'un objet, prix ; 3. mise, au jeu.

စနပ် /sənaʔ/ *n.* vivres,provisions, *ex.* စစ်တပ်အတွက်စနပ်ရိက္ခာစုရတယ်။ "il faut faire un stock de vivres pour l'armée".

စနုပ်စပေါက် စားနုပ်စပေါက် /sənoʔ səPɔʔ/ *n.* petits restes de nourriture, reliefs d'un festin, petites choses, *ex.* ကျီးများသည်စနုပ်စပေါက် များကိုတောက်စားနေကြသည်။ "les corbeaux picorent les restes".

စပရင် /səpəliɴ/ *n.* ressort, *ex.* ဆိုဖာမှာစပရင်တပ်ထားတော့ထိုင်ရတာဇိမ်ရှိ တာပေါ့။ "c'est confortable pour s'asseoir car le divan est garni de ressorts", *cl.* – ခု.

စပါး / Sə`Pa/ *n. bot.* graminée, *Oryza sativa* Linn., paddy, *ex.* လယ်ထဲမှာ စပါးပင်များ စိမ်းစို နေတယ်။ "dans les rizières le paddy est d'un vert tendre".

စပါးကျီ /SəPə Ci/ *n.* grenier, grange à riz, *ex.* စပါးများကို စပါးကျီထဲတွင် လှောင်ထားသည်။ "le riz est accumulé dans le grenier", *cl.* –ကျီ, –လုံး.

စပါးကျီပိုးမဲ /SəPə Ci `po `mɛ/ *ou* ဆန်ပိုး *ou* အစေ့ဖေါက်ပိုး *n. zool.* pyralidée, *Lepidoptera,* ver qui s'attaque au riz : chenille de pyrale.

စပါးကြီး /SəPə `Ci/ *n.* python, *ex.* စပါးကြီး မြွေဟာ လူကို ညှို့တတ်တယ်။ "le python peut hypnotiser l'homme".

စပါးကြီးချက် /cəPə `Ci CHɛʔ/ *n. littéral.* nombril de python, *en fait,* protubérances symétriques à l'anus du python, *cl.* –ဘက်.

စပါးကြီးသည်းခြေ /SəPə `Ci `θɛ che/ *n.* excréments du python, utilisés dans la composition de médicaments, *ex.* စပါးကြီးသည်းခြေဟာ ဆီးချုပ်သူအတွက် လိမ်းဆေးဖြစ်တယ်။ "l'excrément de python est utilisé comme onguent contre la constipation".

စပါးကြည့် /SəPə Ci'/ *n.* regard du coin de l'oeil, coup d'oeil subreptice, oeillade, *ex.* မိန်းကလေး စပါးကြည့်ကြည့်ရင်လှတယ်။ "quand une jeune fille lance une oeillade, c'est charmant".

စပါးခါး – / Sə`Pa `kha-/ *v.* égrener le paddy, *ex.* တလင်းထဲမှာ စပါးခါးနေကြတယ်။ "ils égrènent le paddy sur l'aire".

စပါးခင်း / Sə`Pa `khiN/ *n.* rizière, parcelle, champ cultivé en paddy, *ex.* စပါးခင်းမှာ အမျိုးသမီးတွေ အလုပ်လုပ်နေကြတယ်။ "les femmes travaillent dans la rizière", *cl.* –ခင်း.

စပါးခွံ / Sə`Pa khuN/ *n.* glumelle, enveloppe extérieure du grain de paddy, *ex.* စပါးခွံချွတ်တဲ့စက်တလုံး မောင်မောင်ဝယ်လာတယ်။ "Maung Maung revient d'acheter une décortiqueuse de paddy", *cl.* –ခု.

စပါးစူးထိုးစိုက် – / Sə`Pa `su `tho saiʔ-/ *v.* semer le riz en poquet, *ex.* ရေနက်တဲ့လယ်တွေမှာ စပါးစူးထိုးစိုက်ရတယ်။ "il faut semer le riz en poquet dans les rizières où il existe une grande profondeur d'eau".

စပါးညှင်း /Sə`Pa `ɲiN/ *n.* maladie de peau : petits ronds blancs apparaissant sur la peau, dermatose, *ex.* စပါး ပေါ်ချိန်မှာ စပါးညှင်း ပေါက် လေ့ ရှိတယ်။ "le moment où pousse le paddy est celui de la dermatose".

စပါးတိုး / Sə`Pa `tɔ/ *ou* စပါးပေး *n.* intérêt payable en paddy ; emprunt dont l'intérêt est remboursable en paddy, *ex.* လယ်သမားများ ငွေတိုးပေး မဲ့ အစား စပါးတိုး ပေးတယ်။ "les paysans paient l'intérêt de leurs emprunts en paddy plutôt qu'en argent".

စပါးထောင်း - /Sə`Pa `thɔN-/ *v.* décortiquer le paddy, *ex.* တောရွာမှာ မိန်းကလေးများ စပါးထောင်းကြတယ်။ "les jeunes filles décortiquent le paddy dans les villages".

စပါးထောင်း / Sə`Pa `thɔN/ *n.* oiseau, *angl.* "paddy-husker".

စပါးဒိုင် / Sə`Pa daiN/ *n.* coopérative : société d'achat du paddy (achat direct aux agriculteurs), *ex.* စပါးဒိုင်မှာ စပါး ရောင်းကြတယ်။ "on vend du paddy à la coopérative".

စပါးနယ် / Sə`Pa nɛ-/ *v.* battre le paddy, *ex.* အလုပ်သမားများ စပါးနယ် နေကြတယ်။ "les ouvriers battent le paddy" ; *se dit aussi* စပါး ပုတ်- *et* တလင်းနယ်- .

စပါးနှဲ /SəPə `n̥ɛ/ *n.* serpent capable d'étouffer sa victime, comme le python, mais non de l'hypnotiser.

စပါးနှဲ- / Sə`Pa `n̥ɛ-/ *v.* battre (fouler) le paddy, *ex.* ရိတ်ပြီး စပါးများကို စပါး နှဲ နေတာ သုံးရက် ခန့်ရှိပါပြီ။ "cela fait environ trois jours que le paddy moissonné a été battu".

စပါးနှံ /SəPə n̥aN/ *n.* épi de paddy, *ex.* သတင်းကျွတ်လမှာ စပါးနှံထွက် စပြုတယ်။ "les épis de paddy commencent à se former en octobre", *cl.* – ခိုင်.

စပါးနှံဖြတ်ပိုး /SəPə naN phya? `po/ *ou* နှံဖြတ်ပိုး *n. zool. Cirphis unipuncta*, Haw et C. Loreyi Dup. ver parasite du riz, *ex.* ဒီလယ်မှာ စပါးနှံဖြတ်ပိုး ကျလို့ စပါး တွေ ပျက်စီး ကုန်တယ်။ "le paddy est tout abîmé, dans ce champ, parce qu'il y a des parasites".

စပါးပေး /Sə`Pa `pe/ *n.* paiement d'intérêt en paddy.

စပါးပုတ် /Sə`Pa po?-/ *v.* battre le paddy.

စပါးပုတ် /Sə`Pa po?/ *n.* très grand panier à mettre en réserve le paddy, *ex.* စပါးတင်းတရာဝင်တဲ့ ပုတ်လိုချင်တယ်။ "on a besoin d'un grand panier de cent "tin" ", *cl.* – လုံး , – ပုတ်.

စပါးပုန်းရည် /Sə`Pa `poN ye/ *n.* sorte de vinaigre de riz.

စပါးဖျင်း /Səpə `phyiN/ *n.* mauvais paddy, paddy sans valeur, médiocre, paddy raté, *ex.* မိုးမမှန်တဲ့အခါမှာ စပါးဖျင်းများတယ်။ "quand les pluies ne sont pas normales, il y a beaucoup de paddy médiocre".

စပါးဖုံး /Səpə `phoN/ *n.* bourgeon du paddy, d'où sort l'épi, *ex.* စပါးဖုံးတွေကို နွားမစားအောင် ဂရုစိုက်ပါ။ "faites attention:que les vaches ne mangent les bourgeons de paddy".

စပါးဖွပ်- / Sə`Pa phu?-/ *v.* décortiquer le paddy, au pilon, *ex.* ဒီမိန်းခလေး မနက်စောစောထဲက စပါးဖွပ်နေပါတယ်။ "Cette jeune fille décortique le paddy de bonne heure, le matin".

စပါးမျိုးကြဲ / Sə`Pa `myo `cɛ-/ *v.* semer le paddy à la volée, *ex.* မိုးဦးကျမှာ ကျွန်တော်တို့ စပါးမျိုးကြဲတယ်။ "nous semons au début des pluies".

စပါးမြီး / Sə`Pa `mi/ *ou* စပါးမွေး *n.* barbes d'un épi de paddy, *cl.* - ပင်.

စပါးမွေး /Səpə `mue/ *n.* barbes d'un épi de paddy, *cl.* - ပင်.

စပါးရောဖွဲရော / Sɛ`Pa `yɔ `phuɛ `yɔ/ *n. adv.* de toutes sortes, de toutes les façons ; toutes sortes de choses, *ex.* စပါးရောဖွဲရော၊ ပြောပြောဆိုဆိုနဲ့ ကျောင်းကို ရောက်မှန်းမသိ ရောက်လာတော့တယ်။ "en parlant de toutes sortes de choses, nous sommes arrivés à l'école, sans savoir comment" ("nous avons fait le chemin sans nous en apercevoir").

စပါးရိုင်း / Sə`Pa `yaiN/ *n. bot.* graminées, *Oryza coarcata* Roxb., riz sauvage, Basse Birmanie ; *Oryza sativa* Linn., *var. O. fatua* Prain, riz asiatique.

စပါးရိတ်- / Sə`Pa ye?-/ *v.* scier le paddy à la faucille.

စပါးရိတ်သိမ်း- / Sə`Pa ye? `θeN-/ *v.* moissonner, récolter.

စပါးလင် /Səpə liN/ *ou* စပါးလင်မွှေး /Səpə liN `mue/ *n. bot.* graminée, *Cymbopogon citratus* stapf, *Syn. Andropogon nardus var. grandis* Linn., *Cymbopogon nardus* Rendle, *Andropogon citratus* D.C., citronnelle de l'Inde ; sa feuille à l'odeur de citron est utilisée comme condiments dans les soupes, la plante entière est utilisée en inhalations pour donner force et beau teint, *voir aussi* မြက်မွှေး ; *ex.* မုန့်ဟင်းခါးဟင်းရည်ထဲမှာ စပါးလင်တို့ချက်ပါ။ "dans le bouillon de mohinga il faut mettre de la citronnelle".

စပါးလုံး /Səpə `lON/ *n.* grain de paddy non décortiqué, *ex.* ဆန်ထဲမှာစပါးလုံးများတယ်။ "dans ce riz il y a beaucoup de grains non décortiqués", *cl.* -လုံး.

စပါးလှေ့- / Sə̀Pa l̥e'-/ *v.* vanner le paddy, *ex.* လေတိုက်တဲ့အခါ စပါးလှေ့ကြတယ်။ "on vanne le paddy quand il vente".

စပါးလှိုင်း /Səpə `l̥aiN/ *n.* gerbe de paddy avec ses grains, *ex.* စပါးလှိုင်းနဲ့ ပတ်သက်တဲ့စကားတခွန်းကတော့ "သုံးပတ်တထုံး" ။ "à propos de gerbes, on dit : en trois coups, une gerbe" (en parlant d'un bon moissonneur), *cl.* -စီး, -လှိုင်း, -ထုံး.

စပါးအုံး /Səpə `ʔON/ *n.* sorte de python, *ex.* စပါးအုံးမြွေတကောင်ကို တောထဲမှာ တွေ့တယ်။ "j'ai rencontré un python en forêt".

စပယ် *ou* စံပယ် /Səpɛ/ *n. bot.* oléacées, *Jasminum arborescens* Roxb., jasmin ; *J. pubescens* Willd., jasmin sauvage, *ou* တောစပယ် ; *J. Sambac* Ait., jasmin d'Arabie, *ou* စပယ်ကြီး ; arbuste à fleurs blanches, odorantes ; *prov.* စပယ်ကောင်း လျှင်တပွင့်၊ အရွယ်ကောင်းလျှင်အသင့်။ "si le jasmin est bon : une fleur ; si tu es jeune : tout va".

စပယ်ကြီး *ou* စံပယ်ကြီး /Səpɛ `Ci/ *n. bot.* oléacée, *Jasminum sambac* Ait., jasmin d'Arabie, *se dit aussi* စပယ်.

စပယ်ကြည့် /Səpɛ ci'/ *n.* regard du coin de l'oeil, à la dérobée, regard à demi-voilé ; *cf.* စပါးကြည့်.

စပယ်ခေါင်ရန်း /Səpɛ khɔN `yaN/*n.bot.* verbénacée, *Clerodendrum fragrans* Vent.

စပယ်တင်မှဲ့ *ou* စံပယ်တင်မှဲ့ /Səpɛ tiN m̥ɛ'/ *n.* grain de beauté, sur la joue, non loin de la bouche, *ex.* ဒီမိန်းကလေးမှာစပယ်တင်မှဲ့ရှိတယ်။ "cette jeune fille a un grain de beauté", *cl.* -လုံး,-မှဲ့.

စပယ်ရာ /s(ə)pɛ 'a/ *n. angl.* 1. "spare" pièce de rechange, pièce détachée, *se dit aussi* စပယ်ရာပတ် , *cl. dépend de la pièce ;* 2. *arg.* receveur d'autobus, *ex.* ဘတ်(စ်)ကားစပယ်ရာကို ငွေပေးပြီးမှကား ပေါ်ကဆင်းပါ။ "ne descendez de l'autobus qu'après avoir payé au receveur", *cl.* - ယောက်.

စပယ်ရာပတ် /s(ə)pɛ 'a paʔ/ *n. angl.* pièce de rechange, *cl. dépend de la pièce.*

စပယ်ရုံ /Səpɛ yON/ *n.* buisson de jasmin, *ex.* စပယ်ရုံဘေးမှာ ရေတွင်းရှိတယ်။ "il y a un bassin près du buisson de jasmin", *cl.* - ရုံ, - ခု.

စပယ်ရှယ် /s(ə)pɛ ʃɛ/ *n. adv. angl.* spécialement, *ex.* ရှင့်အတွက်စပယ်ရှယ် ချက်ကျွေးတာ။ "j'ai cuisiné spécialement pour vous".

စပါယ်နွယ်ကြိုး /SəPɛ nuɛ' `Co/ *n.* motif (principal) de tissage, grand motif *ou* နွယ်ကြိုးကြီး , *ex.* ဒီလုံချည်ကိုစပါယ်နွယ်ကြိုး အကွက် ဖော်ထားတယ်။ "ce lonji est décoré de motifs "zəbɛ nuɛ' `jo".

စပေါ် /səPɔ/ *n.* caution, sous forme de loyer d'avance, reprise (immobilière), pas-de-porte, *ex.* စပေါ်တင်ပြီးငှါးတဲ့အိမ်မို့ အိမ်လခသာတယ်။ "comme c'est une maison louée avec reprise, le loyer mensuel est moins cher" ; caution, garantie, en cas d'achat, *ex.* အရောင်း အဝယ်စာချုပ်ရင် စပေါ်ပေးရတယ်။"quand on s'engage dans une transaction, il faut verser une garantie".

စပိန် /s(ə)peɴ/ *n. angl.* Espagne .

စပျစ် /SəPyiʔ/ *n.* vigne, se trouve surtout à Pègou et dans les Etats Chanes, *ex.* မြင်းခြံနယ်မှာစပျစ်စိုက်တာအထူးအောင်မြင်နေတယ်။ "la culture des vignobles réussit particulièrement à Myingyan" ; *voir aussi* သပျစ်.

စဖို /səpho/ *n.* cuisine, pièce de la maison.

စဖိုဆောင် /səpho shɔɴ/ *n.* cuisine extérieure, *ex.* သူ့အိမ်ကစဖိုဆောင်မှာ ထမင်းချက်သူကသန့်ရှင်းလို့သပ်သပ်ရပ်ရပ်ရှိတယ်။"comme celle qui fait à manger est soigneuse, l'ordre règne à la cuisine",*cl.*- ဆောင်.

စမ /səma'/ *n.* les quatre "grandes" lettres, à savoir : စ , မ , ဗ , ဝ , *ex.* စမလေးလုံးကိုလက်မှာ ဆေးထိုးမှတ်ထားတယ်။ "j'ai les quatre grandes lettres tatouées sur le bras", *s'écrit aussi* စာမ.

စမူ /səmu/ *n. môn., arg.* gamine, *ex.* တောဘုရားပွဲမှာစမူကလေးတွေပွဲလာကြလိမ့်မယ်။ "les gamines viendront probablement à la fête de la pagode du village", *cl.* - ယောက်.

စမူဆာ /səmusha/ *n. persan,* petits beignets de viande de forme triangulaire (indien), *ex.* လဘက်ရည်ကြမ်းနဲ့ စမူဆာစားနေတယ်။ "il mange des beignets de viande en buvant du thé", *cl.* - ခု.

စမဲ *ou* စားမဲ /sə`mɛ/ *n.* repas, plats constituant le repas, le riz excepté, *cl.* - ပွဲ , - ခွက် (plat ou portion, bol).

စမဲပွဲ /sə`mɛ `Puɛ/ *n.* table servie, *ex.* နက်ဖြန်တဲ့အခါစမဲပွဲထည့်ရတယ်။

"quand on fait une offrande aux nats, il faut leur servir un repas", *cl.* - ပွဲ.

စမဲဟင်းလျာ /sə`mɛ `hiN ya/ *n.* repas complet : sauf le riz, tous les plats, *cl.* - ပွဲ, - ခွက် (plat ou portion, bol).

စမော်ကော် /s(ə)mɔ kɔ/ *n. angl.* "small causes", délits mineurs, cas peu importants.

စမတ်ကျ- /s(ə)maʔ ca'-/ *v.angl. bir.* être élégant, *ex.* သူ့ဝတ်စားထားတာ ဟာ သိပ်စမတ်ကျတယ်။ "sa mise est fort élégante".

စမုတ် /səmoʔ/ *n. môn,* porche d'entrée, petit bâtiment d'entrée, *ex.* တောင်စမုတ်က ထောင်ထုပ် ဆု ပေးတယ်။ "il a donné une liasse de mille, comme récompense, sous le porche sud", *cl.* - ပေါက်, - ဘက်, - ခု.

စမုတ်ကူး /səmoʔ `Ku/ *n. m. bir.* bâtiment de communication, couloir, galerie, *cl.* - ဆောင်.

စမာန် /səmaN/ *n.* grondement de colère de tigre, chat, chien etc..., *orthographe étymologique :* စားမာန် , *ex.* ခွေးဟာစမာန်ခုတ်ပြီး ဟောင်နေတယ်။ "le chien, après avoir grondé et donné des coups de patte, aboya".

စမုန် /səmoN/ *ou* စမုန်နွယ် /səmoN nuɛ/ *n. bot.* cucurbitacée, *Momordica cochinchinensis* Spreng, *syn. M. dioica,* Wall. et *Muricia cochinchinensis,* Low., momordique de Cochinchine.

စမုန်စပါး /səmoN Sə `Pa/ *n. bot.* ombellifères, 1. *Foeniculum vulgare* Gaertn., *ex.* ကွမ်းယာထဲမှာ စမုန်စပါးထည့်စားတယ်။ "on chique le bétel additionné de fenouil" ; 2. *Pimpinella anisum,* anis.

စမုန်ဆီ /səmoN SHi/ *n.* essence d'anis.

စမုန်နီ /səmoN Ni/ *n. bot.* crucifère, *Lepidium sativum,* Linn., cresson alénois, cultivé (Pègou).

စမုန်နက် /səmoN Nɛʔ/ *n. bot.* renonculacée, *Nigella sativa* Linn., nigelle, plante aromatique et médicinale, à fleurs bleues ; les graines, noires, parfument la salade de thé, *ex.* စမုန်နက်ကိုမီးနေသည်များ ရှူလေ့ရှိပါတယ်။ "d' habitude, les femmes en couche respirent (des graines de) nigelle".

စမုန်နွယ် /səmoN Nuɛ/ *n. bot.* cucurbitacée, *Momordica cochinchinensis* Spreng, *syn. M. dioica*, Wall., *ou Muricia cohinchinensis* Low. *cf.* စမုန်.

စမုန်ဖြူ /səmoN PHyu/ *n. bot.* ombellifères 1. *Carum copticum* Benth. *et* Hook. *syn. Ptychotis adjowan* D.C., plante médicinale, ammi ; 2. *Seseli indicum* W. et A., səmonbyu sauvage.

စမြင် /sə myiN/ *n. môn,* vérandah, balcon ouvert, terrasse, *ex.* အိမ်ကျဉ်းလို့ စမြင်ထုတ်ရတယ်။ "comme la maison est petite, il faut faire la vérandah en saillie à l'extérieur", *cl.* - ဆောင်, - ခု.

စမြင်း /sə `myiN/ *n.* selles dures, scybales, *ex.* စမြင်းထိုးရင် ဝမ်းနုတ်ဆေး သောက်ပါ။ "si l'on a du mal à aller à la selle il faut prendre un laxatif".

စမြောင် /səmyɔN/ *n. dés.* hérault royal, garde royal, *terme utilisé du temps des rois de Birmanie, cl.* - ဦး.

စမြိတ် /səme?/ *n. bot.* ombellifère, *Peucedanum graveolens,* Benth, Hook. f. , plante médicinale : aneth.

စမြိန် /səmeN/ *n.* appétit, bon appétit, faim : envie de manger, *ex.* ကျမ စမြိန်မပြေ သေးဘူး၊ ကျွေးပါအုံး ။ "ma faim n'est pas encore apaisée, redonnez-moi à manger".

စမြိန်စာ /səmeN Sa/ *n. un peu dés.* casse-croûte, en-cas, repas emporté en voyage, sur le chantier, au bureau etc...

စမြုံ /səmyoN'/ *n.* 1. partie de la joue qui se trouve entre la pommette et le menton ; 2. bol alimentaire des ruminants ; 3. *sens fig.* réflexions, idées, pensées qui reviennent souvent, qui vous hantent.

စမြုံခတ်- /səmyoN' kha?-/ *v.* ruminer, *au propre et au figuré, voir aussi* စမြုံပြန်-.

စမြုံပြန်- /səmyoN' pyaN-/ *v.* ruminer, *au propre et au figuré, ex.* ငယ်စဉ်က အကြောင်းတွေကို စမြုံပြန်နေတယ်။ "il ressasse ses souvenirs d'enfance".

စမှုတ် /səmu?/ *n. bot.* ombellifère, *Apium graveolens* Linn., céleri.

စယွန်းစတို့ /səˋγɯɴ səto'/ *n. rare*, ondulations, sinuosités, irrégularités de niveau, de terrain, etc...

စရကာရည် /sərəka ye/ *ou* ရှရကာရည် /ʃərəka ye/ *n. hindi*, vinaigre, *cf. aussi* သဘော်ပုန်းရည်.

စရကုတ်- /sərəkoʔ-/ *v. arg. dés.* s'efforcer, faire tous ses efforts pour.

စရဏ /Sərana'/ *n. pâli, litt.* conduite, habitudes, façons d'agir.

စရတက်- /sərətɛʔ-/ *v. litt.* faire ses quatre volontés, sans égard à quoi que ce soit, se révolter, outrepasser ses droits.

စရနယ်- /səyɛ' ɴɛ-/ *v.* 1. mélanger, remuer pour mélanger, *ex.* ရေနဲ့သကြား စရနယ်ပြီးသံပုရာရည်ညှစ်ထည့်ပါ။ "après avoir mélangé l'eau et le sucre, ajoutez-y du jus de citron" ; 2. humilier, vexer, rabaisser, *ex.* ကျမကို စရနယ် ပေါင်းများပြီ၊ ကျမမခံနိုင်တော့ဘူး။ "je ne peux plus le supporter après tant d'humiliations".

စရနိစ်- /səraniʔ-/ *v.* tracer le plan au sol pour la construction d'une maison, la fondation d'une ville ; faire le tracé pour une construction, *ex.* အိမ်မဆောက်ခင်သေချာစရနိစ်ရတယ်။ "il faut soigneusement tracer le plan d'une maison avant de la construire".

စရနည်- /səyɛ' ɴɛ-/ *v. cf.* စရနယ် , 1. mélanger, remuer pour mélanger ; 2. humilier, rabaisser.

စရဘုတ် /sərəPoʔ/ *n. arch.* cuisine de monastère, *ex.* ရှေးကဘုန်းကြီးကျောင်း ဆောက်ရင် စရဘုတ်လဲပါရတယ်။ "autrefois , quand on construisait un monastère, il fallait y inclure aussi les cuisines".

-စရာ /-Səya/ *e. formant des noms déverbatifs qui expriment aptitude, possibilité, destination, ex.* ရန်ဖြစ်တတ်စရာ။ "motif de querelle", ချစ်စရာကောင်းတယ်။ "c'est adorable", ချစ်စရာတွေအများကြီးရှိတယ်။ "il y a beaucoup de choses charmantes", *ou obligation ex.* လုပ်စရာရှိတယ်။ "j'ai à faire", သွားစရာမရှိဘူး။ "je n'ai à aller nulle part : je suis libre".

စရိမဘဝ /səri' ma' bəua'/ *n. p. litt.* dernière existence (renaissance) avant l'accession au Nirvāna.

စရိယ /səriya'/ *n. p.* règles morales, règles de conduite, application de principes moraux, *ex.* စရိယသုံးပါးကိုအမြဲဆည်းပူးပါ။ "étudiez toujours les trois morales", c'est-à-dire : sociale, familiale et personnelle.

nelle.

စရောစလိုက် /sə`yɔ Səlaiʔ/ *loc. adv.* en harmonie avec, en s'adaptant au milieu, conformément aux usages, *ex.* ဒီလူက ရွာသားများနှင့် စရောစလိုက် နေ လေ့ရှိတယ်။ "cette personne adopte d'habitude la vie des villageois".

စရိုက် /Səyaiʔ/ *n. p.* conduite, manière de vivre, d'agir, *ex.* ဒီလူဟာ စရိုက် ကောင်းပါတယ်။ "cette personne se conduit de façon parfaite".

စာရင်းငှား /sə`yiɴ `ŋa/ *n.* employé occasionnel, ouvrier temporaire, travailleur qui loue ses services, *ex.* ဦးပုလယ်ထဲမှာ စာရင်းငှား နှစ် ယောက် ငှါးထားတယ်။"U Pu emploie deux ouvriers agricoles", *cl.* - ယောက်.

စရိတ် /Səyeʔ/ *n.* dépense, frais, *ex.* အိမ်စရိတ်အိမ်များလို့ အိမ် နေလူတိုင်း အလုပ်လုပ်သင့်တယ်။"comme le loyer est très élevé, il faut que chacun des occupants du logis travaille", *cl. (rare)* - ရပ်.

စရိတ်စက /Səyeʔ Səka'/ *n.* dépense, frais, *cl. (rare)* - ရပ်.

စရန် /səyaɴ/ *n. môn,* paiement d'avance, d'une partie d'un prix d'achat ou de location, acompte, arrhes, *ex.* အိမ်ငှါးသူများက သုံးလအတွက်အိမ် လခ စရန် ပေးရတယ်။ "si l'on prend la maison en location, il faut verser d'avance trois mois de loyer", စရန် ငွေ ပေးမှဘိနပ် တရုံမှာနိုင်တယ်။ "on ne peut commander de chaussures qu'en versant un acompte" ; *s'écrit aussi* စရံ ; > စရန်ငွေ /Səyaɴ ŋue/ *n.* paiement d'avance, acompte, *ex.* ကျွန်တော်မ နေ့ကကားတစီး ဝယ်တာ ချက်ခြင်းငွေမချေရသေးဘူး၊ စရန်ငွေဘဲ ပေးခဲ့ရသေးတယ်။ "hier, quand j'ai acheté une voiture, je ne l'ai pas payée sur le champ, je n'ai versé qu'un acompte" ; *cf.* ကြိုတင်ပေးငွေ.

စရပ် *ou* ဇရပ် /Səyaʔ/ *n. môn,* auberge, gîte d'étape, relais pour les pélerins, abri, hôtel, *ex.* မဟောသဓာသတို့သားသည် သူငယ်တော် တထောင်တို့နှင့်စရပ်တဆောင်ကို ဆောက်၏။ "Mahothada , avec un millier de compagnons construisit un abri", (ဦးဝန်၊ မြန်မာ ဖတ်စာ , 2), *cl.* - ဆောင်.

စရံ /səyaɴ/ *n.* avance, arrhes, *cf.* စရန် *graphie plus correcte ;* စရံ ငွေ *cf.* စရန်ငွေ.

စရုံး *ou* ဇရုံး /Sə`yoɴ-/ *v. môn, rare,* réchauffer, *ex.* သူအစားအစာများကို မီးပေါ်တွင်စရုံးသည်။ "il réchauffe les plats sur le feu" ; faire prendre un bain de vapeur, faire transpirer pour raison médicale.

စရုံးအိမ် *ou* ဇရုံးအိမ် /Sə`yON ʔeN/ *n. môn, rare,* chaufferie, chauffoir ; pièce, bâtiment pour sauna, *cl.* – အိမ်, – ဆောင်.

စရွေး /sə`yue/ *n. môn,* 1. assemblage de pièces de bois ; 2. pièce s'ajustant par un tenon, *se dit aussi* စရွေးတံ ;
> စရွေးဖို /sə`yue pho/ *n. m. bir.*, tenon ; > စရွေးမ /sə`yue ma'/ *n. m. bir.*, mortaise.

စရွေးဆောက် /sə`yue SHɔʔ/ *n. m. bir.*, bédane, *cl.* –လက် ; *se dit aussi* ထောင်ဆောက်.

စရွေးတံ /səyue TaN/ *n. m. bir.* pièce de bois s'assemblant par un tenon dans une autre, *cl.* –တံ.

စရွေးပေါက် /Sə`yue Pɔʔ/ *n. m. bir.* mortaise, *ex.* လက်သမားဟာ စရွေးပေါက် တိကျအောင် ဖေါက်တတ်ရတယ်။ "le charpentier doit savoir découper de telle sorte que la mortaise soit exactement ajustée", *cl.* ပေါက်.

စရွေးဖေါက်သူ /sə`yue phɔʔ θu/ *n. m. bir.* menuisier, *cf.* စရွေးသမား , *cl.* – ယောက်, – ဦး.

စရွေးလိုက် /sə`yue laiʔ/ *n. m. bir.* tenon, par opposition à mortaise, partie mâle, ou en relief d'un assemblage, d'une moulure.

စရွေးသမား /sə`yue θə`ma/ *n. m. bir.* menuisier, *cl.* – ယောက်, – ဦး.

စရွတ် /Səyuʔ/ *n.* mesure de grain équivalente à deux "pi" (ပြည်), soit seize boîtes de lait condensé, *ex.* ဒီတောင်းဟာ လေးစရွတ်ဆန့်တယ်။ "ce panier contient quatre mesures".

စရွတ်ခွက် /Səyuʔ KHuɛ/ *n.* bidon, récipient d'une mesure équivalente à seize boîtes de lait condensé, *cl.* – ခွက်.

စလူ /səlu/ *n. bot.* palmacée, *Licuala peltata* Roxb., palmier, semblable au cocotier, épineux, *appelé aussi* ထန်းဆုံးပင်.

စလူဖူးဓါး /səlu `phu `da/ *n.* épée courte à section triangulaire, *cl.* –လက်.

စလေ့ /Səle'/ *n. rare,* coutume, *cf.* ဓလေ့ ; *cl.* – မျိုး, (-လေ့).

စလေ့စလာ /Səle' Səla / *n. rare,* coutume, *cl.* – မျိုး, (-လေ့).

စလယ် /səlɛ/ *n.* mesure ; deux fois le creux de la main, ou deux boîtes de lait condensé, s'utilise pour les grains, *ex.* ဆန်တစလယ်ချက်ရင် လူငါးယောက်စားနိုင်တယ်။ "on peut nourrir cinq personnes avec deux fois le creux de la main de riz".

စလဲသော် /sə`lɛ thɔ/ *ou* လက်တံရှည် *n. bot.* orchidacée, *Dendrobium moschatum* Griff.

စလိုစလာ /səlo səla/ *loc. adv. fam.* 1. de façon adorable, de façon charmante, *ex.* စလိုစလာ ပြောပုံနဲ့ ၊ ချစ်စရာကောင်းလိုက်တာ။ "comme elle plaît par ses façons charmantes de parler!" ; 2. en cas de besoin, à tout hasard.

စလိုက်စသက် /səlaiʔ sətɛʔ/ *loc. adv. fam.* comme il faut, convenablement.

စလင်း /sə`lɪN/ *n.* 1. quartz, *cl.* -တုံး, -ခဲ 2. lotus, *cl.*- ပွင့်; 3. *parfois* aire à battre le paddy, *au lieu de* တလင်း , *cl.* -စလင်း, -ကွင်း.

စလင်းစွဲ /sə`lɪN `Suɛ/ *n.* améthyste.

စလင်းညို /sə`lɪN ɲo/ *n.* quartz fumé.

စလင်းနီ /sə`lɪN ni/ *n.* quartz rose.

စလင်းဝါ /sə`lɪN Ua/ *n.* citrine, pierre précieuse.

စလောင်း /sə`lɔN/ *n.* 1. couvercle de jarre, pot, marmite ; *cl* -စလောင်း, -ခု, -ချပ်, 2. abat-jour, *ex.* မီးစလောင်းရှိမှ အလင်းရောင်ပိုရတယ်။ "c'est plus lumineux,s'il y a un abat-jour", *cl.* -ခု.

စလောင်းစာ /sə`lɔN Sa/ *n.* nourriture offerte aux sorcières sur un couvercle, *ex.* စုန်းကို စလောင်းစာ ပစ်ကြတယ်။ "ils font des offrandes aux mauvais génies".

စလောင်းဖုံး /sə`lɔN `phoN/ *n.* couvercle, *prov.* အိုးကမပူ စလောင်းကပူ။ "se mêler de ce qui ne vous regarde pas" ; *cl.* -ဖုံး.

စလောင်းမှောက်- /sə`lɔN m̥ɔʔ-/ *v.* refuser de donner l'offrande.

စလောင်းအိုးခြင်း /sə`lɔN `ʔo `CHɪN/ *n.* offrande de nourriture aux esprits, aux fantômes, sur un couvercle.

စလုတ် /səloʔ/ *n.* glotte, pomme d'Adam ; partie de la trompe de l'éléphant.

စလပ် /səlaʔ/ *ou* စလပ်စကြာ *n. bot.* apocynacée, *Ervatamia coronaria*

Stapf., *syn. Tabernaemontana coronaria* R. Br.

စလစ် /səlaʔ/ *ou* သဇော်စလစ် *n. bot.* apocynacée, *Kopsia fructicosa* A. DC.

စလစ်နီ /Səlaʔ NI/ *n. cf.* ဇလစ်နီ, ဇလစ်ဖြူ, စလစ်ဖြူ /Səlaʔ PHyu/

စလစ်နီတောင် /səlaʔ NI/ *n. bot.* ericacées, 1. *Rhododendron arboreum* Sm. ; 2. *R. campanulatum* D. Don.

စလစ်ဖြူ *et* ဇလစ်ဖြူ /səlaʔ phyu/ *n. bot.* ericacée, *Rhododendron moulmeinense* Franch., rhododendron.

စလုဝ်စပေါက် *et* စနုဝ်စပေါက် /səloʔ SəPɔʔ/ *n.* restes (de nourriture), *ex.* သူဆင်းရဲလို့ စလုဝ်စပေါက်ရှာစားရတယ်။ "il doit se nourrir de restes, par dénuement".

စလုံ့စလဲ /səlON' Sə`lɛ/ *n. adv. litt.* 1. (en) équilibre instable, de façon instable ; 2. (dans l') incertitude, (avec) perplexité, *ex.* သူနဲ့မတွေ့လိုက်သည့်အတွက်ကြောင့်စိတ်ထဲမှာ စလုံ့စလဲဖြစ်မိသည်။"comme je n'ai pu le rencontrer, je suis dans l'incertitude".

စလုံ *et* ဇလုံ /SəlON/ *n.* cuvette, grand récipient assez plat, *cl.* -လုံး.

စလုံး /sa´ `lON/ *n.* nom de la cinquième lettre de l'alphabet : စ.

စလုံး /sə`lON/ *n. e.* tous les - *suivi d'une quantité chiffrée, ex.* ၂ယောက်စလုံး။ "tous les deux", နှစ်ဦးစလုံး။ "tous les deux".

စလုံးစခု /sə`lON səkhu'/ *n.* gravier, petit caillou, faisant obstacle, se glissant sous le pied, sous la dent, sous une porte etc... *ex.* ဒီဆန်ကကြမ်းတဲ့အတွက်စားတဲ့အခါ စလုံးစခုဖြစ်တယ်။ "on trouve des cailloux sous la dent quand on mange ce riz, car il est de basse qualité".

စလွယ် /səluɛ/ *n.* 1. écharpe portée d'une épaule à la taille (de l'épaule gauche) ; cordon qui se porte en bandoulière, en sautoir comme distinction honorifique, *ex.* ပုဏ္ဏားတွေဟာချည်စလွယ်ဆင်လေ့ရှိတယ်။"les brahmanes portent d'habitude un cordon de coton ; 2. bandeau frontal pour supporter la hotte ; *cl.* -ခု, -ကုံး.

စလွယ်ကြိုး /səluɛ `co/ *n.* cordon brahmanique, *cl.* - ခု, - ကုံး.

စလွယ်တင်- /səluɛ tiN-/ *v.* 1. ceindre une écharpe ; 2. décerner un titre en revêtant d'une écharpe, *ex.* မင်းသားကို စလွယ်တင်အခမ်းအနားကျင်းပတယ်။ "on a célébré la remise de l'écharpe au prince" ; faire porter une écharpe à une personne honorable en vue d'une solennité : mariage etc...

စလွယ်သိုင်း - /səluɛ `θaiN-/ *v.* porter un cordon, une courroie, une écharpe en baudrier, en bandoulière, *ex.* လွယ်အိတ်နှစ်လုံးကို စလွယ်သိုင်း လွယ်တယ်။ "il a accroché ses deux sacs en bandoulière".

စလွယ်သိုင်း /səluɛ `θaiN/ *n.* écharpe portée en travers de la poitrine (passant sur une épaule et rejoignant la taille obliquement) ; longyi plié en écharpe et porté en bandoulière pour soutenir le panier du semeur etc..., *cl.* - ခု, - ကုံး.

စလွယ်သိုင်းဆက် /səluɛ `θaiN SHɛʔ/ *n.* assemblage de pièces de bois en biseau.

စလွန် /səluN/ *n.* *dés.* divan royal, canapé royal, *cl.* - စလွန်, *cf.* သလွန်.

စဝဂ် /sa' Uɛʔ/ *n. p.* série des consonnes palatales : စ, ဆ, ဇ, ဈ, ည.

- စသည် /-sa' θi/ *n.e.* etc..., *s'emploie suivi ou non de* တွေ, *ex.* ကျောင်းသားအတွက်စာအုပ်၊ ခဲဖျက်၊ ပေတံစသည်တွေလိုအပ်သည်။ "pour les élèves, on a besoin de livres, de gommes, de règles etc..."

စအို /sa' ʔo/ *n.* 1. fondement, anus ; 2. cul de pot, fond de marmite.

စအိုဝ /sə ʔo Ua'/ *n.* anus.

စာ- /sa-/ *v.* 1. comparer, estimer par comparaison, *ex.* သူ့ပစ္စည်းနဲ့စာရင် ကျမဟာပိုကောင်းတယ်။ "comparées aux siennes, mes affaires sont meilleures" ; 2. se soucier de, s'intéresser à, se mettre à la place de..., partager les soucis de... *ex.* သူကိုယ်ချင်းစာစိတ်မရှိဘူး။ "il est incapable de se mettre à la place d'autrui" ; > - စာ /-sa/ *n.e.* évaluation, estimation, *ex.* အိမ်မှာဆန်မရှိတော့ဘူး။ တနပ်စာလောက်ဘဲကျန်တော့တယ်။ "il n'y a plus de riz à la maison ; il en reste à peu près pour un repas", ဈေးမှအင်္ကျီတဝတ်စာချုပ်ရန် ပိတ်ဝယ်ခဲ့တယ်။ "du marché, elle a rapporté suffisamment d'étoffe pour faire une veste".

စာ- /sa-/ *v.* être sourd, être voilé, en parlant de la voix, du son, *toujours précédé de* အသံ , *ex.* ဒီဗုံကအသံစာနေတယ်။ ပတ်စာထပ်ထိုးပါ။ "ce tambour a un son assourdi ; réenduisez-le".

စာ /sa/ *n.* 1. écrit, texte, lettre (missive), *ex.* ဖတ်စာ။ "texte de lecture", "lecture" ; ကျက်စာ။ "leçon" ; သံကြိုးစာ။ "télégramme", *cl.* -စောင်, -ရွက်, -လွှာ (feuille de palme), -ချပ် (feuille épaisse) ; 2. signe corporel, tache sur la peau, *cl.* -လုံး.

စာ , အစာ /sa/ , /ʔəsa/ *n.* 1. nourriture, *cl.* -လုပ် , bouchée, *et tous les contenants* ; 2. -စာ /-sa/ *n.e.* ce qui va être soumis à une action, *ex.* သေနတ်စာ။ "cible" ; produit d'une action, *ex.* အလုပ်စာ။ "résultat du travail", လွှစာ။ "sciure de bois".

စာ /sa/ *n.* passereau, *cf.* စာကလေး , *cl.* -ကောင်.

စာကလေး /sa Kə`le/ *n.* 1. *ornith. Passer domesticus*, moineau domestique, *cl.* -ကောင်; 2. petite banane courte, ronde, très savoureuse.

စာကလေးချေး /sa Kə`le `chi/ *n.* 1. fiente d'oiseau ; 2. vermicelle frit, plat indien, *s'appelle aussi* စာကလေးခြေထောက် ; *ex.* စာကလေးခြေထောက်ကကျွတ်တယ်၊ မွှေးတယ်၊ ဒါကြောင့်ကလေးတွေသိပ်ကြိုက်တယ်။ "le vermicelle frit est croustillant et savoureux : c'est pourquoi les enfants aiment ça".

စာကူးစက် /sa `ku sɛʔ/ *n.* photocopieur, *cl.* -လုံး.

စာကိုယ် /sa ko/ *n.* écrit original (écrit de base), *cl.* -စောင်.

စာကောက် /səKɔʔ/ *n. cf.* စကောက် 1. et 2.

စာကောင်းပေကောင်း /sa `KɔN pe `KɔN/ *n.* bon ouvrage, *ex.* စာကောင်းပေကောင်းလက်လှမ်းမှီသရွေ့စုဆောင်းထားတယ်။ "j'ai réuni tous les bons ouvrages que j'ai pu avoir", *cl.* -စောင်.

စာကုံး- /sa `koN-/ *v.* composer des vers, de la poésie, *ex.* သူ့အကြောင်းကို စာကုံး၍ပြလိုက်ချင်တယ်။ "je voudrais écrire un poème sur son histoire".

စာကျ- /sa ca'-/ *v.* sauter des lettres, oublier des lettres, en tapant à la machine ou en imprimant, စာကျ /ca Ca'/ *n.* omission, *ex.* ဒီစာမှာစာကျတွေများတယ်။ "dans ce texte il y a beaucoup d'omissions", *cl.* -လုံး (signes), -ကြောင်း (ligne).

စာကျက်- /sa cɛʔ-/ *v.* étudier, apprendre une leçon, *ex.* ဒီကလေးတိုက်နှို့စာကျက်ခိုင်းရတယ်။ "j'ai fait apprendre sa leçon à cet enfant sous la menace du bâton.

စာကျည် /sa CI/ *n.* étui à missives royales, en bambou ou toute autre matière : laque, argent ; cet étui est un cylindre qu'on peut ouvrir à une extrêmité, *cl.* -ကျည်.

စာကြီးပေကြီး /sa `Ci pe `Ci/ *n.* sources littéraires, ou historiques, documents valables comme source, référence, *ex.* သူစာကြီးပေကြီးတွေဖတ်နေတယ်။ "il consulte les sources", *cl.* - စောင်, - အုပ်.

စာကြိုး /sa `Co/ *n.* fil ou cordon qui relie les feuillets d'un manuscrit sur olles ou feuilles de palmes façonnées pour être gravées, *cl.* -ကြိုး, - ချောင်း, - မျှင်.

စာကြောင်း /sa `CɔN/ *n.* ligne d'un texte, *ex.* ဒီစာမျက်နှာမှာစာကြောင်း ၂၀ ပါတယ်။ "cette page comporte vingt lignes", *cl.* - ကြောင်း.

စာကြည့်- /sa ci'-/ *v.* lire des yeux, sans parler.

စာကြည့်ခန်း /sa CI' `khaN/ *n.* bibliothèque: pièce d'une maison,; salle ,*ex.* စာကြည့်ခန်းမှာစာအုပ်အမျိုးစုံရှိပါတယ်။ "il y a toutes sortes de livres dans la salle de bibliothèque", *cl.* - ခန်း.

စာကြည့်တိုက် /sa Ci' Tai?/ *n.* bibliothèque: bâtiment destiné à cet usage , *ex.* စာကြည့်တိုက်သို့ကျောင်းသားများ စာပေဆည်းပူးရန် နေ့စဉ်သွားကြတယ်။ "les étudiants vont tous les jours à la bibliothèque travailler leurs textes", *cl.* -တိုက်, - ဆောင်.

စာကြည့်တိုက်မှူး /sa Ci' tai? `Mu/ *n.* bibliothécaire, *cl.* - ဦး, - ယောက်.

စာကြမ်း /sa `CaN/ *n.* 1. épreuves d'imprimerie ; 2. brouillon ; *cl.* - ရွက်, - စောင်.

စာခိုး /sa `kho/ *n.* plagiaire, *cl.* - ယောက်.

စာခေါင်း /sa `KHɔN/ *n.* en-tête d'une lettre : envoyeur, destinataire, date, sujet.

စာခေါင်းကွက် /sa `KHɔN kuɛ?/ *n. ornith. Ploceus infortunatus burmanicus*, tisserin, passereau tropical qui bâtit son nid en forme de sac sous les palmes de palmier et de cocotier, et sous les auvents.

စာခုံ /sa khoN/ *n. impr.* marbre, *cl.* - ခုံ.

စာချ- /sa cha'-/ *v.* enseigner, *en parlant d'un bonze*, enseigner dans une école monastique, *ex.* ဒီဆရာတော်က နေ့တိုင်း စာချတယ်။ "cet abbé enseigne tous les jours" ; *n.* bonze dispensant un enseignement, *cl.* - ပါး.

စာချီး /sa `CHi/ *n.* introduction à un texte, à un ouvrage ; *se dit aussi* စကားချီး *et* နိဒါန်း , *cl.* - ပိုဒ်, - ပုဒ်.

စာချိုး - /sa `cho-/ *v.* improviser une épigramme ou une apologie en vers ; > စာချိုး /sa `CHo/ *n.* épigramme ou apologie, en vers et improvisées, *cl.* - ပိုဒ်, - ပုဒ်.

စာချောက်ရုပ် /sa chɔʔ yoʔ/ *n.* épouvantail, *cf.* စာခြောက်ရုပ် .

စာချပ် /sa CHaʔ/ *n.* feuille de papier, portant ou non un texte, *ex.* စာချပ် တထပ်ကြီး ယူလာပြီးလက်မှတ်ထိုးခိုင်းတယ်။ "lui apportant un monceau de feuilles, il les lui fit signer", *cl.* - စောင်, - ချပ်.

စာချုပ်- /sa choʔ-/ *v.* conclure un marché, faire un contrat, *ex.* အိမ်အရောင်းအဝယ်အတွက် စာချုပ် နေကြတယ်။"ils sont en train de faire le contrat de vente de la maison" ; conclure un traité ; > စာချုပ် /sa CHoʔ/ *n.* marché, engagement, contrat, traité, *cl.* - စောင်.

စာချုပ်စာတမ်း /sa CHoʔ sa `TaN/ *n.* contrat, acte notarié ; traité, *cl.* - စောင်.

စာခြောက်ရုပ် /sa chɔʔ yoʔ/ *n.* épouvantail, *ex.* စပါးမှည့်ရင်လယ်ထဲမှာစာခြောက်ရုပ်စိုက်ထူထားရတယ်။"il faut mettre des épouvantails dans les champs quand le paddy est mûr", *cl.* - ရုပ်.

စာခွေ /sa khue/ *n. dés.* lettre, texte roulé, rôle, *cl.* - ခွေ.

စာခွက် /sa KHuɛʔ/ *n. impr.* casse, *cl.* - ခွက်, - လုံး.

စာခွံ /sa khuN'/ *n. dés.* fusil ancien modèle, qu'il fallait recharger à chaque coup, *cl.* - လက်.

စာခြွန် /sa CHuN/ *n.* missive royale, lettres royales, ou lettres du conseil royal, ainsi nommées à cause de leur forme effilée ; elles étaient transportées dans un étui cylindrique et écrites sur feuilles de palme, *cl.* - စောင်; > စာခြွန်ကျည်တောက် /sa CHuN jI Tɔʔ/ *n.* étui à lettre royale, *cl.* - ခု.

စာဂ /saga'/ *n. p.* 1. don, aumône, donation, *cl.* - ရပ် , 2. conduite, action, *ex.* ဒီသူငယ်စာဂမကောင်းဘူး ။ "la conduite de ce garçon n'est pas bonne".

စာငယ် /sa ŋɛ/ *n.* écrit sans valeur ; source, écrit, sur lesquels on ne peut se fonder, *ex.* ဒီစာအုပ်က စာငယ်ပါ၊ အကိုးအကား မပြုသင့်ဘူး ။ "ce livre n'est pas une bonne source ; il ne faut pas se fonder dessus", *cl.* – စောင်, – အုပ်.

စာစကား /sa Sə`Ka/ *n.* langue littéraire, terme littéraire, *cl.* – ကြောင်း (ligne), – ခွန်း (phrase), – ရပ် (passage), – ပုဒ် (passage).

စာစာမြည်– /sa Sa myi-/ *v.* parler d'une voix modérée mais persistante, *ex.* သူ့အသံက စာစာမြည်လျက် ဝင်လာသည်။ "sa voix se fit entendre..." (တက္ကသိုလ်စိန်း, သိုးမဲ, p. 186).

စာစီ– /sa si-/ *v.* composer, pour un typographe, *ex.* ပုံနှိပ်တိုက်မှာ အလုပ်သမားများ စာစီကြတယ်။ "dans l'imprimerie, les typographes composent" ; rédiger, pour un auteur, *ex.* ကဗျာဆရာကြီးက ရှင်ပြုပွဲမှာ ဖတ်ဖို့ စာစီနေတယ်။ "le poète compose quelque chose qui sera lu à la cérémonie de prise de robe".

စာစီ /sa Si/ *n.* compositeur-typographe, *se dit aussi* စာစီသမား, *cl.* – ယောက်, – ဦး.

စာစီကုံး – /sa si `KON-/ *v.* rédiger sur un sujet, traiter un sujet ; > စာစီကုံး /sa si `KON/ *n.* essai, *cl.* – ပုဒ်, – ပိုဒ်.

စာစီစာကုံး /sa si sa `KON/ *n.* 1. essai, *cl.* – ပုဒ်, – ပိုဒ် ; 2. art de la composition littéraire, *ex.* စာစီစာကုံး အဖွဲ့အနွဲ့ သိပ်ကောင်းတဲ့လူဘဲ။ "c'est une personne très douée pour la composition littéraire".

စာစီသမား /sa si θə`ma/ *n.* compositeur-typographe, *cl.* – ယောက်, – ဦး.

စာစောင် /sa SɔN/ *n.* revue, magazine, *ex.* မြန်မာနိုင်ငံမှာ ဟာသစာစောင် ရှိပါတယ်။ "en Birmanie, il y a des revues humoristiques", *cl.* – စောင်, – အုပ်.

စာစစ်– /sa si?-/ *v.* vérifier les connaissances, mettre à l'épreuve le savoir.

စာစစ်ဌာန /sa si? thana'/ *n.* centre d'examens, *cl.* – ခု.

စာစဉ် /sa SiN/ *n.* collection, série, *ex.* စာစဉ်အမှတ်။ "numéro dans une série", *cl.* – စဉ်.

စာစည်းကြိုး /sa `si `Co/ *n.* ruban portant des caractères tissés, pour attacher les manuscrits sur olles, *ex.* ပေထုပ်ကို စာစည်းကြိုးနဲ့ စည်း

ထားတယ်။ "le paquet d'olles est attaché par un ruban", *cl*, -ချောင်း.

စာစပ်- /sa sa?-/ *v*. composer des vers, relier ses phrases ensemble, par assonance par exemple, *ex*. ကျမစာစပ်နေတယ်။ "je compose" (de la poésie) ; စာစပ် /sa Sa?/ *n*. composition poétique, prosodie, *ex*. သူ့စာစပ်စသွား ကောင်းလိုက်တာ။ "comme sa composition (poétique) est bonne !"

စာစွဲ- /sa `suɛ-/ *v*. 1. *arch*. introduire une action en justice, faire un recours ; 2. être séduit par un texte, se passionner pour un texte, *ex*. သူစာစွဲနေလို့ ယခုအထိထမင်း မစားသေးဘူး ။ "passionné par son texte, il n'a pas encore pris son repas".

စာဆို /sa sho/ *n*. poète, écrivain, *cl*. -ဦး.

စာဆိုတော် /sa sho Tɔ/ *n*. poète, écrivain officiel de la cour ; poète, écrivain réputé, *ex*. စာဆိုတော်နေ့။ "le jour des Ecrivains", *cl*. -ဦး, -ပါး.

စာဇင် /sa zIN/ *n*. *angl*. agent de police gradé, sergent dans la police, *cl*. -ယောက်, -ဦး , *cf*. စာသင်.

စာညာ /sa ɲa -/ *v*. ménager les sentiments de, compatir à, prendre intérêt, pitié, compassion pour..., comprendre, penser à (quelqu'un) *ex*. ကျမကိုစာညာပါ။ "comprenez-moi".

စာညင်း /sa `ɲIN/ *n*. petit caractère d'imprimerie, minuscule (écriture), *ex*. မှတ်ချက်ကိုစာညင်းနဲ့စီပါ။ "composez les notes en petits caractères", *cl*. -လုံး, -ကြောင်း (ligne).

စာညွှန်း /sa ɲUN/ *n*. mode d'emploi, tableau indicatif, notice explicative *ex*. ဒီစာညွှန်းအတိုင်းလုပ်ပါ၊ အောင်မြင်စေရမယ်။ "conformez-vous au mode d'emploi ; cela doit réussir", *cl*. -စောင်, -ရွက်.

စာညွှန်းဇယား /sa `ɲUN zə`ya/ *n*. index, dans un ouvrage, *ex*. ယခုစာအုပ်နောက်မှာ စာညွှန်းဇယား ပါတယ်။ "il y a un index à la suite de cet ouvrage", *cl*. -ခု.

စာတီ /zedi/ *n*. jedi, stupa, *cf*. စေတီ , *cl*. -ဆူ.

စာတော် /sa Tɔ/ *n*. *dés*. lettre, missive royale, *cl*. -လွှာ, စောင်, -ချပ်.

စာတော်ပြန်- /sa Tɔ pyaN-/ *v*. 1. passer un examen ès-bouddhisme, passer l'examen au monastère (en parlant d'un bonze) ; 2. *dés*. traduire de l'anglais au birman, à l'époque de la colonisation anglaise ; > စာတော်ပြန် /sa Tɔ PyaN/ *n. dés.* interprète du temps des Anglais.

စာတော်ဖတ် /sa Tɔ pha?/ *n. dés.* lecteur ou secrétaire royal, *cl.* -ဦး , -ပါး .

စာတိုစာစ /sa to sa Sa'/ *n.* article court , par exemple : article de journal, *cl.* -ပုဒ် , -ပုဒ်.

စာတိုစာရှည် /sa to sa ʃe/ *n.* rapports, longs rapports, somme d'écrits, paperasserie, *connotation ironique*, *ex.* စာတိုစာရှည်မရေးဘဲနဲ့ ပြဿနာကို ဖြေရှင်းနိုင်ပါတယ်။ "on peut éclaircir un problème sans écrire de longs rapports",

စာတိုပေစ /sa to pe Sa'/ *n.* article court, sur un sujet précis, *ex.* ဒီပြဿနာနဲ့ပတ်သက်တဲ့စာတိုပေစတွေစုတယ်။ "on a réuni les articles traitant de cette question", *cl.* -ပုဒ် , -ပုဒ်.

စာတက်- /sa tɛ?-/ *v.* fréquenter l'école monastique, suivre l'enseignement monastique, *ex.* ကျောင်းသားဟာစာမကျေလို့ဒီနေ့စာတက်မပေးဘူး။ "l'écolier n'est pas admis à suivre le cours aujourd'hui parce qu'il n'a pas assimilé son texte".

စာတိုက် /sa Tai?/ *n.* 1. bureau de poste ; 2. dépôt d'archives, bibliothèque ancienne (de manuscrits), *cl.* -တိုက် .

စာတိုက်ခွဲ /sa Tai? `KHuɛ/ *n.* agence postale, bureau postal de quartier, *cl.* -တိုက်.

စာတိုက်ပုံး /sa Tai? `PON/ *n.* boîte à lettres, *cl.* -ပုံး .

စာတိုက်မှူး /sa Tai? `Mu/ *n.* receveur des postes, *cl.* -ဦး , -ယောက် .

စာတိုက်သေတ္တာ /sa Tai? θi?Ta/ *n.* boîte postale, *cl.* -လုံး .

စာတင်-/sa tIN-/ *v.* 1. relater, pour qu'il reste une trace ; 2. porter à la connaissance d'un supérieur hiérarchique , d'une autorité supérieure, *ex.* သူ့ကိုမကျေနပ်လို့ အထက်ရုံးကိုစာတင်ကြတယ်။ "des rapports ont été faits , en haut lieu , pour se plaindre de lui" ; စာတင် /sa TIN/ *n. arch.* support pour écrire, par exemple support pour poser la partie de la feuille de palme sur laquelle on trace les caractères, *cl.* -လုံး , -ခု .

စာတည်း-/sa `ti-/ *v.* 1. collationner des textes ; 2. lire et corriger un texte avant sa publication, préparer une édition, *ex.* စာမူကို ပုံမနှိပ်ခင် စာတည်းဖို့လိုတယ်။ "il faut corriger un manuscrit avant de l'imprimer", > စာတည်း /sa `Ti/ *n.* éditeur scientifique, éditeur qui prépare une édition critique, correcteur, lecteur (édition), *ex.* မဂ္ဂဇင်းတိုက်မှာ စာတည်းတယောက်လိုနေတယ်။ "un journal a besoin d'un éditeur" ; *cl.* -ဦး, -ယောက်.

စာတည်းမှူး /sa `Ti `Mu/ *n.* directeur d'une collection, d'un ouvrage collectif ; personne à la tête d'un comité de lecture, *ex.* စာတည်းအဖွဲ့ကို စာတည်းမှူးကကြီးကြပ်တယ်။ "le directeur est à la tête du comité de lecture", *cl.* -ဦး, -ယောက်.

စာတည်းအဖွဲ့ /sa `Ti ʔəphuɛʼ/ *n.* comité de lecture, *ex.* စာတည်းအဖွဲ့မှာ စာတည်းငါးယောက်ရှိတယ်။ "il y a cinq lecteurs dans le comité de lecture", *cl.* -ဖွဲ့.

စာတတ်- /sa taʔ-/ *v.* être lettré, avoir des lettres, *ex.* ဒီဘုန်းတော်ကြီးဟာ အလွန်စာတတ်တယ်။ "ce bonze est un grand lettré".

စာတတ်ပေတတ် /sa Taʔ pe Taʔ/ *n.* lettré, personne instruite, *ex.* ဒီပုဂ္ဂိုလ်ဟာ စာတတ်ပေတတ်ပဲ။ "c'est une personne instruite", *cl.* -ဦး.

စာတန်း /sa `TaN/ *n.* 1. texte, quelle que soit sa longueur : de quelques mots à l'article ou au livre; communication écrite, thèse, mémoire etc..., *ex.* တစ်ဆယ်ကျပ်နှင့်အောက်တွင် (Ten kyats) ဟူသော စာတန်းကို ရိုက်နှိပ်ထား၏။ "les mots : dix kyats et, au-dessous, (Ten kyats) sont imprimés", (လုပ်သားပြည်သူ့နေ့စဉ်, 30.6.73), *cl.* -တန်း, -စောင် ; 2. sous-titre, dans un film, *ex.* အသံတိတ် ရုပ်ရှင်မှာ စာတန်းထိုးပြသည်။ "on sous-titrait les films muets", *cl.*-တန်း.

စာတမ်း /sa `TaN/ စာတမ်းပေတမ်း /sa `TaN pe `TaN/ *ou* ပေတမ်း *n.* document ancien, texte ancien, *cl.* -တမ်း, -စောင်.

စာတုံ့- /sa toNʼ-/ *v.* répondre par écrit, *ex.* ဒီနေ့မလှထံက စာတုံ့လာတယ်။ "aujourd'hui, il y a une réponse de Ma Hla".

စာတွေ့ /sa Tueʼ/ *n.* connaissance théorique, *ex.* သူ့မှာ စာတွေ့ပဲရှိတယ်၊ လက်တွေ့ မရှိဘူး။ "il n'a qu'une connaissance théorique, il n'a pas la pratique".

စာတွဲ /sa `Tuɛ/ *n.* dossier, *cl.* -တွဲ.

စာထား- /sa `tha-/ *v.* introduire une action en justice, faire un recours, *cf.* စာစွဲ- .

စာထားခံ- /sa `tha khaN-/ *v. rare*, prendre un engagement par écrit, s'engager par lettre.

စာထု- /sa thu-/ *v.* être long, quantitativement important en parlant d'un écrit, d'un ouvrage etc... ; > စာထု /sa thu/ *n.* texte, écrit, quantitativement important : gros livre, longue lettre, *cl.*-စောင်, -အုပ် (livre), -ထပ် (tas).

စာထိုး-/sa `tho-/ *v.* marquer au fer rouge, *ex.* စုတ်ဖြင့်နဖူးတွင်စာထိုးခံရသည်။ "il a eu le front marqué au fer".

စာထောက်- /sa thɔʔ-/ *v.* rafraîchir la mémoire, aider à se souvenir (relatif aux examens ès-bouddhisme), *ex.* ရဟန်းတော်များစာပြန်ပွဲတွင် ပြန်သည့်စာကိုအနည်းငယ်မေ့နေလျှင်စာထောက်ပေးနိုင်သည်။ "on peut vous rafraîchir la mémoire si vous avez un tant soit peu oublié la réponse à faire lors d'un examen de bonzes" ; > စာထောက် /sa THɔʔ/ *n.* table basse, tablette pour poser les parabaik, les manuscrits, *cl.* -လုံး.

စာထောက်စာမ /sa THɔʔ sa Ma'/ *n.* personne chargée de rafraîchir la mémoire déficiente du bonze récitant les litanies, *cl.* -ဦး.

စာထုပ်ကြိုး /sa thoʔ `Co/ *n.* galon, ruban, sertant à attacher la liasse de feuilles de palmes d'un manuscrit, *cl.* -ချောင်း.

စာနာ-/sa na-/ *v.* soutenir moralement, être de coeur avec.

စာနီ /sa Ni/ *n.* 1. tache de vin (sur la peau), angiome, *cl.*- ပြောက်,-ကွက်, 2. chrétien, protestant, *cl.* - ယောက်.

စာနု /sa Nu'/ *n.* littérature romantique, *ex.* လူငယ်ကဗျာဆရာတွေဟာ စာနုကို ရေးလေ့ရှိတယ်။ "les jeunes poètes écrivent d'habitude des oeuvres romantiques".

စာနယ်ဇင်း /sa nɛ `zIN/ *n.* abréviation de : သတင်းစာ, ဂျာနယ်, မဂ္ဂဇင်း ; 1. presse, journal ; 2. journalisme.

စာနက် /sa Nɛʔ/ *n.* tache noire sur la peau, tache de naissance, *cl.* -ကွက်, - ပြောက်.

စာငှင်- /sa ŋIN-/ *v.* chasser les moineaux de la rizière, *ex.* စပါးမှည့်တဲ့အခါ သူစာငှင်ဖို့လယ်ကွင်းထဲသွားတယ်။ "quand le paddy est mûr il va dans la rizière chasser les moineaux".

စာပါး- /sa `pa-/ *v.* faire parvenir le courrier par un intermédiaire, *ex.*

လူကြုံနဲ့ တောက မေမေ စာပါးလိုက်တယ်။ . . "notre mère qui est au village nous a fait parvenir une lettre par une personne de passage".

စာပတီး /sa Pə `Tì/ *n. ornith. Munia atricapilla* capucin à tête noire.

စာပတီးနီ /sa Pə`Tì ni/*n.ornith.Amandava amandava flavidiventris,* bengali rouge.

စာပါးစပ်နာ /sa pəSa? ɴa/ *se dit aussi* ကျီးကန်းပါးစပ်. *n.* sorte de mycose aux commissures des lèvres.

စာပေ /sa pe/ *n.* littérature, belles-lettres, *ex.* စာပေတိုးတက်မြှင့်တင်ရန် ... ။ "pour la promotion des belles-lettres..."

စာပေကျမ်းဂန် /sa pe `caɴ Kaɴ/ *n.* texte littéraire, *ex.* ဘုန်းကြီးစာပေကျမ်းဂန် အင်မတန်တတ်တယ်။ "le bonze est très fort en littérature".

စာပေစိစစ်ရေးအဖွဲ့ /sa pe si Si? `ye ?əphuɛ'/ *n.* commission de censure (littéraire) ; comité de lecture, *ex.* စာပေဆုပေးရန်အတွက် စာပေစိစစ်ရေးအဖွဲ့ကို ဖွဲ့ပြီးပြီ။ "on a constitué un comité de lecture pour la distribution des prix littéraires", *cl.* - ဖွဲ့.

စာပေဆုပေးပွဲ /sa pe shu' `pe `Puɛ/ *n.* distribution des prix littéraires, *ex.* စာပေဆုပေးပွဲကိုစာဆိုတော်နေ့မှာ ကျင်းပဖို့စီစဉ်ထားတယ်။ "des dispositions ont été prises pour fêter la distribution des prix le jour de la fête des écrivains", *cl.* - ခု.

စာပေညီလာခံ /sa pe ɲi la khaɴ/ *n.* débats littéraires, réunion littéraire, entretiens littéraires, *ex.* စာပေညီလာခံမှာ ယနေ့ခေတ် စာပေများကို ဆွေးနွေးကြတယ်။ "les littératures d'aujourd'hui ont fait l'objet des débats littéraires", *cl.* - ခု.

စာပေလုပ်သားကောင်စီ /sa pe lo? `θa kɔNSi/ *n.* association, société de gens de lettres, *ex.* စာပေတိုးတက်မြှင့်တင်ရန် စာပေလုပ်သားကောင်စီဖွဲ့လိုက်တယ်။ "on a constitué une société de gens de lettres pour promouvoir la littérature", *cl.* - ခု.

စာပေဝေဖန်ရေးဆရာ /sa pe Ue phaɴ `ye shəya/ *ou* စာပေဝေဖန်ရေးသမား /Sa pe Ue phaɴ `ye θə`ma/ *n.* critique littéraire, *ex.* စာပေဝေဖန်ရေးသမားများက ခေတ်ဆန်းစာပေကို ဝေဖန်သုံးသပ်တင်ပြထားတယ်။"les critiques littéraires ont exposé leur opinion sur la littérature contemporaine", *cl.* - ဦး, - ယောက်.

စာပေသမိုင်း /sa pe θə`maiɴ/ *n.* histoire de la littérature. rature.

စာပေးစာယူ /sa `pe sa yu/ *n.* correspondance, *ex.* ဒီလူငယ်နှစ်ယောက် စာပေးစာယူလုပ်နေတာကြာပြီ။ "il y a longtemps que ces deux jeunes gens sont en correspondance" ; > စာပေးစာယူသင်တန်း /sa `pe sa yu θIN `TaN/ *n.* cours par correspondance, *ex.* တက္ကသိုလ် မတက်နိုင်လျှင် စာပေးစာယူသင်တန်းနှင့် ဖြေနိုင်သည်။"on peut travailler par correspondance, à défaut de fréquenter l'Université".

စာပေးစာယူဌာန /sa `pe sa yu thana'/ *n.* bureau, service du courrier, dans un établissement, une administration..., *ex.* ယနေ့တက္ကသိုလ်မှာစာပေးစာယူဌာနဖွင့်ထားတယ်။"aujourd'hui, le bureau du courrier est ouvert à l'Université", *cl.* - ခု .

စာပေါ့ /sa Pɔ'/ *n.* littérature facile, littérature distrayante, littérature sans prétention, *ex.* စာပေါ့တွေကိုဖတ်ရင်ဗိုက် လေးတက်တယ်။ "on n'a rien dans la tête si l'on lit des romans à quatre sous", *cl.* - စောင် .

စာပို့- /sa po'-/ *v.* 1. au monastère, enseigner, initier aux textes, *cf.* စာချ- ; 2. envoyer une lettre ; > *n.* wagon postal, train postal, *ex.* မန္တလေးစာပို့ထွက်ပြီ။ "le train postal de Mandalé est parti", *cl.* - စီး .

စာပို့ကတ်ပြား /sa po' ka? `Pya/ *n.* carte postale, *cl.* - ရွက်, - စောင် .

စာပို့ကြပ် /sa po' ca?/ *n.* chef du service des facteurs, *cl.* - ဦး , - ယောက် .

စာပို့ခ /sa po' KHa/ *n.* affranchissement, tarif de l'affranchissement, *ex.* ပြည်တွင်းစာပို့ခဟာပြည်ပစာပို့ခထက်သက်သာတယ်။ "l'affranchissement du courrier à destination du pays est moindre que l'affranchissement du courrier pour l'étranger".

စာပို့တိုက် /sa po' Tai?/ *n.* *dés.* bureau de poste, *cf.* စာတိုက် .

စာပို့ပြာတာ /sa po' pya ta/ *n.* *dés.* facteur, *cf.* စာပို့လုလင် .

စာပို့မီးရထား /sa po' `mi yə`tha/ *n.* *bir-p.* train postal, *cl.* - စီး .

စာပို့ယာဉ် /sa po' yIN/ *n.* *bir-p.* train postal, *cl.* - စီး .

စာပို့ရထား /sa po' yə`tha/ *n.* *bir-p.* train postal, *cl.* - စီး .

စာပို့လုလင် /sa po' lu' lIN/ *n.* facteur, *cl.* - ဦး , - ယောက် .

စာပို့လွှာ /sa po' ɭua/ *n.* lettre prête pour l'expédition, ou telle qu'elle sera distribuée , c'est-à-dire glissée dans une enveloppe fermée, et timbrée, *cl.* - စောင် .

စာပို /səpo/ *n.* caractères d'imprimerie mis à part dans la casse parce qu'ils sont rarement employés, *cl.* -လုံး.

စာပစ်- /sa pyiʔ-/ *v.* envoyer une lettre anonyme, *ex.* ဆိုးတဲ့အမှုထမ်းများက အရာရှိကိုမဟုတ်မမှန်စာပစ်ကြတယ်။ "les mauvais fonctionnaires envoient des lettres anonymes mensongères au sujet de leur supérieur".

စာပုဒ် /sa Poʔ/ *n.* texte, *cl.* -ပုဒ်.

စာပိုဒ် /sa Paiʔ/ *n.* portion de texte, rubrique, paragraphe, *cl.* -ပိုဒ်.

စာပုံနှိပ်- /sa PON ŋ̥eʔ-/ *v.* imprimer, reproduire par impression.

စာပုံနှိပ်စက် /sa PON ŋ̥eʔ Sɛʔ/ *n.* presse à imprimer, *cl.* -လုံး.

စာပုံနှိပ်တိုက် /sa PON ŋ̥eʔ Taiʔ/ *n.* imprimerie, maison d'édition, *cl.* -လုံး, -တိုက်.

စာပန်းချီခြယ်- /sa PəCHI' chɛ-/ *v.* décrire, dépeindre, écrire dans un style fleuri ou imagé, ou métaphorique.

စာပုံး /sa `PON/ *n.* boîte à lettres, *cf.* စာတိုက်ပုံး, *cl.* -ပုံး, -လုံး, -ခု.

စာပျက်- /sa pyɛʔ-/ *v.* être endommagé, être abîmé en parlant des caractères d'un texte, de l'état d'un écrit ; être illisible, par suite de dommages matériels, *ex.* ဒီနေရာမှာစာပျက်နေလို့ ဖတ်မရဘူး။ "on ne peut lire ce passage car il est endommagé" ; > စာပျက် /sa Pyɛʔ/ *n.* 1. texte endommagé ; 2. texte laxiste, complaisant pour les penchants des lecteurs, sans morale, *ex.* ဒီဝတ္ထုတွေဟာ စာပျက်တွေပါ။ "ces romans sont immoraux".

စာပြံ /sa pyaN/ *n.* excellent texte, excellente littérature.

စာပြ- /sa pya'-/ *v.* enseigner, *ex.* ကျမငယ်ငယ်တုန်းက အကိုက အမြဲစာပြပေးတယ်။ "mon frère aîné a toujours été mon précepteur, dans mon enfance".

စာပြု /sa pyu'/ *n.* rédacteur appointé, compilateur, *ex.* သုတေသနဌာနမှာ စာပြုတစ်ယောက်ခန့်ထားတယ်။ "on a mis un rédacteur dans le service de la Recherche", *cl.* -ဦး, -ယောက်.

စာပြုမှူး /sa pyu' `m̥u/ *n.* directeur d'une collection, d'un ouvrage collectif, rédacteur en chef, *cl.* -ဦး, -ယောက်.

စာပြောက် /sa Pyɔʔ/ *n.* *ornith.* *Uroloncha punctulata lineoventer*, un passereau: le damier.

စာပြင်- /sa pyiN-/ *v.* corriger des épreuves, *ex.* ပုံနှိပ်တဲ့အခါ သေသေ ချာချာ စာပြင်ပါ။ "corrigez soigneusement les épreuves lors de l'impression".

စာပြင်ဆရာ /sa pyiN shəya/ *ou* စာပြင်သမား /sa pyiN θə`ma/ *n.* lecteur d'épreuves d'imprimerie, correcteur d'imprimerie, *ex.* စာပုံနှိပ်တိုက်မှာ စာပြင်ဆရာလိုတယ်။ "dans une imprimerie, on a besoin d'un correcteur", *cl.* - ဦး, - ယောက်.

စာပြောင် /sa pyɔN/ *n.* ouvrage ou article satirique, *ex.* အောင်ဗလဟာ စာပြောင်အရေး ကောင်းတယ်။ "Aung Bala excellait dans l'écrit satirique", *cl.* - စောင်, - ရွက်.

စာပြန်- /sa pyaN-/ *v.* 1. répondre par lettre ; 2. *terme d'école monastique,* réciter ; > စာပြန် /sa pyaN/ *n.* récitant, élève étudiant de monastère qui récite, *cl.* - ယောက်, - ဦး (laïcs) ; - ပါး (bonzes).

စာပြန်ပွဲ /sa pyaN `Puɛ/ *n.* examens ès-bouddhisme pour les bonzes et les novices : une session annuelle, en juin, *ex.* ရှင်သာမဏေများ စာပြန်ပွဲဝင်ကြတယ်။ "beaucoup de novices se présentent à l'examen", *cl.* - ရပ်, - ပွဲ.

စာပွဲ /sa `Puɛ/ *n.* 1. examens ès-bouddhisme, *cf.* စာပြန်ပွဲ ; 2. colloque littéraire, *cl.* - ရပ်, - ပွဲ.

စာဖောင် /sa PHɔN/ *n. bir-angl. terme d'impr.* forme de huit pages composées, mise dans un châssis, prête pour le tirage, *cl.* - ဖောင်, - ခု.

စာဖောင်တင်- /sa PHɔN tIN-/ *v. terme d'impr.* caler.

စာဖတ်- /sa pha?-/ *v.* lire, *ex.* ကလေးတွေကိုညတိုင်း တနာရီလောက်စာဖတ်တဲ့ အကျင့် လုပ်ပေးပါ။ "faites prendre l'habitude aux enfants de lire une heure chaque soir".

စာဖတ်သူ /sa pha? θu/ *n.* lecteur, *cl.* - ဦး, - ယောက်.

စာဖြူ /sa PHyu/ *n. ornith. Tchitrea paradisi saturatior,* gobe-mouches de paradis indien.

စာဖွဲ့- /sa phuɛ'-/ *v.* composer des vers ou de la prose en l'honneur de, pour célébrer, *ex.* သူလုပ်ရပ်က စာမဖွဲ့လောက်ပါဘူး ။ "ce qu'il a fait ne mérite pas d'être célébré".

စာဘုန်းကြီး /sa phoN`Ci/ *n. ornith. Plocella chrysaea,* tisserin à ventre doré.

စာမ /sa ma'/ *n.* 1. examinateur chargé d'aider le candidat en le guidant vers les solutions, lors des examens qui se tiennent au monastère, *cl.* - ဦး ; 2. *se dit aussi* စမ /sa' ma'/ *ou* စာလေးပါး /sa `le `Pa/ quatre lettres : စ , ဓ , ဗ et ဝ , utilisées dans un carré magique dans le but d'acquérir un pouvoir particulier.

စာမရီ /zaməyi/ /zaməri/ *n. p.* 1. yak, mammifère tibétain qui ne semble pas se trouver en Birmanie ; sa queue était utilisée comme chasse-mouche pour le roi ; 2. animal mythique réputé très beau, symbole du courage.

စာမူ /sa mu/ *n.* manuscrit, original, *ex.* မဂ္ဂဇင်းအတွက် စာမူစုဆောင်းနေတယ်။ "on réunit les manuscrits pour la revue", *cl.* - စောင် .

စာမူကြမ်း /sa Mu `CaN/ *n.* 1. épreuves d'imprimerie ; 2. /sa mu `CaN/ brouillon, *ex.* ရုံးမှာစာမူကြမ်းကို ဦးစွာ ရေးပြီး တင်ပြရတယ်။ "au bureau, il faut commencer par écrire un brouillon et par le présenter", *cl.* - စောင်.

စာမူခ /sa mu KHa'/ *n.* prix d'un manuscrit, *ex.* ဆောင်းပါးတစောင်အတွက် စာမူခငါးဆယ်ကျပ်ရတယ်။ "pour un article, on paie le manuscrit cinquante kyats", *cl.* - ရပ် .

စာမူချော /sa mu `CHɔ/ *n.* manuscrit achevé et mis au point, manuscrit prêt pour l'édition, *ex.* စာမူကြမ်းရေးပြီး သဘောတူညီမှစာချောရေးရတယ်။ "après accord sur le brouillon du manuscrit, il faut écrire un manuscrit définitivement mis au point", *cl.* - စောင် .

စာမူပိုင် /sa mu PaiN/ *n.* copyright, *ex.* ဒီစာအုပ်ကိုစာမူပိုင်ရထားတယ်။ "j'ai le copyright sur ce livre".

စာမေး- /sa `me-/ *v.* interroger à un examen, donner un sujet d'examen.

စာမေးပွဲ /sa `me `Puɛ/ *n.* examen écrit, *cl.* - ပွဲ , - ရပ် .

စာမေးပွဲထိုင်- /sa `me `Puɛ thaiN-/ *v.* passer un examen écrit ; se présenter à des épreuves écrites d'examen ; *trad. dir. de l'angl. "to sit for an exam".*

စာမေးပွဲဖြေ- /sa `me `Puɛ phye-/ *v.* passer un examen, *ex.* စာမေးပွဲဖြေရမယ်။ "je dois passer un examen".

စာမေးပွဲဝင်ကတ်ပြား /sa `me `Puɛ UiN ka? `Pya/ *n.* carte d'accès à un examen, carte d'étudiant délivrée en vue d'un examen, *ex.* စာမေးပွဲ ဝင်ကတ်ပြား မရှိလျှင် စာမေးပွဲ ဖြေဆိုခွင့် မရှိပါ။ "l'on n'a pas le droit de se présenter à un examen si l'on n'a pas la carte d'accès", *cl.* - စောင်.

စာမဲ /sa `Mɛ/ *n. ornith. Hypothymis azurea styani*, gobe-mouches azuré, à col noir.

စာမျက်နှာ /sa myɛʔ Na/ *n.* 1. page, *cl.* - ရွက် ; 2. oeil d'un caractère d'imprimerie.

စာမွန် /sa muN/ / *n.* bon ouvrage, bon article, texte de grande valeur, *cl.* - စောင်.

စာရူး /sa `yu/ *n.* personne toujours plongée dans la lecture, personne qui dévore les livres, rat de bibliothèque, *cl.* - ယောက်.

စာရေး / sə`ye/ *n.* employé de bureau, clerc, *ex.* စာရေးလုပ်တယ်။ "j'exerce le métier d'employé de bureau", *cl.* - ယောက်.

စာရေး- /sa `ye-/ *v.* écrire.

စာရေးကိရိယာ /sa `ye kərɪʼya/ *n.* petit matériel de bureau, matériel pour écrire, crayons, stylos, plumes, gommes, encre, papier etc...

စာရေးကြီး / sə`ye `Ci/ *n.* chef de bureau, clerc principal, *cl.* - ဦး, - ယောက်.

စာရေးစာချီ /sə`ye səchI/ *n.* staff d'employés de bureau, *ou* emploi dans un bureau, travail de bureau, *ex.* စာရေးစာချီအလုပ်ဟာ ပင်ပန်းသလောက် လခမများဘူး ။ "le travail d'employé de bureau est trop fatiguant pour ce qu'il est rémunéré" ; > စာရေးစာချီ စွမ်းရည်စစ်ဆေးလွှာ /sə`ye səchI `suN ye siʔ `SHe ɬua/ *n.* brevet administratif, certificat administratif, prouvant la capacité, *cl.* - စောင်.

စာရေးစားပွဲ /sa `ye Sə`Puɛ/ *n.* bureau (meuble), *cl.* - လုံး.

စာရေးဆရာ /sa `ye shəya/ *n.* écrivain, auteur littéraire, *cl.* - ဦး, - ယောက်.

စာရေးတံ /sə`ye TaN/ *n. terme maintenant utilisé pour les bonzes seulement,* sorte de billet de loterie, donnant droit à un lot, parmi des aumônes, *ex.* ဘုန်းကြီးတွေကို စာရေးတံမဲ ဖေါက်ပြီး လှူတယ်။ "on fait l'offrande aux bonzes après avoir tiré leurs lots au sort", *cl.* – တံ, – ခု, – ခွက်.

စာရေးတံချ– / sə`ye TaN cha'-/ *v.* tirer au sort, tirer des lots, destinés aux bonzes, *ex.* စာရေးတံချပွဲ။ "loterie" (pour les bonzes).

စာရေးတံမဲပွဲ / sə`ye TaN `mɛ ` Puɛ/ *n.* fête de donation d'aumônes tirées au sort (août), *ex.* ဝါခေါင်လမှာစာရေးတံမဲပွဲကျင်းပလေ့ရှိတယ်။ "d'habitude la fête du tirage au sort des aumônes a lieu en août".

စာရင်း /sə`yiN/ *n.* compte, liste, registre, *ex.* မဲစာရင်းတွင်လွဲမှားမှုတွေ့တယ်။ "j'ai trouvé une erreur sur la liste électorale", *cl.* – ခု, – ရပ်.

စာရင်းကာလ / sə`yiN kala'/ *n.* période budgétaire, période entre deux bilans, durée d'un excercice financier, *cl.* – ရပ်, – ခု.

စာရင်းကောက်– / sə`yiN kɔ?-/ *v.* faire une statistique, recenser, *ex.* ရပ်ကွက်ထဲမှာနိုင်ငံခြားသား စာရင်းကောက်တယ်။ "on a recensé les étrangers dans le quartier", စာရင်းကောက်တဲ့အလုပ်ဟာ တိကျမှုလိုတယ်။ "le travail statistique demande une grande précision".

စာရင်းကိုင်– / sə`yiN kaiN-/ *v.* tenir les comptes ; > စာရင်းကိုင် /sə-`yiN KaiN/ *n.* comptable, *ex.* သမဝါယမဆိုင်အတွက် စာရင်းကိုင် တယောက်ခန့်တယ်။ "on a désigné un comptable pour la coopérative", *cl.* – ယောက်, – ဦး.

စာရင်းကျယ် / sə`yiN cɛ/ *n.* compte détaillé, *cl.* – ခု.

စာရင်းချ– / sə`yiN cha'-/ *v.* compter, calculer, *ex.* ဝယ်ခြမ်းလာတဲ့ပစ္စည်းတွေကိုစာရင်းချလို့ မပြီးနိုင်ဘူး။ "on ne vient pas à bout du compte des achats" (tellement ils sont nombreux).

စာရင်းချုပ်– / sə`yiN cho?-/ *v.* arrêter un compte, régler, liquider, faire le bilan, *ex.* တလကုန်လျှင် အသုံးစာရိတ်တွေကိုစာရင်းချုပ်ကြည့်ရမည်။ "nous arrêterons le compte des dépenses à la fin du mois" ; > စာရင်းချုပ် / sə`yiN CHo?/ *n.* compte définitif, bilan, *cl.* – ခု.

စာရင်းငှါး / sə`yiN `ŋa/ *n.* voir le mot စရင်းငှါး.

စာရင်းစက် / sə`yiN Sɛ?/ *n.* machine à calculer, calculatrice, *cl.* – လုံး, – လက်.

စာရင်းစစ်– / sə`yiN si?-/ *v.* vérifier des comptes, *ex.* ရုံးတိုင်းမှာတနှစ်တခါ စာရင်းစစ်ခြင်းပြုတယ်။ "dans les bureaux on procède annuellement à l'épurement des comptes ; > စာရင်းစစ် / sə`yiN Si?/ *n.* 1.

auditeur, *se dit aussi* ဩဒစ်တာ ; 2. expert comptable, *cl.* - ဦး, - ယောက်.

စာရင်းစစ်ချုပ် / səˋyiN Si? cho?/ *n.* auditeur général, *cl.* - ဦး.

စာရင်းစစ်အဖွဲ့ / səˋyiN Si? ?əphuɛ'/ *n.* corps des experts comptables, le service des experts comptables, *ex.* နှစ်ပတ်လည်စာရင်းစစ်ရန် စာရင်းစစ်အဖွဲ့လာတယ်။ "le service des experts comptables vient vérifier les comptes annuels", *cl.* - ဖွဲ့.

စာရင်းစစ်မှတ်ချက် /səˋyiN Si? ma? CHɛ?/ *n.* note de vérification de comptes, *cl.* - ခု.

စာရင်းစစ်ရုံး / səˋyiN Si? ˋyoN/ *n.* bureau des experts comptables, *cl*- ရုံး.

စာရင်းညှိ- /ṣəˋyiN ɲi'-/ *v.* être en équilibre en parlant de budget, > စာရင်းညှိခြင်း။ "équilibre du budget".

စာရင်းပိတ်- / səˋyiN pe?-/ *v.* arrêter les comptes.

စာရင်းဖွင့်- / səˋyiN phuiN'-/ *v.* ouvrir un compte.

စာရင်းရှင် /səˋyiN ʃiN/ *n.* compte ouvert, non bloqué, dont on peut disposer, *ex.* ဘဏ်တိုက်မှာ ငွေကို စာရင်းရှင်အပ်ထားတော့၊ ထုတ်ချင်တဲ့အခါ ထုတ်နိုင်တာပေါ့။ "quand on dépose de l'argent sur un compte en banque, on peut disposer de ses fonds quand on veut".

စာရင်းရှင်း- / səˋyiN ˋʃiN-/ *v.* 1. apurer les comptes ; 2. *sens fig.* régler un problèmes, une question, *ex.* ဒီတခါတော့ မင်းနဲ့အပြတ်စာရင်းရှင်းရမယ်။ "cette fois, il faut que je règle définitivement la question avec vous".

စာရင်းရှုပ်- / səˋyiN ʃo?-/ *v.* 1. être embrouillé, en parlant de comptes ; 2. être embrouillé, en parlant d'une question, *ex.* ဟာ ... စာရင်းရှုပ်ပါတယ်၊ ဒါမလုပ်ပါနဲ့။ "ah... c'est très embrouillé, ne vous en occupez pas !"

စာရင်းလိမ်- / səˋyiN leN-/ *v.* falsifier les comptes, truquer les comptes, *ex.* မရိုးသားသည့်အမှုထမ်းက ကုန်ကျစာရိတ်ကို စာရင်းလိမ်ပြသည်။ "le fonctionnaire malhonnête à truqué ses dépenses".

စာရင်းသွင်း- /səˋyiN ˋθuiN-/ *v.* mettre en compte, porter en compte.

စာရင်းအင်း /səˋyiN ˋ?iN/ *n.* statistique, *ex.* စာရင်းအင်းဌာန။ "bureau des statistiques", စာရင်းအင်းပညာ။ "science de la statistique".

စာရိတ် /səye?/ *n. poét. p.* conduite, moeurs.

စာရိတ္တ /sare?Ta/ *n.p.* conduite, moeurs, *ex.* ဝန်ထမ်းတွေ စာရိတ္တပျက်အောင် ဖျက်ဆီးနေကြတယ်။ "ils arrivent à corrompre les fonctionnaires"

စာရွက် /sa yuɛ?/ *n.* feuille de papier, *cl.* – ရွက်.

စာရွက်စာတမ်း /sa yuɛ? sa `TaN/ *n.* dossier, documents, *ex.* စာရွက်စာတမ်း ပြည့်စုံမှ ဝင်ခွင့်ပေးမယ်။ "vous serez admis seulement si le dossier est complet", *cl.* – ခု.

စာရွတ်– /sa yu?-/ *v.* réciter, lire à haute voix, *ex.* စာရတဲ့ ခလေးဟာ ကောင်းကောင်း စာရွတ်နိုင်တယ်။ "l'enfant qui maîtrise son texte peut très bien lire".

စာရှုသူ /sa ʃu' θu/ *n.* lecteur, *cl.* – ယောက်.

စာလေးပါး /sa `le `Pa/ *n. littéral.* les quatre lettres ; စ, ခ, ဗ, ဝ, utilisées dans un carré magique, *se dit aussi* စာမ, စမ.

စာလိုက်– /sa lai?-/ *v.* suivre des cours, suivre un enseignement, dans un monastère, *ex.* ဘုန်းကြီးကျောင်းမှာ စာလိုက်ရတယ်။ "je dois suivre un enseignement au monastère".

စာလုတ် *ou* စလုတ် /səlo?/ *n.* 1. glotte, pomme d'Adam ; 2. sorte de bateau très petit, *cl.* – စင်း.

စာလုံး /sa `loN/ *n.* lettre, mot, *cl.* – လုံး.

စာလုံးတလုံးချင်း /sa `loN tə`loN `CHiN/ *loc. adv.* mot à mot, *ex.* ဝါကျတခုလုံးကိုခြုံ၍ ဘာသာမပြန်ပါနဲ့၊ စာလုံးတလုံးချင်း ဘာသာပြန်ပေးပါ။ "ne traduisez pas toute la phrase dans son ensemble : traduisez mot-à-mot".

စာလုံးပေါင်း– /sa `loN `pɔN-/ *v.* 1. épeler ; 2. ânonner, *ex.* ကျောင်းသူလေး တယောက် စာလုံးပေါင်းဖတ်နေတယ်။ "un des écoliers ânonne".

စာလုံးပေါင်း /sa `loN `PɔN/ *n.* orthographe, graphie.

စာလုံးအရွယ် /sa `loN ?əyuɛ/ *n.* corps d'un caractère d'imprimerie, d'une lettre.

စာလှည့်– /sa ʅɛ'-/ *v.* réciter un texte appris longtemps auparavant, réciter de nouveau une vieille leçon, *ex.* အရင်တပတ်ကကျက်မှတ်ခဲ့တဲ့စာကို စာလှည့်နိုင်တယ်။ "il m'a fait réciter le texte appris la semaine dernière".

စာလွှာ /sa ʅua/ *n.* lettre, avis, texte à caractère informatif, *ex.* သူ့

အတွက် စာလွှာ ပါးလိုက်မယ်။ "vous emporterez une lettre pour lui", *cl.* -လွှာ, - စောင်.

စာဝါ /sa Ua/ *n. ornith. Plocella chrysaea, cf.* စာဘုန်းကြီး.

စာဝါ /sa Ua/*n.* instruction religieuse dispensée par les bonzes, au monastère, *ex.* ဒီဘုန်းကြီး တနေ့သုံးကြိမ် စာဝါချတယ်။ "ce phonji enseigne trois fois par jour", ဒီကျောင်းမှာ စာဝါလိုက်တဲ့ ဦးပဉ္ဇင်း ၁၀ ပါး ရှိတယ်။ "il y a dix novices qui suivent l'enseignement de ce monastère", *cl.* - ဝါ, - ကြိမ်.

စာဝင် /sa UIN/ *n.* témoin, *cl.* - ဦး, - ယောက်.

စာသ့ငယ် /sa θəŋɛ/ *n. cf.* စာသူငယ်.

စာသလေး /sa θəˋle/ *n. ornith. Passer sp., voir aussi* စာသူငယ်.

စာသဝဏ်(န်) /sa θəUN/ *n. bir.p.* lettre, avis, texte à caractère informatif, *cl.* - စောင် ; *écrit aussi* စာသဝန်.

စာသား /sa ˋθa/ *n.* texte, contenu d'un texte, *ex.* ဒီစာသားရဲ့ အဓိပ္ပါယ်အတော် လေးနက်တယ်။ "ce texte a un sens très profond".

စာသိ /sa θi'/ *n.* connaissance livresque, connaissance théorique, *ex.* စာသိ လောက်နဲ့ မပြီးဘူး၊ လက်တွေ့ လေ့လာရအုန်းမယ်။ "la théorie ne suffit pas, il faut aussi acquérir la pratique".

စာသူငယ် /sa θəŋɛ/ *n. ornith. Passer sp.* petit moineau.

စာသေ /sa θe/ *n.* lettre qui n'atteint pas son destinataire, lettre non parvenue à destination, non délivrée, *ex.* လိပ်စာရှင်ရှာမတွေ့တဲ့ စာတွေကို စာသေစာရင်းထဲထည့်ပါ။ "inscrivez sur le registre les lettres non délivrées, celles dont le destinataire est demeuré introuvable", *cl.* - စောင်.

စာသင် /sa θIN/ *n. dés.* agent de police gradé, sergent de police, *ex.* လမ်းမှာ စာသင်ပလိပ်တဦးနဲ့ တွေ့တယ်။ "j'ai rencontré un gradé de la police de la route", *cl.* - ဦး, - ယောက်.

စာသင်- /sa θin-/ *v.* étudier, en travaillant sur des textes.

စာသင်ကျောင်း /sa θIN ˋɔN/ *n.* école, *cl.* - ကျောင်း.

စာသင်ခန်း /sa θIN ˋKHaN/ *n.* classe, salle de classe, *cf.* - ခန်း.

စာသင်တိုက် /sa θIN Taʔ/*n.* école de bonzes, *ex.* စာသင်တိုက်မှာ ဘုန်းကြီး အပါး ငါးဆယ်ရှိတယ်။ "il y a cinquante bonzes dans cette école", *cl.* - တိုက်.

စာသင်တန်း /sa θiN `TaN/ *n.* classe, cours, *ex.* နားမလည်တာရှိရင်၊ စာသင်တန်းထဲမှာဆရာ့ကို မေးနိုင်ပါတယ်။ "si vous ne comprenez pas, vous pouvez interroger le maître au cours", *cl.* – တန်း.

စာသင်ပေး– /sa θiN `pe-/ *v.* enseigner la lecture et l'écriture.

စာသင်ဘက် /sa θiN PHɛʔ/ *n.* camarade d'école, condisciple, *ex.* ကျွန်ုပ်နဲ့ မောင်ဘနဲ့ တက္ကသိုလ်မှာ စာသင်ဘက်တဲ့။ "Maung Ba et moi étions condisciples à l'université", *cl.* – ယောက်.

စာသင်သား /sa θiN `θa/ *n.* écolier, *cl.* – ယောက်.

စာသိမ်းလုလင် /sa `θeN lu' liN/ *n.* postier chargé de ramasser le courrier, *cl.* – ယောက်.

စာသွား– /sa `θua-/ *v.* lire couramment, *ex.* ဒီကလေး စာသွားတယ်။ "cet enfant lit couramment".

စာသွား /sa `θua/ *n.* 1. paroles (d'une chanson), *ex.* ဒီသီချင်းစာသွား မကောင်းဘူး ။ "les paroles de cette chanson sont mauvaises", *cl.* – ပိုဒ်, – ပုဒ် ; 2. manière d'écrire, style.

စာသွားစာလာ /sa `θua sa La/ *n.* 1. manière d'écrire, style ; 2. correspondance, échange de lettres.

စာဟော– /sa `hɔ-/ *v.* réciter solennellement, dans une grande circonstance.

စာဟောဆရာ /sa `hɔ shəya/ *n.* (oiseau) *angl.* "saga teller".

စာဟောင်း /sa `hɔN/ *n.* texte ancien, grimoire, ouvrage ancien, *ex.* စာဟောင်းပေဟောင်းများကို မြတ်နိုးပါ။ "attachez le plus grand prix aux textes anciens, aux manuscrits", *cl.* – စောင် –အုပ်

စာအိတ် /sa ʔeʔ/ *n.* enveloppe (de lettre), *cl.* –လုံး.

စာအိတ်ခေါင်း /sa ʔeʔ `gɔN/ *n.* timbre, voir တံဆိပ်ခေါင်း , *ex.* တကျပ်တန် စာအိတ်ခေါင်း တလုံး ဝယ်ခဲ့ပါ။ "achetez un timbre d'un kyat", *cl.* –လုံး.

စာအုပ် /sa ʔoʔ/ *n.* livre, *ex.* ဒီစာအုပ်ကို ကောင်းကောင်း လေ့လာပါ။ "étudiez bien ce livre", *cl.* –အုပ်.

စာအုပ်ချုပ်– /sa ʔoʔ choʔ-/ *v.* relier des livres ; > စာအုပ်ချုပ်သမား /sa ʔoʔ choʔ θə`ma/ *n.* relieur, *cl.* – ဦး, – ယောက်.

စာအုပ်စာရင်း /sa ʔoʔ sə`yiN/ *n.* catalogue de livres, liste de livres, *cl.* – ခု.

စာအုပ်စင် /sa ʔoʔ SIN/ *n.* étagère, rayon pour les livres, *ex.* စာအုပ်စင်မှာစာအုပ်တွေစီထားပါ။ "rangez les livres sur les rayons", စာအုပ်စင်အခန်း။ "chronique des livres" (à la radio), *cl.* – ခု.

စာအံ – /sa ʔaN-/ *v.* répéter, rabâcher, apprendre par coeur, *ex.* ကလေးတွေ စာအံနေတာ ဆူညံနေတာဘဲ ။ "quel bruit font les enfants en apprenant tout haut !"

စား-/`sa-/ *v.* 1. manger, *ex.* ဒို့လိုဆင်းရဲသားချက်တဲ့ဟင်းကို စားပါ့မလား ။ "mangeront-ils une nourriture préparée par des pauvres comme nous ?" (သာဓု , အမိနာ , p. 172), စားမဝရောဂါ။ "boulimie" ; 2. ronger, attaquer, *ex.* သံချေးစားတယ်။ "c'est rongé par la rouille" ; 3. prendre au jeu (échecs, dames etc...), *ex.* မြင်းကို စားလိုက်ပါ။ "prenez le cavalier" ; 4. consommer, user, *ex.* ဒီကား ဓါတ်ဆီသိပ်စားတယ်။ "cette voiture consomme beaucoup", ဒီအရာရှိအင်မတန် လာဘ်စားတယ်။ "ce fonctionnaire prend beaucoup de pots-de-vin" ; 5. diviser, *ex.* နှစ်နဲ့စားလိုက်ရုံပေါ့။ "il suffit de diviser par deux" ; အစား , – စား /ʔə`sa/ /-ˇSa/*n.* 1. espèce, genre ; 2. tour, *ex.* သူ့အစားလဲ စဉ်းစားပါအုံး။ "pensez aussi à lui" ; substitut, remplaçant, *ex.* အမေဘယ်တော့မှ အစားမရနိုင်ဘူး ။ "personne ne peut jamais remplacer la mère".

– စား /-`Sa/ *v.e.* 1. manger *au sens fig.* nourrir son esprit, *in* စဉ်းစား– , *voir ce verbe* ; 2. user de, ou *sens dépendant du verbe qui précède, in :* ကုစား– , ခိုစား– , စီစား– , ပေးစား– , မွေးစား– , ဝတ်စား– , *voir ces verbes.*

စားကောင်းသောက်ဖွယ်/`sa `KɔN θɔʔ PHuɛ/ *n.* mets et boissons appétissants, excellents.

စားကိန်း/`sa `KeN/ *n. bir.p. arithm.* diviseur, *cl.* – ခု.

စားကုန်/`sa kON/ *n.* produits alimentaires, denrées périssables, *cl.* – ရပ် – မျိုး .

စားကုန်သောက်ကုန် /`sa KON θɔʔ KON/ *n.* ration alimentaire quotidienne, *ex.* ယခုတလော စားကုန်သောက်ကုန်တွေ ဈေးကျလာတယ်။ "à présent le prix des denrées alimentaires est en baisse".

စားကျေး /`sa `Ce/ *n. dés.* territoire sur lequel le droit de lever les impôts est accordé, par le roi, à..., *ex.* ဘုရင်ကြီးကလက်ဆွဲတော်ကို စားကျေး ပေးသနားတော်မူတယ်။ "le roi lui a fait cadeau d'un territoire".

· စားကျေးစားမက် /`sa `Ce `sa Mɛʔ/ *n*, *dés*. territoire rural dont les impôts sont affermés par le roi à...,

· စားကျေးစားလက် /`sa `Ce `sa Lɛʔ/ *n*. territoires sur lesquels le roi donne le droit à... de percevoir l'impôt.

· စားကျက် /`sa Cɛʔ/ *n*. 1. pâturage, pacage, *ex*. နွားစားကျက်ထဲမှာ နွားတွေကို လွှတ်ထားပါ။ "envoyez (mettez) les vaches dans le pâturage" ; 2. endroit favori (de quelqu'un), centre d'intérêt (de quelqu'un), *ex*. ပါရီ ၁၄ ရပ်ကွက်ဟာ ကျနော့်ရဲ့စားကျက်ဘဲ။ "le 14e arrondissement de Paris est mon quatier général" (ou "A Paris, le 14e arrondissement est mon quartier général").

· စားကျင်း /Sə `CĩN/ *n*. auge, mangeoire, *ex*. ဝက်တွေနွားတွေကို စားကျင်းထဲမှာ အစာကျွေးလေ့ရှိတယ်။ "d'habitude, on place la nourriture des porcs et des vaches dans une mangeoire, *cl*. – ခု – လုံး.

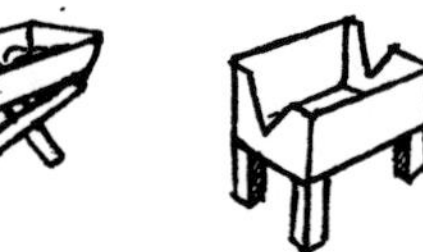

· စားကြည့်- /`sa ci'-/ *v*. goûter à (un aliment).

· စားကွက်စားကျက် /`sa Kuɛʔ `sa Cɛʔ/ *n*. aire de subsistance, territoire de chasse, pâturage, *cl*. – ရပ်.

· စားကြွေးသောက်ကြွေး /`sa `Cue θɔʔ `Cue/ *n*. crédit ou dettes pour les vivres, pour l'alimentation.

· စားကြွင်း /`sa ·cuiN/ *n*.1. reliefs de nourriture, restes, *ex*. စားကြွင်းတွေကို လွှင့်မပစ်ပဲ သူတောင်းစားတွေကို ခွဲနှံ့ကြလိုက်ပါ။ "ne jetez pas les restes, donnez-les aux mendiants" ; 2. *arithm*. reste d'une division.

· စားချင့် /sə chĩN'/ *n*. renvoi, rot, *cl*. – ချက်.

· စားခြေ /`Sa CHe/ *n*. *arithm*. diviseur, *se dit aussi* စားကိန်း.

· စားခွက် /sə KHuɛʔ/ *n*. écuelle, bol à nourriture, récipient dans lequel on mange, *cl*. – ခွက်.

· စားခွက်စားယောက် /`sa KHuɛʔ `sa yɔʔ/ *n*. vaisselle, ustensiles avec lesquels on mange.

· စားခွက်လု- /`sa KHuɛʔ lu'-/ *v*. être en compétition pour un poste, pour une place, *ex*. စာရေးနှစ်ယောက်ဟာ စားခွက်လုပြီး ရန်ဖြစ်ကြတယ်။

"comme les deux secrétaires étaient en compétition pour un poste ils se sont fâchés".

စားစရာ /`sa Səya/ *n.* nourriture, aliments, *ex.* စားစရာ ပေါ်ပေမဲ့ နေစရာ ရှားတယ်။ "les vivres ne manquent pas, mais on trouve difficilement à se loger".

စားစရိတ် /`sa Səye?/ *n.* dépense en nourriture, prix des repas ; pension alimentaire, *ex.* သူခင်ပွန်းနှင့်ကွာရှင်းပြီး ကလေးစားစရိတ် ရတယ်။ "elle a une pension alimentaire pour les enfants car elle est séparée de son mari".

စားစု /`sa Su'/ *n.* part allouée à quelqu'un, part à laquelle quelqu'un a droit, *cl.* – စု .

စားဆေး /`sa `SHe/ *n.* 1. *terme techn.* produit caustique, *se dit plutôt* လောင်စားဆေး ; végétaux, feuilles ayant des propriétés caustiques, comme la feuille de bétel, *ex.* သူ့ကြွက်နို့ကို စားဆေးတင်ပြီး စားသွားအောင်လုပ်တယ်။ "on a fait disparaître des verrues avec une application caustique" ; 2. médicament à prendre par voie buccale ; médicament en général, *ex.* သူ့ရောဂါကို စားဆေးလိမ်းဆေးနှစ်မျိုး လုံးနဲ့ကုမှ ရမယ်။ "on ne pourra soigner sa maladie qu'avec deux médications : par voie buccale et externe".

စားဆော်ဒါ /`sa shɔda/ *ou* ဘိတ်ကင် ပေါင်ဒါ *n.angl.* levure chimique.

စားတဲချ- /sə`Tɛ cha'-/ *v.* faire halte, *ex.* သူလာရင် ကျွန်တော့်အိမ်မှာ စားတဲချ နေကျဘဲ။ "quand il vient, bien sûr il fait halte chez moi".

စားတော် /`sa Tɔ/ *n.* nourriture royale, aliments royaux, repas royal, *cl.* – ပွဲ .

စားတော်ကဲ/ SəTɔ`Kɛ/ *n.* chef cuisinier royal, *cl.* – ဦး .

စားတော်ခေါ်- /SəTɔ khɔ-/ *v.* prendre son repas, manger, *en parlant d'un roi, ex.* ရှင်ဘုရင် စားတော်ခေါ် ပြီးပြီ။ "le roi a fini son repas".

စားတော်ခံမွေး /`sa Tɔ khaɴ `mue/ *n.* poils de barbe poussant au menton, partie de la barbe qui pousse au menton, *cl.* – စု .

စားတော်ချက် / SəTɔ CHɛ?/ *n.* cuisinier royal, *cl.* – ဦး .

စားတော်ဆက် /`sa Tɔ SHɛ?/ *n.* serveur, dans un palais, *cl.* – ဦး .

စားတော်တိုက်-/`sa Tɔ tai?-/ *v.* offrir de la nourriture aux nats (génies), *ex.* သူတို့အိမ်မှာ ၃၇ မင်းနတ်စားတော်တိုက်ပွဲရှိတယ်။ "il y a une fête des 37 nats chez eux".

စားတော်ပဲ /SəTɔ `Pɛ/ *n.* pois chiche, *ex.* စားတော်ပဲပြုတ်နဲ့ထမင်းစားပါ။ "mangez du riz aux pois bouillis".

စားတော်ပို့ /SəTɔ po'/ *n.* personne faisant le service de la table royale,, *cl.* -ဦး.

စားတော်ဝန် /SəTɔ UN/ *n.* chef de l'approvisionnement et du service de la bouche, à la cour, *cl.* -ဦး.

စားနေကျကြောင်ဘား /`sa ne Ca' `cɔN `PHa/ *n.* profiteur sans scrupules, intrigant malhonnête.

စားနက် /`sa Nɛʔ/ *n.* territoire sur les revenus duquel un fonctionnaire royal vit, territoire apanagé, *ex.* ဒီရွာဟာမြို့ဝန်မင်းရဲ့စားနက်ဖြစ်တယ်။ "ce village est donné en apanage au maire".

စားနပ်ရိက္ခာ /`sa Na yeʔ KHa/ *n.* conserves, provisions de longue conservation.

စားနုပ် /`sa NOʔ/ *ou* စားနုပ်စားပေါက် /`sa NOʔ `ya Pɔʔ/ *n.* restes, reliefs de nourriture, *ex.* သူတောင်းစားဟာ စားနုပ်စားပေါက် ကောက်စားနေရတယ်။ "le mendiant doit vivre des restes de nourriture qu'il ramasse".

စားပိုးနင့်- /Sə `Po nIN'-/ *v.* être oppressé d'avoir trop mangé, être étouffé par la nourriture, *ex.* သူအသက်ရှုအကျပ်စားလိုက်လို့၊ စားပိုးနင့်နေတယ်။ "il est gêné pour respirer tellement il a mangé".

စားပေါက် /`sa Pɔʔ/ *n.* bonne occasion, chance qui se présente, *ex.* သူ့စားပေါက် ပိတ်သွားပြီ။ "il n'a plus de chance", သူမရိုးသားတဲ့စိတ်နဲ့ စားပေါက်ရှာနေတာပဲ။ "il cherche une occasion, avec des idées derrière la tête".

စားပေါက်စားလမ်း /`sa Pɔʔ `sa `LaN/ *n.* bonne occasion, chance, *ex.* သူလိမ်တာကိုလူတွေသိကုန်လို့စားပေါက်စားလမ်းသိပ်မရှိတော့ဘူး ။ "il n'a plus guère de chances car les gens savant qu'il est rusé".

စားပွဲ /`sa `Puɛ/ *n.* *rare seul,* repas, *ex.* သူမြန်မာပြည်ပြန်လာလို့စားပွဲသောက်ပွဲနဲ့ဧည့်ခံတယ်။ "à son retour en Birmanie, nous l'avons invité à déjeuner".

စားပွဲ / Sə`Puɛ/ *n.* 1. table pour manger ; 2. table en général, *cl.* -လုံး, -ခု.

စားပွဲခင်း /Sə`Puɛ `KHIN/ *n.* nappe (de table), *cl.* –ထည် .

စားပွဲခုံ / Sə`Puɛ KHON/ *n.* table, *cl.* – ခုံ , – လုံး .

စားပွဲဇွန်း / Sə`Puɛ `ZUN/ *n.* 1. cuiller de table ; 2. couverts, argenterie, *cl.* – ချောင်း .

စားပွဲတင်တင်းနစ် / Sə`Puɛ TIN tɛʔNIʔ/ *n. bir. angl.* tennis de table, ping-pong.

စားပွဲတင်နာရီ / Sə`Puɛ TIN nayi/ *n.* pendule, réveil, *cl.* –လုံး.

စားပွဲတင်ပန်ကာ / Sə`Puɛ TIN paNka/ *n. bir. ind.* petit ventilateur portatif, sur pied, *cl.* –လုံး .

စားပွဲတင်မီးအိမ် / Sə`Puɛ TIN `mi ʔeN/ *n.* lampe de table, lampe de chevet, *cl.* –လုံး .

စားပွဲထိုး– / Sə`Puɛ `tho-/ *v.* servir à table.

စားပွဲထိုး /Sə`Puɛ `THo/ *n.* garçon ou serveuse (de restaurant), personne qui sert à table, *ex.* အင်းယားလိတ်ဟိုတယ်မှာ စားပွဲထိုး တွေ အများကြီး ရှိတယ်။ "il y a beaucoup de garçons à l'hôtel "Inya Lake", *cl.* – ယောက် .

စားပွဲထိုင်– / Sə`Puɛ thaiN-/ *v.* festoyer, prendre part à un repas de cérémonie.

စားပွဲထိန်း / Sə`Puɛ `THeN/ *n.* organisateur des repas, maître d'hôtel, *cl.* – ယောက် .

စားပွဲဓား / Sə`Puɛ `da/ *n.* couteau de table, *cl.* – ချောင်း , –လက် .

စားပွဲနိမ့် / Sə`Puɛ neN'/ *n.* table basse, *cl.* –လုံး .

စားပွဲပု / Sə`Puɛ pu'/ *n.* table basse, *cl.* –လုံး .

စားပွဲရှောက်– /`sa `Puɛ ʃɔʔ-/ *v.* 1. *sens pr.* desservir, retirer les plats ; 2. *sens fig.* disparaître, en parlant d'une occasion, d'une chance, de ressources, *ex.* သူလိမ်တာ လူတွေနားလည်သွားလို့ သူ့အဖို့ စားပွဲရှောက်သွားပြီ။ "il a perdu ses chances car les gens ont compris qu'il était rusé", အလုပ်အကိုင်မရှိရင်တော့ စားပွဲရှောက်တော့မှာပဲ။ "quand on n'a plus de travail, on n'a plus de ressources".

စားပွဲရုံ /`sa `Puɛ yON/ *n.* restaurant, hôtel-restaurant, crèmerie, café-restaurant, *cl.* – ရုံ .

စားဖို / səPHo/ *n.* foyer de cuisine, fourneau de cuisine, cuisinière, *cl.*–လုံး.

စားဖိုဆောင် /səPHo SHɔN/ *n.* cuisine ; pièce où l'on cuisine, *cl.* ခန်း, -လုံး.

စားဖိုမှူး /səPHo `hmu/ *n.* chef (de cuisine), *cl.* - ယောက်, - ဦး.

စားဖိုသည် /SəPHo θɛ/ *n.* cuisinier, *cl.* - ယောက်, - ဦး.

စားဖွယ် /`sa PHuɛ/ *n.* victuailles, aliments.

စားဖွယ်သောက်ဖွယ် /`sa PHuɛ θɔʔ PHuɛ/ *n.* aliments, victuailles et boissons.

စားဘား *ou* စားဖား /`sa `PHa/ *n.* profiteur rusé et sans scrupules, personne rusée et rapace, intrigant, *ex.* သူက တော်တော့လူလည် စားဖါးကြီးပဲ။ အခွင့်အရေးမှန်သမျှမလွတ်တမ်းယူမှာပဲ။ "c'est un profiteur qui trompe son prochain, il ne laisse échapper aucune occasion".

စားဘွယ်သောက်ဘွယ် /`sa PHuɛ θɔʔ PHuɛ/ *n.* *cf.* စားဖွယ်သောက်ဖွယ်.

စားဘွယ်သောက်ရာ /`sa PHuɛ θɔʔ ya/ *n.* *dés.* victuailles et boissons.

စားမဝင်အိပ်မပျော်- /`sa mə UiN ʔeʔ mə pyɔ-/ *v.* être extrêmement préoccupé, au point d'en perdre (le boire et) le manger, ainsi que le sommeil.

စားမိုး /`sa `Mo/ *n.* pluies coïncidant avec le moment où le paddy lève, importantes pour le rendement futur : pluie nourricière.

စားမိုးစားမြေ /`sa `Mo `sa myi/ *n.* terres concédées par le roi pour assurer la subsistance du bénéficiaire , haut fonctionnaire qui en percevra les revenus, sorte d'apanage, de ferme, *ex.* အမတ်ကြီးမှာသူ၏စားမိုးစားမြေတွေကိုအားလုံးဘုရားကိုလှူလိုက်တယ်။ "quant au ministre, il fit don à la pagode de toutes ses 'fermes' ".

စားမာန် /səmaN/ *n.* grondement de colère d'animaux, *graphie mod.* စမာန် , *voir ce mot.*

စားမြိန်စာ / SəmyeN Sa/ / SəmeN Sa/ *n.* casse-croûte, en-cas.

စားမြုံ့ပြန်- /səmyoN' pyaN-/ *v.* 1. *sens pr.* ruminer ; 2. ruminer, *sens fig.* ressasser, *ex.* သူပါရီမှာနေခဲ့တာတွေကိုစားမြုံ့ပြန်နေတယ်။ 'Il ressassait les souvenirs de son séjour à Paris".

စားရမဲ့သောက်ရမဲ့ /`sa ya' Mɛ' θɔʔ ya' Mɛ'/ *n.* absence de vivres, absence de provisions.

စားရေရိက္ခာ /`sa ye yeʔKHa/ *n.* réserves alimentaires, réserves en vivres.

စားရေးသောက်ငန်း/ `sa `ye θɔʔ `ŋaN /*n.* alimentation, ravitaillement, *ex.* ကျွန်တော်ခင်ဗျားတို့ရွာကိုလာချင်ပါတယ်။ စားရေးသောက်ငန်း လွယ်ကူပါ့

မလား ။ "je voudrais aller dans votre village ; le ravitaillement y sera-t-il facile ?"

စားရိုးစားဖတ် /\`sa \`yo \`sa PHa?/ *n.* déchets de nourriture : os, etc...

စားရိုးမြေ /\`sa \`yo mye/ *n.* terres héréditaires données une fois pour toutes par le roi, *cl.* -ကွက်.

စားရိတ် *ou* စရိတ် /Səye?/ *n.* 1. *cf.* စရိတ် ; 2. prix d'un repas, dépense en nourriture.

စားရိတ်ခံ- /səye? khaN-/ *v.* payer la nourriture, assurer la subsistance, *ex.* ကျွန်တော်ပြင်သစ်ပြည်ကိုလာဖို့ အစိုးရက စရိတ်ခံတယ်။ "Le gouvernement assure ma subsistance quand je viens en France".

စားလဒ် *ou* စားလာဒ် /\`sala?/ *n.* *bir.p.*, *arithm.* quotient, *même sens que* ရလဒ်.

စားလမ်း /\`sa \`laN/ *n.* chance offerte, occasion dont on tire profit, *ex.* လူလိမ်တွေဟာအမြဲစားလမ်းကိုရှာဖွေနေတာပဲ။ "certes les malins sont toujours à la recherche d'une occasion", *cl.*-လမ်း , -ခု.

စားသောက်- /\`sa θɔ?-/ *v.* s'alimenter, se sustenter.

စားသောက်ဆိုင်/\`sa θɔ? SHaiN/ *n.* restaurant, *terme qui tend à supplanter, en 1978, le terme* ထမင်းဆိုင် , *cl.* -ဆိုင်.

စားသုံး- /\`sa \`θON-/ *v.* consommer ; > စားသုံးသူ /\`sa \`θON θu/ *n.* consommateur, *cl.* -ဦး,-ယောက် ; > စားသုံးသူသမဝါယမ /\`sa \`θON θu ma' Uayama'/ *n.* coopérative de consommation, *cl.* -ခု.

စားအတူ /\`sa ʔətu/ *n.* compagnon de table, commensal hatibuel ; commensalité, *ex.* စားအတူသွားအတူဖြစ်ကြပြီး ... ။ "étant compagnons de route et de table..."

စားဦး /\`sa \`ʔu/ *n.* premier service d'un repas : le service que l'on fait en premier aux personnes âgées, ou respectable pour une quelconque raison, *ex.* မိဘနှစ်ပါးကိုစားဦးကျွေးပြီးမှ ကျမတို့စားကြတယ်။ "nous mangerons après que le repas ait été servi aux parents".

စားဦးစားဖျား /\`sa \`ʔu \`sa \`PHya/ *n.* premier service d'un repas : aux personnes respectables, *ex.* မိဘတွေကိုစားဦးစားဖျား ပို့ပေးသင့်တယ်။ "il convient de servir le repas aux parents, en premier".

စားအိုးစားခွက် /'sa \`ʔo \`sa KHuɛ?/ *n.* batterie de cuisine, ustensiles de cuisine.

စားအိမ်သောက်အိမ် /ˋsa ʔeɴ θɔʔ ʔeɴ/ *n.* maison d'amis très intimes, chez lesquels on peut manger et boire n'importe quand sans avoir été invité, maison amie où l'on est comme chez soi, *ex.* ကျွန်တော့်ဆရာ့အိမ် က တော့ ကျနော်တို့စားအိမ်သောက်အိမ်ပါပဲ။ "chez mon maître, bien sûr, je me sens comme chez moi".

စိစိ /si' Si'/ *n. onomat.* petit cri aigu, couinement ; crissement léger, comme celui de la mousse de savon etc...

စိစိ /si' Si'/ *n. adv.* 1. durablement, de façon dense, serrée, avec une certaine tension élastique : comme celle de la peau sur un abcès ; 2. sûrement, avec certitude, exactitude,; 3. en tout petits morceaux, menu *(emploi advervial en français).*

စိစိကျစ်ကျစ် /si' Si' caʔ Caʔ/ *n. adv.* durablement, solidement.

စိစိစက်စက် /si' Si' sɛʔ Sɛʔ/ *n. adv.* (avec) élasticité, souplesse, *ex.* ကလေးဟာ ရွှံ့တွေကို စိစိစက်စက်နယ်နေတယ်။ "l'enfant pétrit l'argile jusqu'à ce qu'elle soit souple".

စိစိညက်ညက် /si' Si' ɲɛ ɲɛʔ/ *n. adv.* en poudre, haché menu.

စိစိမွမွ /si' Si' mua' Mua'/ *n. adv.* en menus morceaux, en menus débris, *ex.* ပန်းကန်လုံးအောက်ကိုကျသွားတာ စိစိမွမွကြေသွားတာပဲ။ "voilà l'assiette réduite en miettes par sa chute".

စိစိရုဒ်ရုဒ် /si' Si' yuʔ yuʔ/ *n. adv. litt.* solidement, durablement ; sans laisser échapper.

စိစိဝါးဝါး /si' Si' ˋUa ˋUa/ *n. adv. litt.* profondément ; de façon sûre.

စိစစ်- /si' siʔ-/ *v.* examiner ; observer attentivement, de près ; > စိစစ်ခြင်း /si Siʔ ˋCHiɴ/ *n.* analyse.

စိစွက်- /si' suʔ-/ *v.* se mêler à, se joindre à, intervenir dans, *ex.* အစ်မကြီးက သူတို့လင်မယားကိစ္စမှာ စိစွက်ဝင်ပြီး ညွှန်ကြားပေးနေတယ်။ "la soeur aînée commande, se mêlant des affaires du ménage".

စီ- /si-/ *v.* 1. ranger, aligner ; 2. aligner soigneusement les lettres, en écrivant ; *typographie,* composer ; 3. être bruyant et continu, en parlant de son, de paroles.

-စီ /-Si/ *distributif,* chaque, chacun, *souvent employé après un classificateur, ex.* တကျပ်စီ။ "un kyat chacun", ရွာသားတယောက်မှာနွားတကောင်စီရှိပါတယ်။ "chaque villageois a une vache", ကိုယ်စီကိုယ်ငှ

ကားနဲ့လာကြတယ်။ "chacun est venu avec sa propre voiture", အမျှအသစိ ဝေပေးတယ်။ "on a partagé en parts égales".

စိကာစဉ်ကာ /si Ka siN Ka/ *n. adv.* (en) succession, l'un après l'autre, d'un bout à l'autre, *ex.* တချို့လူများဟာ ရုပ်ရှင်ဇာတ်လမ်းကို စိကာစဉ်ကာ ပြောပတတ်တယ်။ "certaines personnes sont capables de raconter un scénario de film d'un bout à l'autre".

စိကာပတ်ကုံး /si Ka pa? `KON/ *n. adv.* en bon ordre, complètement et avec agrément, intérêt, *ex.* သူ တွေ့ကြုံခဲ့သမျှကို စိကာပတ်ကုံး ပြောပြနေတယ်။ "il a relaté toutes ses expériences de façon complète et vivante".

စိကုံး-/si `KON-/ *v.* structurer et lier un texte, un discours ; agencer pertinemment un texte, un discours ; composer (texte, discours).

စိကွပ်-/si ku?-/ *v.* sertir (des pierres), incruster de pierres, *ex.* ဘုရင်မကိုဋ်တော်ကို ကျောက်မျက်များနဲ့ စိကွပ်ထားတယ်။ "la couronne du roi est incrustée de pierres précieuses".

စိခင်း-/si `khiN-/ *v.* arranger harmonieusement, composer un arrangement.

စိခတ်-/si kha?-/ *v.* incruster de pierres précieuses, *ex.* ဘယက်မှာ ပတ္တမြားတွေ စိခတ်ထားတယ်။ "le collier est incrusté de rubis".

စိခြယ်- /si chɛ-/ *v.* incruster de pierres, sertir , *ex.* လက်စွပ်ကို မြနဲ့ စိခြယ်ထားတယ်။ "l'anneau est orné d'une émeraude".

စိစိ /si Si/ *n.* 1. bruit fort, caractère bruyant ; 2. (en) masse.

စိစိကျက်ကျက် /si Si ce? Cɛ?/ *n. adv.* bruyamment, *ex.* သူတို့မောင်နှမ စိစိကျက်ကျက် နဲ့ရန်ဖြစ်ကြတယ်။ "le frère et la soeur se querellèrent bruyamment".

စိစိကျွက်ကျွက် /si Si cuɛ? Cuɛ?/ *n. adv.* bruyamment.

စိစိညံညံ /si Si ɲaN ƝaN/ *n. adv.* bruyamment.

စိစိပွက်ပွက် /si Si puɛ? Puɛ?/ *n. adv.* bruyamment.

စိစိဖြုဖြု /si Si phya' PHya'/ *n. adv.* avec bruit et en masse, *ex.* ပွဲတော်ကို တရွာလုံး စိစိဖြုဖြုလာကြတယ်။ "tout le village s'est rendu à la fête, en foule bruyante".

စိစိလျှင်လျှင် /si Si liN LiN/ *n. adv.* ensemble bien lié, bien uni (du commencement à la fin), *ex.* ရာဇဝင်ဖြစ်ရပ်တွေကို စိစိလျှင်လျှင် ပြောပြတတ်ဖို့လိုတယ်။ "il faut savoir exposer les évènements historiques en les reliant les uns aux autres d'un bout à l'autre".

စိစိသဲသဲ /si Si `θɛ `θɛ/ *n*, *adv*. bruyamment.

စီစဉ်- /si SIN-/ *v*. arranger, préparer, organiser ; > စီစဉ်ချက် /si SIN CHɛʔ/ *n*. arrangement, organisation d'un travail, d'une entreprise, d'une affaire, *ex*. စီးကရက်တင်ပို့ရောင်းချနိုင်ရန် စီစဉ်ချက်အရ "d'après la façon dont sont organisées l'expédition et la vente des cigarettes..." (ကြေးမုံ , 21, 7, 73).

စီစဉ်ညွှန်ကြားသူ /si SIN ɲuN `Ca θu/ *n*. directeur, chef, *cl*. - ဦး.

စီစဉ်ရေးသား- /si SIN `ye `θa-/ *v*. composer un livre, un texte, écrire.

စီတင်း /si `tIN/ *n*. carte(plaque)de jeu à 7 points ; > စီတင်းဖြောင့် /si `TIN phyɔN'/ *n*. carte à dessin droit ; > စီတင်းကောက် /si `TIN Kɔʔ/ *n*. carte à dessin courbe ; *cf*. - ကတ်.

စီတန့်- /si taN'-/ *v*. orner de pierres précieuses.

စီတန်း /si `taN-/ *v*. mettre côte à côte, *ou* l'un derrière l'autre, aligner, mettre en rang.

စီနီမာ /sinima/ *n*. *angl*. cinéma (salle de), *cl*. - ရုံ.

စီနှစ် /si niʔ-/ *v*. *arch*. incruster de pierres précieuses, rehausser de pierres précieuses.

စီဖိုး /si `PHo/ *n*.(*angl*. c: "four") variété de paddy qui a besoin d'engrais mais qui rend quarante fois la quantité de semence ; il est mûr fin novembre, *ex*. အထွက်တိုးအောင် စီဖိုးစပါး တွေစိုက်ကြတယ်။ "on a semé du "C. four" pour augmenter le rendement".

စီမံ /si maN-/ *v*. organiser, préparer, *ex*. နှင်းသီးဗူး ဖြစ်အောင် လိုင်ချီးသီးကို စီမံတတ်သည်။ "elle savait s'arranger pour présenter une boîte de longam en lichis" ; entreprendre ; > စီမံချက် /si MaN CHɛʔ/ *n*. arrangements, organisation, *cl*. - ခု.

စီမံကိန်း /si MaN `KeN/ *n*. plan, planning, projet, *ex*. စီးပွားရေးအနှစ် ၂၀ စီမံကိန်းကို အကောင်အထည်ဖော်နေကြတယ်။ "on est en train de réaliser un plan économique de vingt ans", *cl*. - ခု.

စီမံခန့်ခွဲ /si maN khaN' `KHuɛ-/ *v*. gérer.

စီမံခန့်ခွဲရေး /si MaN `khaN KHuɛʔ `ye/ *n*. gestion, administration ; > စီမံခန့်ခွဲရေး

နှင့်လူမှုရေး/`si MaN khan' KHuɛ? `ye ŋɛ' lu Mu' `ye/*n.* questions administratives et sociales, *ex.* ဒီအစီရင်ခံစာကို စီးပွါးရေး၊ စီမံခန့်ခွဲရေး နှင့်လူမှုရေး၊ နိုင်ငံခြားရေး ဟူ၍ အပိုင်းသုံးပိုင်းခွဲခြားပြီး "les rapports sont divisés en trois parties : économie, questions administratives et sociales et politique étrangère"(ကြေးမုံ 17.9.74)

စီမံမှု /si MaN Mu'/ *n.* planning, organisation, *cl.* – ရပ်.

စီရရီ /si yəyi/ *n. adv.* à la suite les uns des autres, et en grand nombre, *ex.* ဧည့်သည်တွေ စီရရီ ရောက်လာကြတော့တယ်။ "les invités sont arrivés les uns après les autres sans discontinuer"; 2. avec abondance, en foisonnant.

စီရင်- /si yiN-/ *v.* 1. agir, en parlant d'une action complète, organisée ; rendre (une sentence), exécuter (une sentence de mort) ; 2. organiser un travail, assumer la responsabilité d'un travail.

စီရင်ခင်း /si yiN `khiN/ *n.* tâche, affaire, *ex.* စီရင်ခင်း စီရင်ဖွယ်ရှိသမျှကို ကျေပြွန်အောင် ဆောင်ရွက်ထားပါ။ "faites tout votre possible pour accomplir vos tâches", *cl.* – ခု.

စီရင်ချက် /si yiN CHɛ?/ *n.* sentence, décision d'un juge, jugement, *cl.*–ရပ်,–ခု.

စီရင်စု /si yiN Su'/ *n. dés.* district, *cl.* – ခု.

စီရင်ထုံး /si yiN `TON/ *n.* jugement constituant un précédent, *ex.* ဒီအမှုမှာ အရင်က စီရင်ထုံးကိုလိုက်ပြီး လျှောက်လဲ ချက် ပေးသင့်တယ်။ "dans cette affaire il convient de fournir en réponse une argumentation conforme au jugement rendu précédemment", *cl.* – ခု, – ရပ်.

စီရင်ဆုံးဖြတ်ချက် /si yiN `shON phya? CHɛ?/ *n.* arbitrage, sentence, décision, *cl.* – ရပ်, – ခု.

စီရပ် /si ga?/ *n.* esplanade, place, espace découvert et libre, où peuvent se réunir, s'aligner, se ranger un grand nombre de personnes, *ex.* စီရပ်မှာလူစုံတဲ့အခါ၊ နိုင်ငံတော်အလံကိုအလေးပြုကြတယ်။ "quand les gens furent réunis sur l'esplanade, ils saluèrent le drapeau national", *cl.* – ခု.

စီလောင်မလောင် /si LɔN ma LɔN/ *n. adv.* bruyamment, *ex.* သူတို့လင်မယား ရန်ဖြစ်တဲ့အခါ စီလောင်မလောင် ပြောကြဆိုကြ ရန်တွေ့ကြတယ်။ "quand ce ménage se querelle, que leur dispute est bruyante !";

စီး– /`si-/ 1.*v.i.* utiliser un véhicule, monter (un cheval etc...), *ex.* မြင်း

စီးတယ်။ "je vais à cheval", ဘတ်(စ်)စီးတယ်။ "je voyage en bus", သင်္ဘောစီးတယ်။ "je voyage en bateau" ; 2. porter aux pieds, avoir aux pieds, *ex.* ဖိနပ်စီးပါ။ "gardez vos chaussures aux pieds" ; 3. venir par dessus, passer devant, devancer, dépasser ; 4. s'emparer de (ville, village etc...) occuper par la force, *ex.* သူပုန်တွေကမြို့ကိုဝင်စီးကြတယ်။ "les brigands ont pris la ville" ; 5. être possédé par (un démon).

စီး- /`si-/ 2.*v.*1. couler, s'écouler (normalement) ; 2. être fort et rapide, en parlant d'un courant.

စီး- /`si-/ 3. *v.* être prospère, etre abondant, avoir une grande renommée ; écrit plutôt : စည်း- ,*cf.* စီးပွားရေး *n.* économie.

-စီး/-`si/ *cl.* véhicule, monture, *ex.* ကားတစီး။ "une voiture", လေယာဉ်ပျံတစီး။ "un avion", လှေတစီး။ "un bateau", မြင်းတစီး။ "un cheval".

စီးကရက် /`siKərɛʔ/ *n. angl.* cigarette, *ex.* စီးကရက်အလိပ်နှစ်ဆယ်လောက်ထင်ရတယ်။ "il semblait correspondre à vingt cigarettes", *cl.* -လိပ်, -ဗူး (boîte de) ; > စီးကရက်ဗူးပြား /`siKərɛʔ `bu `pya/ *n.* étui à cigarettes, *ex.* ဒီစီးကရက်ဗူးပြားထဲမှာ စီးကရက်အလိပ်နှစ်ဆယ်လောက် ဆံ့မယ်ထင်တယ်။ "dans cet étui il semble tenir une vingtaine de cigarettes".

စီးကျ- /`si ca-/ *v.* couler de, tomber de, en coulant, *ex.* သွားရည်တမြိုင်မြိုင် စီးကျနေတယ်။ "sa salive coulait sans discontinuer" (ရခိုင်ကျေးလက်ပုံပြင် , p. 113).

စီးကြောင်း /`si `CɔN/ *n.* flot, écoulement, coulée de, filet de (liquide), *ex.* နွေအခါမှာရေခန်းခြောက်သွားပြီးရေစီးကြောင်းသာကျန်တော့တယ်။ "en été, il ne reste plus qu'un filet d'eau quand la rivière est à sec", *cl.* -ကြောင်း.

စီးချင်း /`si `CHiN/ *n.* tournoi équestre, *cl.* -ရပ်.

စီးချင်းတိုက်- /`si `CHiN taiʔ-/ *v.* se battre à cheval (dans un tournoi), > စီးချင်းတိုက်ပွဲ /`si `CHiN taiʔ `Puɛ/ *n.* tournoi équestre, *cl.* -ပွဲ, -ရပ်.

စီးချင်းထိုး- /`si `CHiN `tho-/ *v.* se battre en combat singulier, à cheval, *ex.* ရာဇာဓိရာဇ်နဲ့ဘုရင်မင်းခေါင်တို့စီးချင်းထိုးခဲ့ကြဘူးသလား။ "Razadirit et le roi Mingaung ne se sont-ils pas battus en combat singulier ?"

စီးစောင်း /`si `SɔN/ *n. adv.* en biais, obliquement, en parlant du regard, *ex.* ကိုယ်နဲ့မတည့်တဲ့လူကို စီးစောင်းတောင်မကြည့်လျင်ဘူး။ "quand on ne s'entend pas avec quelqu'un, on ne peut pas le regarder, même du coin de l'oeil".

စီးဆင်း– /`sì `SHÌN-/ /`sì `shìN-/ *v.* couler, en parlant d'un cours d'eau.

စီးတစောင်း /`si tə`SɔN/ *n. adv.* en biais, obliquement, en parlant du regard, *cf.* တစေ့တစောင်း , တစိတစောင်း .

စီးတော်ယာဉ် /`si Tɔ yìN/ *n.* véhicule ou monture de divinité, de génie, *ex.* ဦးရှင်ကြီးရဲ့စီးတော်ယာဉ်ဟာကျားဖြစ်တယ်လို့ဆိုကြတယ်။ "on dit que la monture de U Shin Gyi est un tigre", *cl.* – ကောင် (animal), – စီး (véhicule).

စီးနင်း– /`si `nìN-/ *v.* 1., 2. *même sens que* စီး – 1.et 2. ; 3. avoir de l'autorité sur, se faire écouter, *ex.* သူဟာစကားပြောရင်တဖက်သား ကိုအင်မတန်စီးနင်းတယ်။ "quand il parle, il a beaucoup d'autorité sur les autres" ; 4. *même sens que* စီး– 4.

စီးနှီး /`si `n̥i/ *n.* bâche de voiture, *cl.* – ထည်.

စီးပိုး– /`si `po-/ *v.* 1. porter un enfant sur ses épaules, être porté sur les épaules ; 2. opprimer, commettre des abus, *ex.* ချမ်းသာတဲ့လူက သူများ အိမ်ကဟင်းသီးဟင်းရွက်ကိုအလကား လိုချင်တာဟာ စီးပိုးရာကျတယ်။ "c'est un abus, de la part d'un homme riche, de vouloir gratuitement les légumes de chez quelqu'un d'autre" ; 3. accabler de travail, être accablé de travail.

စီးပွား– /`si `pua-/ *v.* prospérer ; > စီးပွား /`si `Pua/ *n.* richesses ; prospérité, bénéfice.

စီးပွားပျက်– /`si `Pua pyɛʔ-/ *v.* faire de mauvaises affaires ; être mauvais, se détériorer, en parlant des affaires, de l'économie.

စီးပွားဖက် /`si `Pua bɛʔ/ *n.* associé en affaires, *cl.* – ဦး , – ယောက်.

စီးပွားဖြစ်– /`si `Pua phyiʔ-/ *v.* faire des affaires, prospérer.

စီးပွားရေး /`si `Pua `ye/ *n.* 1. prospérité ; 2. développement économique, économie, *ex.* စီးပွားရေးကျဆင်းမှု။ "marasme, dépression économique".

စီးပွားရေးသမား /`si `Pua `ye θə`ma/ *n.* homme d'affaires, commerçant, négociant, *cl.* – ယောက် , – ဦး .

စီးပွါးရှာ- /`si `Pua ʃa-/ *v.* rechercher le profit, être affairiste, être intéressé,

စီးပွါးရှာသူ /`si `Pua ʃa θu/ *n.* personne(s) intéressée(s), *ex.* ရုပ်ရှင်ဇာတ်ကားရိုက်သူပိုင်ရှင်များမှာ အနုပညာသမားများမဟုတ် စီးပွါးရှာသူများသာဖြစ်သည်။ "les producteurs de cinéma ne sont pas des artistes : ce ne sont que des hommes d'affaires", personne qui recherche le profit, affairiste, *cl.* – ဦး, – ယောက်.

စီးပွါးလမ်း /`si `Pua `laN/ *n.* voies économiques, accès au profit, voies, en affaires, *ex.* ဒီလနဲ့စီးပွါးလမ်းဖြောင့်လို့ သူငယ်ချင်းတွေကို ထမင်းဆိုင်မှာထမင်းကျွေးတယ်။ "ce mois-ci, comme nos affaires marchent bien, nous inviterons nos amis au restaurant".

စီးဖြန်း- /`si `phyaN-/ *v.* acquérir la maîtrise d'une connaissance, la pleine possession d'une science, d'une philosophie, *ex.* ဆရာတော်ကြီး ကမ္မဋ္ဌာန်း စီးဖြန်းနေတယ်။ "l'abbé a acquis la maîtrise de la méditation".

စီးလား /`si `la/ *n.* galop d'essai, pour un cheval.

စီးလားချ- /`si `la cha'-/ *v.* 1. faire un galop d'essai, *au sens pr.* ; 2. préparer une action, une opération, dans le détail, *ex.* စစ်သားတွေဟာရန်သူစခန်းကိုဘယ်လိုလိုက်ရမယ်ဆိုတာ စီးလားချနေကြတယ်။ "les soldats sont en train de préparer minutieusement l'attaque du camp ennemi".

စီးလားရိုက်- /`si `la yai?-/ *v.* 1. faire un galop d'essai ; 2. faire une répétition,; préparer une fête, une sortie, une séance, une opération militaire, une réunion etc... en faisant une préparation ou une pré-réunion avec des gens de même tendance que soi, se consulter avant une opération, une réunion, ou tenir une réunion préparatoire etc..., *ex.* သူတို့အစည်းအဝေးမတိုင်ခင်ကထဲက စီးလားရိုက်ထားကြတော့ ဒီဖက်ကရှုံးမှာပဲ။ "nous allons échouer puisqu'ils se sont consultés avant même la réunion".

စု- /su'-/ *v.* grouper, se grouper, être groupé, se réunir, réunir, collecter, amasser ; > အစု /ʔəsu'/ *n.* groupe, collection, *cl.* – စု.

စုခဲ- /su' `khɛ-/ *v.* coaguler, se mettre en grumeaux, coller ensemble et durcir, "prendre", (sucre par ex.), s'agglutiner, *ex.* ဒီပွဲမှာ ပရိသတ်တွေ စုခဲနေတာဘဲ။ "l'assistance se bouscule à cette fête".

စုငွေ /su' ŋue/ *n.* économies, épargnes, *cl.* - ရပ်.

စုစု /su' Su'/ *n. adv.* 1. tous, tout ; 2. espace très restreint, très petit, très resserré, aire minuscule, *ex.* ဒီနေရာစုစုက လေးမှာသာ သူ အာဏာရှိတယ်။ "il n'a de pouvoir que dans une aire très restreinte".

စုစုပေါင်း /su' Su' `PɔN/ *n. adv.* la totalité, (au) total, tous, tout.

စုစုရရ /su' Su' ya' ya'/ *n. adv.* (par) groupes, par catégories, par sortes, *ex.* စုစုရရ ရေတွက်ပြီး စာရင်းသွင်းတယ်။ "après avoir fait les calculs pour chaque catégorie, il les a enregistrés".

စုစုရပ်ရပ် /su' Su' yaʔ yaʔ/ *n.* par catégories, par sortes.

စုစုဝေးဝေး /su' Su' `Ue `Ue/ *n. adv.* (en) groupe uni, groupe très lié, *ex.* သူတို့ညီအကို မောင်နှမ တွေဟာ စုစုဝေးဝေးရှိတယ်။ "il y a beaucoup de cohésion dans ce groupe de frères et soeurs".

စုစည်း- /su' `Si-/ *v.* amasser, réunir, *ex.* ဆံပင်ကိုသားရေကြိုးနဲ့ စုစည်းချည်ထားတယ်။ "elle a réuni ses cheveux et les a attachés avec un lacet de cuir".

စုစပ်- /su' saʔ-/ *v.* s'associer, *ex.* ငွေအင်အားမလုံလောက်ချိန်မှာ စုစပ်လုပ်ရတယ်။ "quand on n'a pas suffisamment de fonds, il faut travailler en association".

စုဆောင်း- /su' `SHɔN-/ /su' `shɔN-/ *v.* accumuler, réunir, collectionner, *ex.* လက်လှမ်းမှီသမျှစုဆောင်း၍ သုတေသီတို့အတွက် ဖော်ပြလိုက်ပါကြောင်း။ "ayant réuni toutes les sources auxquelles on pouvait accéder, ils les ont ouvertes aux chercheurs" (မြိုးချစ်, ရွှေတို့); > စုဆောင်းရေးသားသူ /su' `SHɔN `ye `θa θu/ *n.* compilateur.

စုတိ- /su' tí-/ *v. p.* mourir.

စုတိကျ- /su' ti' ca'-/ *v. p.bir.* mourir.

စုတိချုပ်- /su' ti' choʔ-/ *v. p.bir.* mourir.

စုတိစိတ် /su' ti' seʔ/ *n. p.* état d'esprit d'un moribond, sentiments éprouvés à l'approche de la mort.

စုတိစိတ်ကျ- /su' ti' seʔ ca'-/ *v. p.bir.* mourir, *ex.* နတ်သားဟာ မကြာခင်မှာဘဲ စုတိစိတ်ကျတယ်။ "le génie mourut en peu de temps".

စုတေ့-/su'te'-/ *ou* စုတေ- /su'te-/ *v. p.* mourir.

စုတိုက်ပုံတိုက် /su' tai? PON tai?/ *n. adv. rare, dés.* en masse, beaucoup en une fois, beaucoup à la fois, *ex.* ပစ္စည်းတွေဈေးပေါ်နိုက်စုတိုက်ပုံတိုက် ဝယ်ထားလိုက်တယ်။ "au moment où les marchandises étaient bon marché, il en a acheté en masse".

စုနှင်း- /su' ŋIN-/ *v. litt.* donner, *ex.* ဘုရင်ကြီးကသမီးတော်အတွက်အဆောင် အယောင်များစုနှင်းတော်မူတယ်။ "le roi a accordé à sa fille les prérogatives dues à son rang"(demeure, insignes, équipage etc.)

စုပေါင်း-/su' `PɔN/ *encl. n.* collectif, *ex.* စုပေါင်းစိုက်ပျိုးရေး။ "exploitation agricole collective", စုပေါင်းကာကွယ်ရေး။ "Protection collective", စုပေါင်းပြပွဲ။ "exposition collective".

စုပေါင်းလယ်ယာ /su' `PɔN lɛ ya/ *n.* exploitation agricole collective, *ex.* ခုကျေးလက်တောရွာမှာစုပေါင်းလယ်ယာအများအပြားတွေ့နိုင်တယ်။ "actuellement dans les campagnes, on peut rencontrer partout des exploitations agricoles collectives", *cl.* -ခု, -ကွက်.

စုပေါင်းအိမ်ယာ /su' `PɔN ?eN ya/ *n.* propriété collective : maison et terres dont l'occupant n'a que l'usufruit.

စုပုံ- /su' PON-/ *v.* réunir et entasser, accumuler, *ex.* ထင်းတွေကိုမီးဖိုနားမှာ စုပုံထားတယ်။ "les bûches ont été entassées auprès du foyer", ပိုက်ဆံစုပုံပေးရင်တောင်ဒီအလုပ်ကိုမလုပ်ဘူး။ "je ne ferais pas ce travail même à prix d'or".

စုပြုံ /su' pyoN-/ *v.* être accumulé, s'accumuler ; s'agglutiner, *ex.* ဘတ်(စ်) ကားပေါ်ကိုစုပြုံပြီးမတက်ပါနဲ့။ "ne cherchez pas à monter tous à la fois dans l'autobus".

စုဗူး /su' `bu/ *n.* tirelire, *cf.* စုဘူး.

စုဘူး /su' `bu/ *n.* tirelire, *cl.* -ဘူး, -လုံး.

စုရပ် /su' ya?/ *n.* lieu de rassemblement, *ex.* အလုပ်သမားတွေချီတက်ဖို့စုရပ်မှာ လာရောက်စုဝေးကြတယ်။ "les travailleurs sont venus se grouper au lieu du rassemblement pour commencer leur marche", *cl.* -ရစ်, -ခု.

စုရုံး- /su' `yON-/ *v.* assembler, *ex.* ဘာ တွေစုရုံးတိုင်ပင် နေတာလဲ။ "de quoi discuterez-vous dans votre assemblée ?", ရှိသမျှကို စုရုံးပြီး ပေးလှူလိုက်တယ်။ "ayant rassemblé tout ce qu'il avait, il le donna".

စုလိုက်စုပုံ /su' lai? su' pON/ *n.* ensemble homogène, groupé, tout un ensemble, *ex.* စုလိုက်စုပုံ ပေးတယ်။ "il a donné tout l'ensemble", အဖေကသူ့သားကို အမွေတွေစုလိုက်စုပုံ ပေးတယ်။ "le père a laissé à son fils tout un héritage".

စုလိုက်ပုံလိုက် /su' lai? pON lai?/ *n. adv.* en masse, beaucoup à la fois, *ex.* မယူနိုင်လောက်အောင်စုလိုက်ပုံလိုက် ပေးတယ်။ "il m'a tellement donné à la fois que je ne pouvais pas l'emporter".

စုလစ် /su' li?/ *n.* ornements en forme de spires, ou de flammes sur les toits, portes ou fenêtres des pagodes ou des palais, *ex.* တိုက်ကျောင်းကို ခေါင်းတုံးဆောက်ရင်မတင့်တယ်ဘူး၊ အပေါ်က စုလစ်ထည့်မှမြန်မာဆန်တယ်။

"on ne peut pas construire une pagode au sommet nu : la mode birmane réclame des décorations au faîte".

စုလစ်မွန်ချွန် /su li? muN chuN/ *n.* pinacle, *ex.* ဘုရားရှိခိုးကျောင်းမှ စုလစ်မွန်ချွန်ကြီးများ...။ "les grands pinacles de la pagode (de Bouddha) (မောင်ဖိုးသိုင်း, တနေ့နေ့ ..., P. 6).

စုလုံး- /su `lON-/ *v.* faire un raccommodage grossier en réunissant les bords de l'accroc, raccommoder en tirant sur les bords de la déchirure, réunir en ramassant circulairement, *ex.* ပြဲသည့်နေရာကိုစုလုံးပြီး ...။ "... l'endroit déchiré dont les bords avaient été rapprochés..." (မမလေး တွေးတဖိန့်ဖိန့် (2) p. 47).

စုလျား /Sə`Lya/ *n. dés.* écharpe, *cl.* -ထည် ; > စုလျားတင်- /Sə`Lya tiN-/ *v.* mettre une écharpe.

စုလျားရစ်ပတ်- /Sə`Lya yi? pa?-/ *v.* 1. *dés.* entourer d'une écharpe ; 2.

se marier, en référence à ce qui se faisait autrefois ; entourer les mains superposées, paume contre paume, du marié et de la mariée d'une même écharpe.

စုဝေး- /su' `Ue-/ *v.* rassembler, s'assembler, *ex.* နံနက်ရှစ်နာရီကျောင်းမှာ စုဝေးကြစို့။ "rassemblons-nous à l'école à huit heures du matin".

စူ- /su-/ *v.* 1. avancer, mettre en avant, faire saillie en avant ; précédé de နှုတ်ခမ်း , "faire la moue", *ex.* နှုတ်ခမ်းစူတယ်။ "elle fit la moue" ; 2. dresser, mettre debout, *ex.* ဒိုးစူတယ်။ "on dresse les quilles" ; 3. prendre la position de départ : penché en avant, prendre le départ, *ex.* တာစူတယ်။ "ils prennent le départ".

စူကာ /suka/ *n. bot.* passifloracée, *Passiflora laurifolia,* Linn., une passiflore, liane.

စူကာနီ /sukanī/' *n. persan,* timonier, *cl.* - ဦး, - ယောက်.

စူဆောင့်- /su shɔN-/ *v.* faire des gestes de mécontentement ou de colère, trépigner et faire la moue en même temps, *ex.* ကလေးသည်စူဆောင့်ပြီးထွက်သွားသည်။ "l'enfant est sorti en se livrant à des gestes de colère".

စူဖါ- /su pha-/ *v.* se contenter de, user avec parcimonie de, *ex.* သူတလလုံး ငွေတရာနဲ့စူဖါသုံးရတယ်။"il doit se contenter de dépenser cent kyats dans tout le mois".

စူရတီ *ou* စူလတီ /surəti/ *n. ind.* 1. étoffe de soie d'origine indienne : de Surat ; 2. personne d'origine indienne, *ex.* မုဂိုလ်လမ်းမှာစူရတီလူမျိုး တွေနေကြတယ်။ "la rue Mogul est habitée par des indiens" ; > စူရတီလုံချည် *n.* jupe de femme en satin rouge ou vert soutenus, à motifs brodés d'or, ou à losanges blancs.

စူလီနဖါ /suli nəpha/ *n.* pacotille : assortiment de petits objets, de petites marchandises ; > စူလီနဖါသည် /suli nəpha θɛ/ *n.* marchand de pacotille, *ex.* စူလီနဖါသည်တွေ ဘုရားပွဲမှာဈေးရောင်းကြတယ်။ "les marchands de pacotille vendent aux fêtes de pagode", *cl.* - ယောက်.

စူဠာ /sula/ 1. *n.p.* tête de Bouddha ; 2. *a. p.* petit.

စူအောင့်- /su ʔɔN'-/ *v.* bouder, avoir l'air fâché, faire la moue, *ex.*

ဘာဖြစ်လို့စူအောင့်နေတာလဲ။ "pourquoi boudez-vous ?"

စူး- /`su-/ *v.* 1. piquer, percer, *ex.* ကိုယ့်လှံကိုယ်စူးဖြစ်ပြီး။ "s'étant fait prendre à leur propre jeu... (s'étant percés de leur propre lance)" (ရနိုင်ကျေးလက်ပုံပြင်, p. 115) ; 2. être piquant, être perçant, *ex.* ရှာလကာရည်အနံ့စူးတယ်။ "le vinaigre a une odeur piquante", သူ့အသံစူးလိုက်တာ။ "que sa voix est perçante !" မျက်စေ့စူးတယ်။ "ça pique les yeux" ; 3. précédé de "pheya" punir, *littéral.* "piquer", *ex.* ဘုရားစူး။ "que le Bouddha me punisse !" (si je mens, si je ne tiens pas ma promesse etc...) ; 4. devoir, être redevable de, *ex.* သူ့ဆီက ငွေခုနစ်ကျပ်ရစရာ ရှိတာကို ငွေတဆယ် ပေးလိုက်တော့ သူ့အပေါ်သုံးကျပ်ပြန်စူးနေတယ်။ "puisque je lui ai donné dix kyats pour les sept qui lui revenaient, il me doit trois kyats".

စူး /`su/ *n.* 1. gouge, sorte de vrille (charpente, menuiserie, sculpture) ; 2. petite fourche à long manche, *voir aussi* ခက်ရင်း ; *cl.*- ချောင်း, -လက်.

စူးတောက် /`su Kɔʔ/ *n.* vilebrequin, perceuse, *cl.* -လက်, -စင်း ; > စူးတောက်ရှင် /`su Kɔʔ ʃIN/ *n.* vilebrequin à vrille amovible.

စူးကိုင်း /`su `KaIN/ *n.* manche de vilebrequin, *cl.* -လက်.

စူးချွန် /`su chuN/ *n.* vrille ou gouge très acérée, fine, *cl.*- ချောင်း, -လက်.

စူးစူး /`su`Su/ *n. adv.* tout droit devant, *ex.* အရှေ့စူးစူးကိုသွားပါ။ ကျွန်တော့်အိမ်တွေ့မယ်။ "allez droit devant vous : vous trouverez ma maison".

စူးစူးစားစား /`su `Su `sa `Sa/*n. adv.* en réfléchissant, avec attention, *ex.* အလုပ်ကိုစူးစူးစားစားလုပ်မှ လမ်းမှန်ရောက်မယ်။ "c'est seulement si l'on travaille à une tâche en réfléchissant à ce qu'on fait que l'on arrive à la bonne solution".

စူးစူးရွားရွား /`su `Su `yua `yua/ *n. adv.* 1. très bruyamment, (avec) un bruit assourdissant ; 2. avec une odeur forte, qui offense l'odorat, *ex.* ဒီရေမြောင်းက စူးစူးရွားရွားအနံ့ရတယ်။ "ce petit canal a une odeur qui vous prend aux narines" ; 3. intensément, en parlant d'un regard courroucée qui fixe, ou d'un regard préoccupé, *ex.* ပီကာဆိုရဲ့ပန်းချီကားကို စူးစူးရွှားရွှားကြည့်ပြီး အဖြေရှာနေတယ်။ "il cherchait à comprendre le tableau de Picasso, les yeux rivés sur lui".

စူးစူးဝါးဝါး /`su `Su `Ua `Ua/ *n. adv.* 1. très bruyamment ; 2. avec une odeur offensante ; 3. intensément (regarder, crier).

စူးစိုက်- /`su saiʔ-/ *v.* fixer avec intensité son regard ou son ouïe sur..., *s'emploie suivi d'un autre verbe, ou en subordonnée, ex.* ဒီပန်းချီကားကို စူးစိုက်ပြီးကြည့်နေတယ်။ "il regarda intensément le tableau".

စူးစမ်း- /`su `SaN-/ *v.* faire une enquête, rechercher, *ex.* ကလေးများဟာ ဘာမဆို စူးစမ်းတတ်တဲ့အလေ့ရှိတယ်။ "les enfants ont l'habitude de chercher à tout savoir".

စူးတိုက်- /`su taiʔ-/ *v.* provoquer un chien, inciter un chien : à courir, aboyer etc..., *cf.* ရှူးတိုက်- .

စူးထိုး- /`su `tho-/ *v.* faire un trou en terre pour repiquer, planter, *ex.* စပါးစိုက်ရန် လုံမပျိုများ လယ်တောတွင် စူးထိုးနေကြတယ်။ "les jeunes filles font des trous dans la rizière pour repiquer le paddy", > စူးထိုးစိုက်- /`su `tho saiʔ-/ *v.* planter sous l'eau à l'aide d'un bâton fourchu.

စူးပေါက်- /`su pɔʔ-/ *v.* trouer, creuser ; > စူးပေါက် /`su Pɔʔ/ *n.* trou, *cl.* - ပေါက်.

စူးရောက်- /`su yɔʔ-/ *v.* 1. *rare*, être très intelligent ; 2. *argot*, être fou, *jeu de mots pour* စောက်ရူး- .

စူးရှ- /`su ʃa'-/ *v.* 1. être piquant et coupant ; 2. être très aigu (à l'ouïe), être âcre au goût, piquer les yeux etc... *ex.* စူးရှသည့် အရသာ။ "âcreté".

စူးရှထက်မြက်- /`su ʃa' thɛʔ myɛʔ-/ *v.* être aigu, en parlant de l'intelligence, avoir l'esprit très vif.

စူးဝင်- /`su UiN-/ *v.* percer ; pénétrer dans.

စူးသွား /`ʃu `θua/ *n.* vrille de vilebrequin, *cf.* လွန်သွား ; *cl.* - ချောင်း.

စေ့- /se'-/ /si'-/ *v.* arriver à son terme, arriver au moment prévu, *ex.* သုံးကြိမ်စေ့သောအခါ...။ "à la troisième fois exactement..." (လွဝင်စား , p. 56), ခွင့်ရက်က စေ့လုပြီဖြစ်၍ ...။ "comme son congé arrivait à expiration..." (ခင်နှင်းယု ယောကျ်ားတို့အကြောင်း,

p. 130) ; 2. être complet, être au complet, *ex.* လုံးစေ့ပတ်စေ့။ "tout, au total" ; 3. repousser une porte, l'amener au contact de l'huisserie sans fermer complètement, *ex.* တံခါးကို စေ့လိုက်ပါ။ "poussez la porte".

- စေ့ အစေ့ /-Si'/ /-Se'/ /ʔəsi'/ /ʔəse'/ *n.* 1. noyau, grain, pépin, *ex.* လိမ္မော်သီး စေ့ကို ဂရုစိုက်ပြီး စားပါ။ "faites attention aux pépins en mangeant une orange" ; 2. pièce de monnaie, *ex.* ငါးပြား စေ့တစေ့။ "une pièce de cinq pyas ; — စေ့ /-Si'/ /-Se'/ *classificateur* des pièces de monnaie de faible valeur.

စေ့ကွက် /Si' Kuɛʔ/ /zi' Kuɛʔ/ *cf.* ဇီးကွက်. chouette.

စေ့ချဉ်း- /se' `chiɴ-/ *v. dés. litt.* être près, être proche.

စေ့ခွဲ /si' `KHuɛ/ *n.* graines écossées, *ex.* ပဲကို စေ့ခွဲခွဲထားတယ်။ "les haricots sont écossés", ဒီမြေပဲ စေ့တွေဟာ စေ့ခွဲတွေဖြစ်တယ်။ "ces arachides sont en grain".

စေ့င- /se' ŋa'-/ *v.* être complet, être suffisant, en quantité.

စေ့ငု- /se' ŋu'-/ *v.* réfléchir à fond, rechercher par la réflexion, les divers aspects de..., *ex.* ကျောင်းသားများ အတန်းထဲမှာ မေးခွန်း စေ့ငု မေးမြန်းကြတယ်။ "en classe, les élèves réfléchissent et posent toutes sortes de questions".

- စေ့ငု စေ့ရာ /-se' ŋu' se'ya/ *e.n. litt.* toutes sortes de.

စေ့ငေါ- /se' ŋɔ-/ *v.* être complet, *moins usuel que* စေ့စုံ- , *même sens.*

စေ့စေ့ /se' Se'/ /si' Si'/ *n. adv.* soigneusement, *ex.* ကျွန်တော်သူ့ကို စေ့စေ့ကြည့်တယ်။ "Je l'ai bien regardé".

စေ့စေ့ပေါက်ပေါက် /se' Se' pɔʔ Pɔʔ/ /si' Si' pɔʔ Pɔʔ/ *n. adv.* complètement, totalement, entièrement, en détail, *ex.* ဒီစာအုပ်ကို စေ့စေ့ပေါက်ပေါက် နားလည်အောင် လေ့လာပါ။ "étudiez ce livre de façon à le comprendre entièrement".

စေ့စေ့ပွတ်ပွတ် /se' Se' puʔ Puʔ/ /si' Si' puʔ Puʔ/ *n. adv. rare,* complètement, entièrement.

စေ့စပ်- /se' Saʔ-/ *v.* 1. joindre, rapprocher l'un de l'autre ; 2. *sens fig.* s'entremettre, servir de médiateur, d'intermédiaire, rapprocher des adversaires, *ex.* သူတို့နှစ်ယောက်သင့်မြတ်အောင် စေ့စပ်ပေးရတယ်။ "il les a rapprochés tous deux de façon qu'ils se mettent d'accord" ; mettre en relations, engager des pourparlers ; 3. engager des discussions en vue d'un mariage, *ex.* စေ့စပ်တဲ့နေ့။ "jour des fiançailles" ; > စေ့စပ်ခြင်း /se' Sa? `CHÌN/*n.* conciliation ; 4. être minutieux, être précis, être soigneux, *ex.* မောင်ဘဟာသိပ် စေ့စပ်တဲ့လူငယ် တယောက်ဖြစ်တယ်။ "Maung Ba est un garçon qui fait bien ce qu'il fait".

· စေ့စပ်ကြောင်းလမ်း- /se' Sa? `CON `lan-/ *v.* discuter en vue d'un mariage, procéder à des pourparlers en vue d'un mariage.

· စေ့စုံ- /se' SON-/ *v.* être complet, *ex.* လမ်းခရီးမှာဝတ်ရမဲ့အဝတ်အစား များကို စေ့စုံအောင်ဒီသေတ္တာထဲထည့် ယူသွားပါ။ "emportez dans cette malle les vêtements de rechange que vous aurez à mettre en route, de façon à avoir tout ce qu'il faut".

· စေ့ဆော်- /se' shɔ-/ *v.* 1. encourager, inciter ; 2. s'efforcer ; > စေ့ဆော်မှု /se' shɔ m̥u'/ *n.* encouragement, incitation.

· စေ့နှံ့- /se' n̥an'-/ *v.* couvrir tout un espace, *employé seulement en subordonnée, avec un verbe principal d'action ou de mouvement, ex.* မြန်မာပြည်တပြည်လုံးကို စေ့နှံ့အောင်ရောက်ခဲ့တယ်။ "j'ai parcouru toute la Birmanie, d'un bout à l'autre".

· စေ့မြေ့ /se' Mye'/ *n. adv.* en ordre et au complet, à la bonne place et sans que rien ne manque , *ex.* သူ့အိမ်ဟာအားလုံး စေ့မြေ့ နေတာဘဲ။ "sa maison est bien pourvue et bien ordonnée" ; avec exactitude et de façon complète, *ex.* စကား စေ့မြေ့ပါစေ။ "exprimez-vous parfaitement".

· စေ့ရာစေ့ပွတ် /se' ya se' pu?/ *n. adv. rare* de façon complète.

· စေ့ရေ- /se' ye-/ *v.* être suffisant, être complet, *ex.* ငွေအားလုံး စေ့ရေရင် မန္တလေးကိုသွားမယ်။ "j' irai à Mandalé quand j'aurai suffisamment d'argent".

· စေ့ရေနဖါ /se' ye nəpha/ *n. adv. rare,* de façon complète.

· စေ့ရောက်- /se' yɔ?-/ *v.* arriver à son terme, arriver au terme fixé, ou au nombre fixé, être le moment, petre la quantité, le nombre prévus, *ex.* အချိန် စေ့ရောက်တဲ့တိုင်အောင် မပြီးသေးဘူး ။ "ce n'était pas encore fini lorsque ce fut l'heure".

· စေ့ရွက် /se' ɣuɛʔ/ *n.* première feuille, cotylédon. *cl.* - ရွက်.

· စေ့ရှာ /se' ʃa/ *n. adv. rare,* de façon complète, sans lacune.

· စေ့သားကိုက်- /se' `θa kaiʔ-/ *v.* 1. être fixé exactement sur, dans ; 2. avoir une idée arrêtée en tête, *ex.* ဒီအဖြစ်အပျက်ဟာ စေ့သားကိုက်ထားသလိုဘဲ တသက်လုံးမ မေ့နိုင်တော့ဘူး။ "de toute ma vie je ne pourrai oublier cette affaire qui m'est restée dans l'esprit".

· စေ့သိပ်- /se' θeɪ-/ *v.* être bondé, être très dense, être plein à craquer, *ex.* တခန်းလုံး စေ့သိပ်နေတာ တောင်တိုးဝင်နေတုံးဘဲ။ "ils se bousculent pour entrer même quand la pièce est pleine à craquer".

· စေ- /se-/ *v.* 1. envoyer (une personne), *ex.* စုံတူက စေ၍ ။ "... envoyé par Son Tu", စေလိုရာကို စေပါ။ "envoyez-le où vous voulez" ; 2. faire travailler, *ex.* နွားစေပြီး လယ်ထွန်တယ်။ "on laboure avec des boeufs".

· - စေ /-Se/ *v. auxil.* 1. *factitif,* faire --, laisser --, *ex.* ပြင်သစ်စကား တတ်စေရန် ။ "... pour qu'il sache le français", ကျွန်ဖြစ်စေလိုသော စေတနာ ။ "... le désir de rendre esclave" (မယုံ ကျွန်ခံတမ်း ရနိုင်ကျေးလက်ပုံပြင် , p. 111), နေပါစေ။ "laissez (ça n'a pas d'importance)", ရှိပါစေ။ "laissez (ça va bien comme ça), မင်းသားနားစေ။ "que le prince se repose" (ရေသည် , I, 1) ; 2. *auxil . du souhait, ex.* ကျန်းမာပါစေ။ "puissiez-vous être en bonne santé" ; 3. *précédé de* ရ , permettre, *ex.* သွားပါရစေ။ "permettez-moi de partir".

· -စေကာ /-Se Ka/ *moins usuel que* စေကာမူ , même si, même lorsque, malgré que.

· - စေကာမူ /-Se Ka Mu/ *subordonnant,* malgré que... même si, même quand, *ex.* မလှစာဖတ်စေကာမူ စာမေးပွဲ ချွတ်ကျရှာသည်။ "Ma Hla a échoué à l'examen bien qu'elle ait travaillé".

· စေကျွန် /se cuɴ/ *n. dés.* esclave au service de..., serviteur de... ; esclave affecté à une fonction, du temps des rois, *ex.* စေကျွန်ကို ပို့စေတယ်။ "on l'a fait envoyer par l'esclave qui en est chargé", *cl.* - ယောက်.

· - စေခလို /Se khəlo/ *formule arch. de souhait, cf.* စေသတည်း.

စေခိုင်း- /se `khaiN-/ *v.* faire faire, commander (une action), *ex.* နွားကို လယ်ထွန်စေခိုင်းတယ်။ "il a fait labourer par les boeufs" ; faire assurer un service, *ex.* တလ ခြောက်ဆယ်နဲ့စေခိုင်းဖို့ တောသူတကလေးမတယောက် ခေါ်ထားတယ်။ "le villageois a engagé la jeune fille à son service pour 60 K. par mois".

စေခန့်- /se khaN'-/ *v.* mander de, envoyer, dépêcher pour ; engager, pour un service, *ex.* မန္တလေးကို ဒီရာထူးနဲ့ စေခန့်လိုက်တယ်။ "il a été engagé pour ce poste à Mandalé".

စေစား- /se `Sa-/ *v.* faire exécuter, confier (à quelqu'un) une affaire, un travail, charger de.

စေစားပါစား /se `Sa pa `Sa/ *n.rare* 1. exécution d'un travail ; 2. exécutant, personne chargé d'une affaire, d'un travail, *cl.*- ယောက်.

စေဆို- /se sho-/ *v.* charger d'une commission, faire dire par un intermédiaire, un messager.

စေတနာ့ဝန်ထမ်း /SeTəNa' UN `THaN/ *n. p. bir.* 1. aide apportée gratuitement, bénévole, travail fait pour autrui, par dévouement, bénévolement ; 2. personne qui travaille, aide, bénévolement, *cl.* - ဦး, - ယောက်.

စေတနာ /SeTəNa/ *n. p.* 1. union, ou accord de l'esprit avec un objet ; inclination, amour, sympathie, *ex.* သူ့ကို စေတနာရှိတယ်။ "je l'aime bien (j'ai de la sympathie pour lui)", သူ စေတနာကောင်းတယ်။ "il est gentil" ; 2. dévouement, bonté d'âme, charité ; 3. zèle, volonté ardente, vif désir, *ex.* ကျွန်ဖြစ်စေလိုသော စေတနာ "le désir de réduire en esclavage".

စေတနာဒါန /SeTəNa daNa'/ *n. p.* don fait par charité, générosité délibérée, dans une intention charitable.

စေတနာမှန်သူ /SeTəNa m̥aN θu/ *n.* personne de bonne volonté, personne sincèrement dévouée, charitable, *cl.* - ယောက်, - ဦး.

စေတနာရှင် /SeTəNa ʃIN/ *n. p. bir.* personne dévouée, personne charitable, *ex.* စေတနာရှင်လုပ်သားပြည်သူများထံအကူအညီတောင်းခံထားသည်။ "... demande leur aide aux citoyens dévoués" (ကြေးမုံ, 21,7, 73), *cl.* - ဦး

စေတနာသီလ /SeTəNa θila'/ *n. p.* pureté de la conduite, pureté de l'âme, conduite morale, conduite irréprochable.

စေတမန် /se təmaN/ *n.* représentant, personne mandatée pour s'occuper d'une affaire, envoyé, ministre plénipotentiaire, *cl.* - ယောက် - ဦး.

စေတလုံး /se tə\lON/ *n.* pouvoir de provoquer la réalisation de ses désirs, de faire que tous ses voeux soient exaucés, pouvoir magique, *ex.* ဒီလူက စေတလုံးပိုင်တယ်၊ သူလုပ်ချင်တာဖြစ်နိုင်တယ်။ "ce qu'il veut, il peut le faire se produire".

စေတသိက ဒုက္ခ /se tədeʔKa' doʔKHa'/ *n. p.* détresse morale, *ex.* မဖြစ်နိုင်တာ တောင့်တနေရင် စေတသိကဒုက္ခတွေခံစားနေရမှာဘဲ။ "si l'on reste à souhaiter vainement l'impossible, on éprouve de la détresse".

စေတသိကသီလ /se tədeʔKa' θiLa'/ *n. p.* pureté d'esprit, capacité d'éloigner de son esprit les mauvaises pensées.

စေတသိက် /se tədeʔ/ *n. p.* activité de l'esprit, mouvement de l'âme, *ex.* စေတသိက်ဆိုတာ စိတ်ကို စေ့ဆော်တိုက်တွန်းတဲ့သဘောကို ဆောင်တယ်။ "l'activité de l'intelligence a pour caractéristique d'inciter, de mettre en mouvement l'esprit".

စေတီ /SeTi / *n. p.* 1. dépôt sacré (de reliques) ; 2. stupa ou partie de stupa, pagode, *cl.* - ပါး, - ဆူ.

စေတီတိုက် /SeTi taiʔ/ *n. p. bir.* chambre aux reliques d'un stupa, *cl.* - လုံး, - ခန်း.

စေတီပုထိုး /SeTi pə`tho/ *n. p., terme archéo.* jedi, type de pagode pleine.

စေတီယင်္ဂဏ /SeTi yiNgəna/ *n. p.* espace libre autour d'un stupa, *cf.* စေတီယင်ပြင် , *plus usuel.*

စေတီယင်ပြင် *et* စေတီရင်ပြင် /SeTi yiN PyiN/ *n.* espace libre autour d'un jedi, *se dit aussi* စေတီယင်္ဂဏ.

စေတီရံ /SeTi yaN/ *n. p. bir.* petits stupas entourant le stupa principal, *cl.* - ဆူ.

စေတီအိမ် /SeTi ʔeN/ *n.* 1. édifice abritant les reliques d'un stupa ; 2. châsse, *cl.* - ဆောင်.

စေပါ- /se pa-/ *v.* faire exécuter, à distance, envoyer pour s'occuper de...; > စေပါ /se Pa/ *n.* 1. mission (de s'occuper d'une affaire, d'une entreprise) ; 2. personne envoyée en mission, exécutant, *cl.* - ယောက်.

စေပါလက်သုံ /se Pa lɛʔ θoʔ/ *n.* employé de quelqu'un, personne au service de, *cl.* - ယောက်.

စေပါး- /se `pa-/ *v.* *même sens que* **စေပါ-** , faire exécuter, dépêcher pour s'occuper de...

စေဖန်- /se phaɴ-/ *v.* *dés.* charger de, confier une affaire, un travail à...

စေလု /se Lu/ *n.* personne mandatée pour, personne chargée de..., *cl.* - ယောက်, - ဦး.

စေလွှတ်- /se ̥luʔ-/ *v.* envoyer s'occuper de, dépêcher pour...

စေသုံး-/se `θoɴ-/ *v.* charger de, faire exécuter par...

စေး/`se/ *n.* résine, gomme de certains arbres, *ex.* ညောင်စေး၊ ပိန္နဲစေး၊ ထင်းရှူးစေး၊ တမာစေး များဟာ အသုံးဝင်တယ်။ 'la résine de banyan, celle de jacquier, celle de pin, celle de margosier sont utilisées".

စေး-/`se-/ *v.* 1. adhérer, coller ; 2. être avare, se cramponner à ses biens.

စေးကပ်-/`se kaʔ-/ *v.* adhérer, au sens matériel ; adhérer à un parti, avoir des convictions (politiques, religieuses).

စေးကျိ-/`se ci'-/ *v.* coller ensemble, s'agglutiner, en parlant d'objets sales, mal nettoyés, poisseux, gluants etc..., être encrassé, crasseux, *ex.* ရေချိုးခန်းကို မတိုက်မဆေးတော့၊ စေးကျိနေတော့တာ။ "la salle de bains n'a pas été frottée et rincée, elle est toute sale".

စေးချုံ /`se choɴ/ *n.* taillis, buisson serré, épais, *cl.* - ချုံ.

စေးညှော် /`se ɲ̥ɔ/ *n.* saleté, crasse malodorante.

စေးထိုင်း- /`se `thaiɴ-/ *v.* être gluant, visqueux, *ex.* ဖျားတဲ့အခါ စေးထိုင်းတဲ့ အစာကို မစားပါနဲ့။ "quand'on a de la fièvre il ne faut pas absorber de nourriture visqueuse", ဆပ်ပြာတိုက်ပြီး ရေစင်အောင်မဆေးရင် စေးထိုင်းနေပါတယ်။ 'si l'on ne rince pas jusqu'à ce que l'eau soit claire, après avoir savonné, ça reste collant".

စေးနဲ-/`se `nɛ-/ *v.* être avare.

စေးပိုင်- /`se paiɴ-/ *v.* avoir de la consistance, de la cohésion ; adhérer, *ex.* ဂျုံမှုန့်ကို စေးပိုင်အောင်နယ်ပါ။ "pétrissez la farine jusqu'à ce qu'elle forme une pâte".

စေးပျစ်- /ˋse pyiʔ-/ *v.* prendre, s'épaissir, en parlant d'une solution, d'un sirop, d'un mélange, *ex.* သကြားကို စေးပျစ်လာအောင်ကြိုပါ။ "faites épaissir le sirop".

စေးပျစ် /ˋse Pyiʔ/ *n. appel. arch. litt. ou terme géog.* 1. brousse épaisse, forêt dense ; 2. vase épaisse, gluante, sables mouvants, *cl.* -ခု, -ရပ်.

စေးပျစ်ဒေသ /ˋse Pyiʔ de θa'/ *n. terme géog. terme savant.* 1. région de brousse épaisse, de forêt dense ; 2. région marécageuse, de sables mouvants.

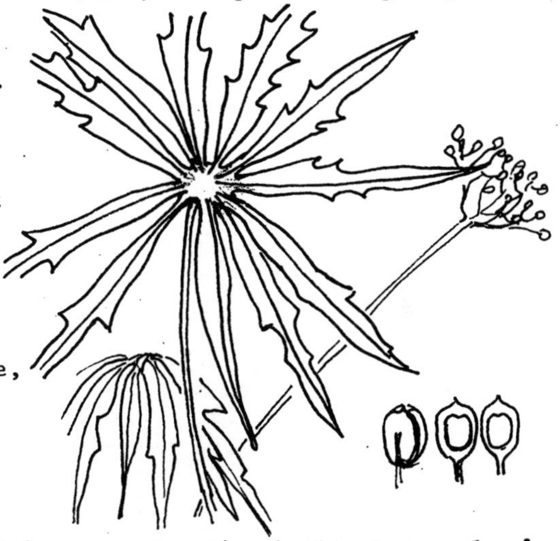

စေးမခန်း /ˋse mə ˋkhaN/ *n. bot.* Euphorbiacée, *Jatropha multifida* Linn., arbuste bas, à fleurs rouges, dit "noisetier purgatif".

စဲ့/sɛ'/ *n.* grenier, magasin de stockage de provisions ; construction indépendante, *cl.* -လုံး.

စယ် *graphie archaïque de* ဇယ် /ze/ *n.* bille, *cf.* ဇယ်.

စယ်/sɛ/ *n.* sorte de grenier à provisions, construction indépendante, *cl.*-လုံး.

စယ်-/sɛ-/ *v. arch.* disparaître.

စဲ-/ˋsɛ-/ *v.* cesser, s'arrêter, en parlant de phénomènes naturels ou accidentels, ou d'actions humaines, *ex.* နေ့ညမစဲ အလုပ်လုပ်တယ်။ "il travaille jour et nuit".

စဲ /ˋsɛ/ *n.* banc de sable, *cl.* -ခု; > စဲတန်း /ˋsɛˋTaN/ *n. litt.* pointe, extrêmité d'un banc de sable, *cl.* -ခု.

စဲခုံ /ˋse khoN/ *n.* banc de sable émergeant de l'eau, *cl.* -ခု, -ခုံ.

စဲငြိမ်း- /ˋsɛ ˋɲeN-/ *v.* s'éteindre (feu etc...) ; s'apaiser (guerre, querelle).

စော်-/zɔ-/ *v.* dégager une odeur désagréable, sentir mauvais, puer; > စော် /zɔ/ *n.* mauvaise odeur, *ex.* နတ်သမီးအထွေးသူသည်လူစော်သူစော်နံသည်ဟုဆို၍ "la plus jeune divinité disant 'cela empeste la mauvaise odeur de l'homme' " (ရနိုင်ဝဏ္ဏပုံပြင် ... p. 110).

စော် – /sɔ-/ *v. fam.* se moquer de façon insultante, tourner en dérision brutalement, avec virulence.

စော် စော *ou* ဆော် /zɔ/ *n. argot,* fille, femme, bonne femme, *cl.* – ယောက်.

စော်ကား – /sɔ `Ka-/ *v.* traiter grossièrement, en paroles ou par gestes ; se conduire grossièrement, vis-à-vis de ; commettre une infraction à, *ex.* ဒီလိုလုပ်ရင် ဥပဒေကို စော်ကားရာကျတာ ပေါ့။ "agir ainsi, c'est une infraction à la loi", မိဘကို စော်ကားမိရင် တော့ ငါဟာ တော့မှ မခွင့်လွှတ်နိုင်ဘူး။ "jamais je n'admettrai que l'on se conduise de façon insultante vis-à-vis de ses parents".

စော်ကား မော်ကား /sɔ `Ka mɔ `Ka/ *n. adv.* de façon grossièrement insultante.

စော်ကဲ /Sɔ`Kɛ/ *n. karen,* chef, haut personnage de l'administration karen, *cl.* – ဦး , – ပါး.

စော်ကန် *ou* စော်ခံ /SɔKHaN/ *n. chane,* frère cadet de prince chane ou sawbwa, *cl.* – ဦး , – ပါး.

စော်ဘွား *ou* စော်ဖွား /Sɔ`PHua/ *n. chane,* prince chane, titre chane, *cl.* – ဦး , – ပါး.

စော်ဖွားစ / Sɔ`PHua Sa/ *n. bot.* 1. *cf.* မြင်းခေါင်းနှာယောင် myrsinacée, *Embelia ribes* Burm. ; 2. *cf.* နွယ်နီ , *Celastrus paniculata.*

စော်ဘွား /Sɔ`PHua/ *n. cf.* စော်ဖွား.

စော – /`sɔ-/ *v.* être prématuré ; être en avance ; être tôt, *ex.* အပြောမ စောနဲ့၊ မမ။ "ne parlez pas si vite ma chère !", သွားချင်စိတ် စောနေလိုက်တာ။ "comme tu es pressé de partir !".

စော /zɔ/ *n. argot,* femme, fille, "gonzesse", *se dit aussi* စော် *et* ဆော်

စောကဲ /`zɔ `Kɛ/ *n. poét.* haut personnage, *cl.* – ဦး , – ပါး.

စောကြော – /`sɔ `cɔ-/ *v.* vérifier, enquêter, s'assurer de, s'enquérir soigneusement, s'informer, interroger, *ex.* ပြောတဲ့စကား နားထောင် ပါ၊ သိပ် စောကြောမ နေပါနဲ့။ "écoutez ce qu'on dit, n'interrogez pas trop".

စောစီး – /`sɔ `Si-/ *v.* devancer l'heure, arriver tôt ; parler, arriver ou agir sans tarder, rapidement, avant le moment voulu, *ex.* စောစီး ပြောထားလို့ကျမ အခြားလူကိုပြန် မပြောမိဘူး။ "avertie à l'avance, je me suis gardée de le répéter à qui que soit" , စောစီး

ခွာလှုပ်ပြီး သူ့ကို စောင့်နေတယ်။ "il le guetta, après avoir fait diligence".

စောစော /`sɔ `Sɔ/ *n. adv.* tôt, prématurément, *ex.* မနက်စောစောကြီး။ "tôt le matin", "de bonne heure", စောစောပိုင်း /`sɔ `Sɔ `PaiN/ *n.* temps précédent, époque antérieure, *ex.* စောစောပိုင်းက ဟန်ဂေရီ အစိုးရက ကြေညာသည်။ "le gouvernement hongrois avait fait une déclaration antérieure" (ကြေးမုံ, 23,7,73).

စောစောစီးစီး /`sɔ `Sɔ `si `Si/ *n. adv.* en avance, très tôt, prématurément.

စောထွတ် /`sɔ thuʔ/ *n. poét.* grand personnage, homme important.

စောဒက /`sɔ TəKa'/ *n. p.* 1. *dés.* accusateur ; contestataire, *cl.* -ဦး -ယောက် ; 2. contestation, *cl.* -ရပ်.

စောဒကတက်- /`sɔ TəKa' tɛʔ-/ *v.* contester, controverser, porter la contestation, *ex.* တချို့က မကျေနပ်လို့ စောဒကတက်ကြတယ်။ "certains contestent parce qu'ils ne sont pas satisfaits".

စောဒကတင်- /`sɔ TəKa' tiN-/ *v.* contester, controverser, porter la controverse.

စောဒကဝင်- /`sɔ TəKa' UiN-/ *v.* contester, controverser.

စောဒနာ /`sɔ TəNa/ *n. p.* contestation, *cl.* -ရပ်.

ဆို့ /so'/ *n.* 1. poinçon, utilisé par les sculpteurs, les orfèvres ; 2. ciseau à froid, *cf.* ဆောက်, *cl.* -ချောင်း, -လက် ; 3. cheville, goupille, *cl.* -ချောင်း.

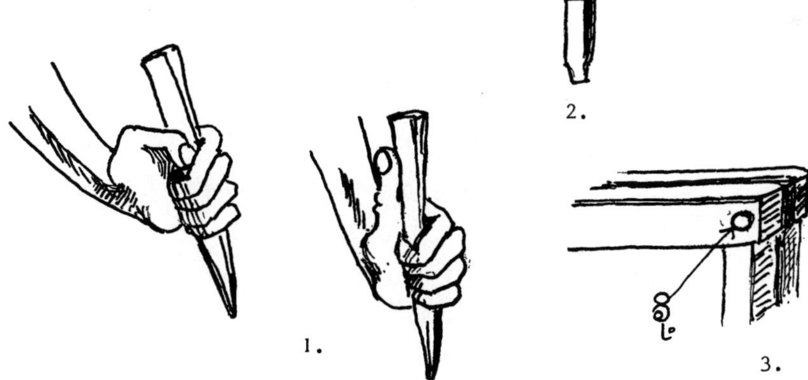

ဆို့ *ou* ဆို့သက်တံ /so'/ *n. cf.* သက်တံ.

စို့- /so'-/ *v.* 1. téter, *ex.* ခလေးနို့စို့သည်။ "l'enfant tète" ; 2. sourdre, suinter, perler (sortir en goutelettes), sortir à peine, commencer à sortir, *ex.* နေပူရှိန်ကြောင့်နဖူးမှာ ချွေးစို့လာတယ်။ "la sueur perle sur le front sous l'effet de la chaleur", ဓါးနဲ့ခြစ်မိလို့ သွေးစို့ လာတယ်။ "le couteau a fait une éraflure et le sang perle", ဒီသတင်းကြားတာနဲ့ သူမျက်ရည်စို့လာတယ်။ "les larmes lui vinrent quand il apprit cette nouvelle", အညွှောက်ကလေး စို့ထွက်လာပြီ။ "la petite plante commence à sortir"; > အစို့ /ʔəso'/ *n.* petite pousse, *cl.* – စို့.

– စို့ /-So'/ classificateur des pousses, *ex.* အစို့တစို့ဘဲထွက်သေးတယ်။ "il n'y a qu'une seule pousse de sortie".

စို့ /so'/ *exclam. terme de jeu,* "attrapé" dans le jeu de toupie, lorsqu'après l'avoir fait tourner on la lance en l'air et on la rattrape.

– စို့ /-So'/ *e. marque modale indiquant un ordre, une prière, collectifs inclusifs*, *ex.* စားပါစို့။ "mangeons", သွားကြစို့။ "allons nous-en".

စို့ငန့်ငန့် /so' ŋaN' ŋaN'/ *n. adv.* froid, dans des relations, tension entre des personnes, gêne momentanée, *ex.* စားကောင်းတုံးစားစရာကုန် သွားလို့ စို့ငန့်ငန့်ဖြစ်ကျန် ခဲ့ကြတယ်။ "comme les plats étaient finis alors qu'ils étaient encore en train de se régaler, les gens demeuraient là, déçus", သူငယ်ချင်းနှစ်ယောက်စို့ငန့်ငန့်ဖြစ်တော့ စကား ဆက်မပြောနိုင်တော့ဘူး။ "un froid s'étant installé entre les deux amis, la conversation s'arrêta".

စို့စို့ပို့ပို့ /so' so' po' po'/ *n. adv.* en plus, surplus, davantage, *ex.* ဒီမော် တော်ကားကို ဈေးစို့စို့ပို့ပို့ရရင် တော့ ရောင်းမှာပဲ။ "je vendrai cette voiture si j'en obtiens davantage".

စို့စို့ဖို့ဖို့ /so' so' pho' pho'/ *n. adv.* abondamment, beaucoup ; suffisamment.

စို့သက်တင် /so' θɛʔ TiN/ *n.* arc-en-ciel, *cl.* – ခု , *voir aussi* စို့သက်တံ့ , သက်တံ့.

စို့သက်တံ့ /so' θɛʔ TaN'/ *n.* arc-en-ciel, *moins courant que* သက်တံ့ , *voir ce mot, cl.* ခု .

စို- /so-/ *v.* être mouillé, être humide, *ex.* အင်္ကျီစိုသွားပြီ။ "la chemise est toute mouillée" ; être vif, en parlant d'une couleur,

စိုစိ့စိ့ /so si' si'/ *n. adv.* 1. froidement, *auxsens pr. et fig.* ; 2. tout trempé, mouillure, humidité, *ex.* ဓါတ်ပုံကို စိုစိ့စိ့လက်ကြီးနဲ့မကိုင်ပါနဲ့။ "ne prenez pas la photo avec des mains toutes mouillées", တကိုယ်

လုံးစိုစိစိနဲ့အိမ်ထဲဝင်လာတယ်။ "il'est entré dans la maison tout trempé".

စိုစက် - /so sɛʔ-/ *v.* être humide, être mouillé, *ex.* မိုးတွင်းမှာ နေရာတိုင်းမှာ စိုစက်နေတာဘဲ။ "pendant la mousson, tout est mouillé".

စိုစွတ် - /so suʔ-/ *v.* être très mouillé, tout mouillé, être trempé, *ex.* ထီးမပါဘဲ မိုးထဲမှာလမ်းလျှောက်လို့တကိုယ်လုံး စိုစွတ်သွားတယ်။ "je suis complètement trempé parce que j'ai marché sous la pluie sans parapluie".

စိုထိုင်း - /so `thaiɴ-/ *v.* être humide, *ex.* နေမသာလို့ လှန်းထားသောအင်္ကျီများ မခြောက်ဘဲ စိုထိုင်းနေတယ်။ "les chemises étendues sont humides car il n'y a pas de soleil".

စိုထန်း - /so `thaɴ-/ *v.* être humide.

စိုပြို - /so pyo-/ *v.* être frais et jeune, en parlant d'êtres vivants.

စိုပြေ - /so pye-/ *v.* être détendu, plaisant, harmonieux (atmosphère morale), *ex.* သူတို့အိမ်ထောင်သာယာစိုပြေသည်။ "leur foyer était plaisant, serein".

စိုပြည် - /so pye-/ *v. comme* စိုပြေ-, *voir ce mot.*

စိုဖတ် - /so phaʔ-/ *v.* 1. être mouillé ; 2. être vif, en parlant d'une couleur.

စိုရွှဲ - /so `ʃuɛ-/ *v.* être très mouillé, être trempé, être ruisselant d'eau.

စိုရွှန်း - /so `ʃueɴ-/ *v. poét.* 1. être mouillé ; 2. être frais, en parlant du teint, des fleurs etc...

စိုး - /'so-/ *v. rare seul,* gouverner, *cf.* အုပ်စိုး-, စိုးစံ- *etc...*; > အစိုးရ /ʔə`so ya'/ *n.* gouvernement, *ex.* ထိုစဉ်က ဗြိတိသျှအစိုးရ၏ ရပ်တည်ချက်သည် အင်္ဂလန်နိုင်ငံ၏ ရပ်တည်ချက်မျှသာ ဖြစ်ခဲ့သည်။ "à cette époque-là, l'attitude du gouvernement britannique était simplement l'attitude de l'Angleterre" (ကြေးမုံ 18,3,77), *cl.* -ခု.

စိုး - /`so-/ *v.* redouter, se faire du souci, *voir aussi* စိုးရိမ်-, *même sens.*

စိုးကဲ - /`so `kɛ-/ *v.* gouverner, commander, *se dit surtout d'un roi, ex.* သူတိုင်းပြည်ကိုစိုးကဲတာ ၁၀-နှစ်ရှိသွားပြီ။ "cela fait dix ans qu'il gouverne le pays".

စိုးကြပ် - /`so caʔ-/ *v.* gouverner, *se dit surtout d'un roi.*

စိုးကွပ် - /`so kuʔ-/ *v.* gouverner, *se dit surtout d'un roi.*

စိုးခန့် - /`so khaɴ'-/ *v. dés.* redouter, s'inquiéter.

စိုးချာ- /`so cha-/ *v.* gouverner, *se dit surtout d'un roi.*

စိုးချုပ်- /`so cho?-/ *v.* gouverner, *se dit surtout d'un roi.*

စိုးခြုံ- /`so chON-/ *v.* gouverner, *se dit surtout d'un roi,*

စိုးငဲ့- /`so ŋɛ'-/ *v.* craindre, redouter (quelque chose).

စိုးစား- /`so `Sa-/ *v.* gouverner, *se dit surtout d'un roi.*

စိုးစိ /`so Si'/ *n. adv.* un peu, *en phrase négative, ex.* ပိုက်ဆံစိုးစိမျှမရှိ။ "je n'ai pas le moindre sou".

စိုးစိုးစစ်စစ် /`so `so si? Si?/ *n. adv.* douleurs, douloureusement, *ex.* တုတ်ကွေးကြောင့်တကိုယ်လုံး စိုးစိုးစစ်စစ်ကိုက်နေတယ်။ "il était tout courbaturé par la grippe".

စိုးစိုးစည်စည် /`so `So si Si/ *n. adv.* bruits divers, animation produite par toutes sortes de bruits, brouhaha joyeux.

စိုးစိုးစပ်စပ် /`So `So sa? Sa?/ *n. adv.* vivacité, activité débordante, agitation, *ex.* ဒီမိန်းကလေးက စိုးစိုးစပ်စပ်နဲ့ နေရာတကာ ပါချင်တာ တယ်။ "comme cette jeune personne est d'une activité débordante, elle veut être partout".

စိုးစိုးစိမ့်စိမ့် /`so `So `seN `seN/ *n. adv.* infiltration, par infiltration, pénétration, *ex.* ဒီက နေ့ စိုးစိုးစိမ့်စိမ့်ဖြစ်နေတယ်၊ ဖျားချင်သလားမသိဘူး။ "aujourd'hui je suis tout transi, je me demande si c'est la fièvre qui monte".

စိုးစဉ်း /`So ` si/ /`So ` SiN/ *n. adv.* un peu, *en phrase négative seulement, avec la négation :* pas le moindre, pas le moins du monde, *ex.* ဒီကိစ္စကိုကျွန်တော် စိုးစဉ်းမျှမရိပ်မိဘူး။ "je n'ai pas deviné cette affaire du tout".

စိုးစံ- /`so saN-/ *v.* régner, être à la tête d'un état, *ex.* ထီးနန်းစိုးစံတော်မူလေသည်။ "il régnait".

စိုးစိမ်း-/`so `seN-/ *v. litt. poét.* être verf vif, être d'un vert frais à la vue.

စိုးစွင့်-/`so suiN'-/ *v. litt. poét.* être très haut, très élevé : montagnes, arbres.

စိုးစွန်း- /`so `suN-/ *v. litt. poét.* monter, s'élever verticalement : paroi, édifice, *etc...*

စိုးဆောင်- /`so shɔN-/ *v. langue écrite,* gouverner, *se dit surtout des rois.*

စိုးတစိ /`so TəSi/ *n. adv.* un peu, *en phrase négative seulement ; avec la négation :* pas le moins du monde ; *cf.* တစိုးတစိ , *ex.* သူ့သတင်းကို စိုးတစိမျှ မကြားချင်ပါဘူး။ "je ne tiens pas le moins du monde à avoir de ses nouvelles".

စိုးထုးမင်းရာ /`so `thu `miN ya/ *n.* frais en justice,dépens.

စိုးထိတ်- /`so theʔ-/ *v.* craindre, s'inquiéter.

စိုးနောင့်- /`so ŋɔN'-/ *v.* être troublé par la peur, par le souci, se tourmenter, *ex.* ဘာမှမစိုးနောင့်ပါနဲ့၊ အခက်အခဲမရှိနိုင်ပါဘူး။ "ne vous tourmentez pas, il ne peut y avoir de difficulté".

စိုးနောင့်ဗျာပါ /`so ŋɔN' bya pa/ *n. bir.p.* trouble causé par le souci, la crainte.

စိုးပူ- /`so phu-/ *v.* s'inquiéter de, craindre, appréhender, *ex.* သူ့လက်ကလေးများပုံပျက်သွားမှာစိုးပူသည်။ "elle craignait de s'abîmer les mains".

စိုးပိုင်- /`so paiN-/ *v.* être le gouverneur de : ville, province (du temps des rois) ; avoir la possession de, avoir la jouissance de, *ex.* အိပ်ခန်းတခန်းစိုးပိုင်ထားကြသောကြောင့် "comme il était installé dans une chambre..." (မမလေး တွေးတစိန့်စိန့် , p. 37)

စိုးမိုး- /`so `mo-/ *v.* administrer, gouverner.

စိုးမင်း /`so `miN/ *n. litt.* seigneurs, maîtres, *ex.* အရှင်စိုးမင်းများကို မရိုမသေမလုပ်ရဘူး။ "il ne faut pas se conduire de façon irrespectueuse vis-à-vis de ses maîtres".

စိုးမြန်း- /`so `myaN-/ *v.* gouverner, administrer, *se dit surtout de rois, ex.* တိုင်းပြည်မှာဘုရင်သစ်တပါး စိုးမြန်းတော်မူသည်။ "un nouveau souverain gouverne le pays".

စိုးမှူး- /`so `m̥u-/ *v.* régner sur, gouverner, en parlant de grands personnages, de rois, de divinités, *ex.* ဒီရွာကိုသူ့အဘိုးနဲ့အဖေများအစဉ်အဆက်စိုးမှူးခဲ့ကြတယ်။ "son grand-père et son père ont continuellement administré ce bourg".

စိုးရိမ်- /`so yeN-/ *v.* s'inquiéter, se faire du souci, *ex.* မစိုးရိမ်ပါနဲ့။ "Ne vous faites pas de souci", ဘေးအန္တရာယ်ဖြစ်ပေါ်လာမည်ကိုအလွန်စိုးရိမ်။ "vive inquiétude devant le danger qui menace" (ကြေးမုံ 20, 7, 74).

စိုးရိမ်တကြီး /`so yeN Tə`Ci/ *n. adv.* dans l'inquiétude, avec inquiétude.

စိုးရိမ်မကင်း /`so yeN me `kiN/ *n. adv.* non sans inquiétude, pas à l'abri de l'inquiétude, *ex.* သူ မိုးရေထဲမှာ လမ်းလျှောက်တာနှင့် သူ နေမကောင်းမှာကို စိုးရိမ်မကင်းဖြစ်နေတယ်။ "il y a de quoi se faire du souci : il va prendre mal en se promenant sous la pluie".

စိုးရွံ့- /`so ʃuN'-/ *v.* craindre, redouter.

စိုးအုပ်- /`so ʔoʔ-/ *v.* administrer, gouverner.

စက် /sɛʔ/ *n/ skr.* 1. machine, moteur, *ex.* ကားစက်ပျက်တယ်။ "la voiture est en panne" ; 2. tour de potier ; 3. appareil, *ex.* ဂဏန်းတွက်စက်။ "machine à calculer" ; 4. outillage (d'une usine), *ex.* သစ်စက်တလုံး ပိုင်တယ်။ "il possède une scierie" ; 5. moulin, *ex.* ဆန်စက်သူဌေး။ "le minotier", *cl.* -လုံး -ခု ; 6. cycle, *ex.* သံသရာစက်အဆက်ဆက်။ "le cycle des transmigrations", *voir aussi* စက်တော်, စက်တော်ရာ.

-စက် အစက် /-Sɛʔ/ /ʔəsɛʔ/ *n.e. skr.* objet rond, cercle, *ex.* ရေစက်တစက်။ "une goutte d'eau", *sens fig.* zone d'influence, de pouvoir etc..., *ex.* သူ့အာဏာစက်က မလွတ်နိုင်ဘူး။ "je ne peux échapper à son pouvoir".

စက်- //sɛʔ-/ / *v.* se répandre, être contagieux.

စက်-/sɛʔ-/ *v.* dormir, en parlant du Bouddha.

စက်-/Sɛʔ-/ *v.* fournir la valeur égale en... s'emploie seulement précédé d'un nom de métal ou d'une matière précieuse, *ex.* ရွှေနဲ့စက်ပြီး လည်း ယင်တောင်မလည်းဘူး။ "même si vous me l'échangiez contre sa valeur en or, je n'accepterais pas".

စက်ကရိယာ /sɛʔ kəriya/ *n.* outillage industriel, pièces de mécanique.

စက်ကလေး /sɛʔ Kə`le/ *n.* mitraillette, *abrév. de* စက်သေနတ်ကလေး, *voir aussi* စက်သေနတ်, *cl.* -လက်.

စက္ကူ /sɛʔKu/ *n. môn,* 1. papier, *ex.* စက္ကူတွေထုတ်လုပ်တဲ့စက်ရုံတည်ဆောက်နေတယ်။ "on construit une fabrique de papier", *cl.* -ချပ်, -ရွက် ; 2. billet de banque, *précédé de* ငွေ, *ex.* ငွေစက္ကူနှစ်ဆယ်တန်။ "un billet de vingt kyats", *cl.* -ချပ်, -ရွက် ; 3. plante, *cf.* စက္ကူပန်း.

စက္ကူစက် /sɛʔKu Sɛʔ/ *n.* fabrique de papier, *cl.* -လုံး, -ရုံ.

စက္ကူပန်း /sə?Ku `PaN/ *n. bot.* nyctaginacées, 1. *Bougainvillea glabra* Chois. ; 2. *Bougainvillea spectabilis* Willd. ; *le mot birman est la traduction de l'anglais "paper flower" ;* plante ornementale : bougainvillier ; 3. orchidacée, *Dendrobium crystalinum* Reichb. f. ; se trouve à Maymyo, Taunggyi, Moulmein et en Arakan ; ses fleurs, blanches, ont trois ou quatre centimètres de diamètre ; 4. zinnia ; 5. fleur artificielle, de papier, *cl.* – ပွင့်, – ခက်, – ခိုင်, – စည်း.

စက္ကူမဲ /sɛ?Ku `mɛ/ *n.* bulletin de vote, *cl.* – ရွက်, – စောင်.

စက္ကူဖြူစာတန်း /sɛ?Ku PHyu sa`TaN/ *n. dés. litt.* "papier blanc", papier réservé aux publications et annonces officielles, émanant du gouvernement, *cl.* – စောင်.

စက်ကတ်ကျေး /sɛ? Ka?`Ce/ *n.* tondeuse de coiffeur, *cl.* – လက်.

စက္ကန့် /sɛ?KaN'/ *n. angl.* seconde.

စက်ကင်း- /sɛ?`KeN-/ *v. moins employé que* ကင်းစက်- , *voir ce terme.*

စကြဝဠာ /sɛ? Ca' Uəla/ *ou* စကြာဝဠာ /sɛ?Ca Uəla/ *n. skt.* univers, *ex.* ဒီသတင်းဟာ စကြာဝဠာတရပ်လုံး ကိုတုန်လှုပ်စေတယ်။ "cette nouvelle émut tout l'univers", *cl.* – ရပ် ; > စကြဝဠာဒုံးပျံ /cɛ?Ca' Uəla `doN PyaN/ *n.* fusée interplanétaire, *cl* – လုံး, – စင်း.

စကြာ /sɛ?Ca/ *n.* 1. disque, objet rond ; 2. véhicule volant d'Indra ; 3. disque-arme d'Indra ; 4. jouet d'enfant, fait de feuilles de palme façonnées en projectile, *ex.* ကလေးများထန်းရွက်စကြာကစားနေကြတယ်။ "les enfants jouent à l'avion" ; 5. pieds du Bouddha, des rois, de grands personnages ; – စကြာ /-sɛ?Ca/ *n.e.* magique, ayant un pouvoir surnaturel, *ex.* ဓါးစကြာ။ "sabre magique" လှံစကြာ။ "lance magique".

စကြာဖြန့်- /sɛ?Ca phyaN'-/ *v. honor.* voyager, partir en voyage, en parlant de grands personnages : rois, etc...

စကြာမင်း /sɛ?Ca `miN/ *n. pr.* Indra.

စကြာဝဠာ /sɛ?Ca Uəla/ *n.* monde, univers, *cf.* စကြဝဠာ , *ex.* ဒီနှစ်မယ် စကြာဝဠာ ရွေးပွဲရှိ တယ်။ "cette année on décerne le prix de "Miss Monde", သူ့သတင်းဟာ စကြာဝဠာတခုလုံး ကျော်ကြားတယ်။ "le monde entier parle de lui".

စက်ကြီး /sɛ? `Ci/ *n.* fusil mitrailleur, *abréviation de* စက်သေနတ်ကြီး , *cl.* -လက် .

စက်ကွက် /sɛ? Kuɛ?/ *n.* maladie de peau qui se propage sur tout le corps.

စက်ကွင်း /sɛ? `KuiN/ *n.* rayon d'action, aire dans laquelle s'exerce une force naturelle, un pouvoir politique, militaire etc... *ex.* သူ့ရဲ့အာဏာ စက်ကွင်းဟာ မသေးဘူး။ "son pouvoir s'exerce sur une vaste étendue", မိုးကြိုး စက်ကွင်းတရပ်လုံး လောင်ကျွမ်း မဲ တူးကုန်တယ်။ "dans le rayon d'action de la foudre, tout est noir et calciné", *cl.* -ရပ် , -ခု ; 2. motifs ornementaux sur les parois latérales d'une chaise à porteur, d'un bateau de cérémonie, *cl.* -ကွင်း .

စက်ကွင်းကွဲ /sɛ? `KuiN `kuɛ/ /sɛ? `KuN `kuɛ/ *n.* fente, éclatement naturel dans un bois, défaut dans une bille de bois, *cl.*- ခု , -ကွင်း .

စက်ခလုတ် /sɛ? KHəlo?/ *n.* manette (de machine), *ex.* စက်ခလုတ်စင်။ "tableau de bord", *cl.* - ခု , -လက် .

စက္ခု /sɛ?KHu'/ *n. p.*, 1. oeil, *sens pr.*, *cl.* - စုံ , -လုံး ; > စက္ခုအာရုံကြော သေခြင်း /sɛ?KHu' ?ayoN `cɔ θe `CHiN/ *n.* atrophie optique, *cf.* ကြောင်တောင်ကန်းခြင်း ; 2. *sens fig.* sagesse, clairvoyance.

စက်ခေါင်း /sɛ? `KɔN/ *n.* locomotive, *ex.* ဒီရထားစက်ခေါင်းဟာအသစ်ဝယ်ထား တာနဲ့တူတယ်။ "on dirait que la locomotive de ce train est neuve, et achetée depuis peu", *cl.* - ခေါင်း .

စက်ခန်း /sɛ? `KHaN/ *n.* chambre à coucher royale, *vocabulaire honor.*, *cl.*-ခန်း.

စက်ချုပ်- /sɛ? CHo?-/ *v.* piquer à la machine; > စက်ချုပ်ဆိုင် /sɛ? CHo? shaiN/ *n.* boutique, magasin de tailleur.

စက်စက် /sɛ? Sɛ?/ *n. adv.* goutte à goutte, *ex.* နေပူအောက်မှာလယ်ထွန်နေ သောလယ်သမားကြီးဟာ ချွေး စက်စက်ကျနေတယ်။ "la sueur du paysan qui travaille la terre en plein soleil tombe goutte à goutte".

စက်စက်ယို- /sɛ? Sɛ? yo-/ *v.* fuir sans arrêt, en parlant d'un récipient, d'un robinet, goutter sans arrêt ; > စက်စက်ယို /sɛ? Sɛ? yo/ *n. adv.* beaucoup, très, *ex.* ဒီမိန်းမ လေးဟာစက်စက်ယိုအောင်

လှတယ်။ "cette jeune personne est très belle".

စက်စဉ်းဓါး /sɛʔ `SIN `da/ *n.* hache, grand couperet à débiter du bétail, de la viande, *cl.* – ချောင်း, – လက် .

စက်ဆရာ /sɛʔ SHəya/ *n.* mécanicien, *cl.* – ယောက်, – ဦး.

စက်ဆီ /sɛʔ SHi/ *n.* huile de moteur, huile lubréfiante.

စက်ဆုပ် – /sɛʔ shoʔ-/ *v.* détester, être dégoûté par *(souvent suivi de* ရွံရှာ-*)* *ex.* သူလုပ်ပုံကိုင်ပုံဟာ စက်ဆုပ်ရွံရှာဖွယ်ကောင်းတယ်။ "ses façons d'agir sont dégoûtantes".

စက်တော် /sɛʔ Tɔ/ *n.* plante du pied de Bouddha.

စက်တော်ခေါ် – /sɛʔ Tɔ khɔ-/ *v. honor.* dormir, en parlant de rois, reines, *ex.* ဘုရင်မင်းမြတ် စက်တော်ခေါ်နေတယ်။ "le roi dort".

စက်တော်ရာ /sɛʔ Tɔ ya/ *n.* empreinte de pied du Bouddha, empreinte sacrée, *cl.* – ဆူ.

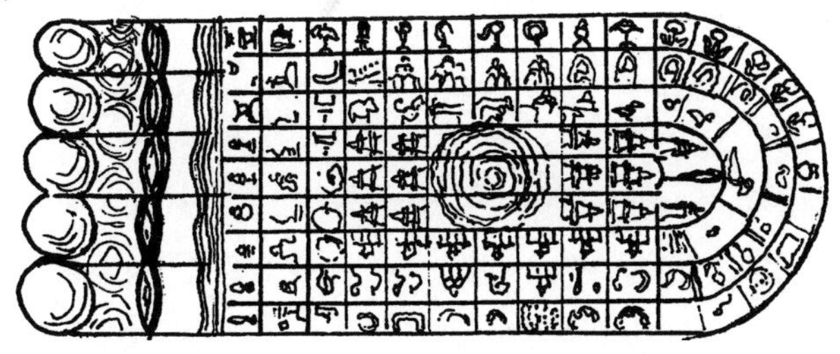

စက်တင် – /sɛʔ tIN-/ *v.* 1. installer sous la potence, passer la corde au cou, *ex.* ဓါးပြကို သေဒဏ်ပေးဘို့ စက်တင်ထားပြီ။ "voilà le bandit sous la potence, pour recevoir son châtiment" ; 2. mettre la forme sur la machine, en imprimerie, caler.

စက်တင်ဘာ /sɛʔ TIN ba/ *n. angl.* septembre.

စက်တင်လျက်ပါ /sɛʔ TIN yɛʔ Pa/ *n. adv.* dans le sillage de, *ex.* မောင်ဘ ဒီ အမျိုးသမီး နောက်စက်တင်လျက်ပါလိုက်သွားတယ်။ "Maung Ba reste dans le sillage de cette jeune fille".

စက်တောင်း /sɛʔ `TɔN/ *n.* panier contenant un quart de တင်း, soit, environ, neuf litres ; à usage domestique, *cl.* – တောင်း.

စက်တိုင် /sɛʔ TaiN/ *n.* 1. pivot de tour, pivot de machine ; 2. potence, *cl.* – တိုင် .

စက်တန့် /sɛʔ Taɴ'/ *n.* arc-en-ciel apparaissant à l'est, *voir aussi* သက်တန့်, သက်တံ.

စက်နာရီ /sɛʔ Nayi/ *n.* montre, horloge à rouages et ressorts, *cl.*- လုံး, - ခု.

စက်နှိုး- /seʔ `ŋo-/ *v.* mettre en marche un moteur ; faire démarrer une voiture.

စက်ပရု /sɛʔpru'/ *n. skt-angl.* épreuves, *terme d'imprimerie, cl.* - ရွက်, - ချပ်.

စက်ပစ်ကွင်း /sɛʔ Pyiʔ Kuiɴ/ *n. skt-bir.* champ de tir, *cl.* - ကွင်း.

စက်ပစ္စည်း /sɛʔ pyiʔ `Si/ *n. skt-bir.* matériel industriel : machines, pièces détachées, mécanismes etc..., *ex.* စက်ပစ္စည်း အစိတ်အပိုင်း တို့ကိုလက်တွေ့လေ့လာစေရသည်။ "il faut faire étudier par la pratique les différentes parties de la machine" (ရှေ့သို့ , 1.IX. 78, p. 41) *cl.* - ခု, - မျိုး.

စက်ပတ်ကြိုး /sɛʔ Paʔ `Co/ *n. skt-bir.* courroie de machine, courroie de transmission, *cl.* - ချောင်း.

စက်ပန်း /sɛʔ `Paɴ/ *n. skt-bir.* broderies sur les blouses et chemisiers, broderies faites à la machine, *ex.* ခုတလော စက်ပန်း ပြန်ခေတ်ထလာတယ်။ "à présent, la mode des broderies revient".

စက်ပုန်း /sɛʔ `Poɴ/ *n. skt-bir.* hélice de navire.

စက်ပုန်းခုတ် - /sɛʔ `Poɴ khoʔ-/ *v. skt-bir.* 1. actionner un mécanisme caché, mettre en marche un propulseur, une hélice de navire (allusion aux premiers bateaux à vapeur) ; 2. *sens fig.* "tirer les ficelles", manipuler secrètement quelqu'un, agir secrètement, à l'insu d'autrui, *ex.* ဒီမိန်းမ ဟာသူ့လင်ကွယ်ရာမှာ စက်ပုန်းခုတ်နေတယ်။ "en l'absence de son mari, cette femme s'est livrée à des machinations".

စက်ပျော်- /sɛʔ pyɔ-/ *v. honor.* dormir, en parlant de rois et reines.

စက်ပျက်- /sɛʔ pyɛʔ-/ *v. skt-bir.* avoir une panne de moteur, de voiture, être en panne, *ex.* ကား စက်ပျက်သည်။ "la voiture est en panne".

စက်ပြင် /sɛʔ Pyiɴ/ *n. skt-bir.* 1. tour de potier, *cl.*- ခု ; 2. plateau du tour, *cl.* - ချပ်.

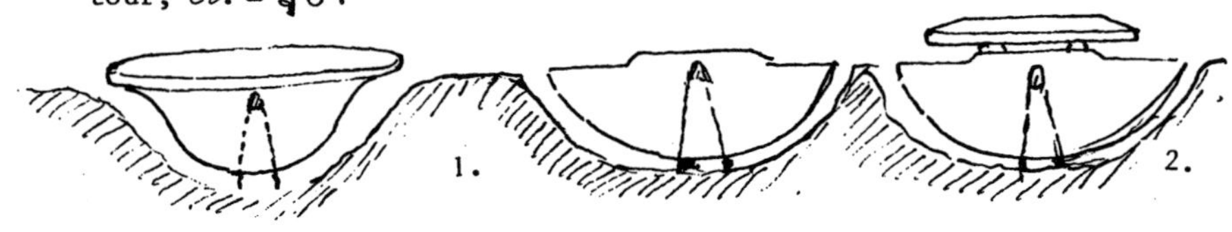

စက်ပြောင်း /sɛʔ `Pyɔɴ/ *n. skt-bir.* jumelles, longue-yue, *cl.* - လက်, - လုံး.

စက်ဖုံး /sɛʔ `PHoɴ/ *n. skt-bir.* capot (de voiture) cache, couvercle de moteur, *cl.* - ခု.

စက်ဖြစ်- /sɛʔ PHyiʔ-/ *e.n. skt-bir.* à la machine, fait à la machine, *ex.* စက်ဖြစ်ပစ္စည်း။ "objet manufacturé", စက်ဖြစ်အထည်။ "étoffe tissée à la machine".

စက်ဘီး /sɛʔ `PeN/ ./səˋbeN/ *n. skt-bir.* bicyclette, *ex.* စက်ဘီး တစီး နှင့် ဈေး တွေမှာသတင်း စာသွား ဝယ် ပေး ပြီး ပြီ။ "elle avait dû se rendre à vélo sur les marchés pour lui acheter les journaux" (တက္ကသိုလ်ဖိမ်း သိုး ဓဲ) , *cl.* - စီး.

စက်ဘီး စီး ပြိုင်ပွဲ /səˋbeNˋsi pyaiN `Puɛ/ *n. skt-bir.* course de bicyclette, *cl.* - ပွဲ.

စက်ဘီး တာယာ /səˋbeN taya/ *n. skt-bir-angl.* pneu de bicyclette, *cl.* - လုံး, - ခု.

စက်ဘီး ပြင်ဆိုင် ./səˋbeN pyiN shaiN/ *n. skt-bir.* garage, atelier de réparation de bicyclettes, *cl.* - ဆိုင်.

စက်ဘီး ပြိုင်ပွဲ /səˋbeN pyaiN `Puɛ/ *n. skt-bir.* course de bicyclette, *cl.*- ပွဲ.

စက်မဲ့ လေယာဉ် /sɛʔ Mɛʼ le yin/ *n. skt-bir.* planeur, *cl.* - စီး.

စက် မောင်း /sɛʔ `MɔN/ *n. skt-bir.* 1. levier automatique, piloir mécanique, *cl.* - လက် ; 2. chauffeur, de voiture automobile, *cl*- ယောက်, - ဦး.

စက် မောင်း သမား /sɛʔ `MɔN θəˋma/ *n. skt-bir.* conducteur d'une machine, chauffeur de voiture, *cl.* - ဦး , - ယောက်.

စက် မွေ့- /sɛʔ mueʼ-/ *v. honor.* dormir, en parlant de rois, princes, hauts personnages.

စက် မွေ့ရာ /sɛʔ Mueʼ ya/ *n. honor. litt.* couche, royale, princière etc... *cl.* - နေရာ , - ခု.

· စက်မှု /sɛʔ Muʼ/ *n. skt-bir.* industrie, *cl.* - ရပ် ; > စက်မှုပညာ /sɛʔ Muʼ pipa/ *n.* technologie, *cl.*- ရပ်.

စက်မှုစွမ်းအား /sɛʔ Muʼ `suN `ʔa/ *n. skt-bir.* puissance d'un moteur,d'une machine, "power" ; puissance mécanique, *cl.* - ရပ်.

စက်မှုလက်မှု /seʔ Muʼ lɛʔ Muʼ/ *n. skt-bir.* industrie ; techniques, *ex.* စက်

မှုလက်မှုဆိုင်စက်မှုလက်မှုဘိုး တက်အောင်နိုင်ငံခြားသို့ပညာတော်သင်များစေ လွှတ်တယ်။ "on envoie des boursiers à l'étranger en vue d'un progrès technique", စက်မှုလက်မှုဆိုင်ရာပုံစံ။ "dessin industriel" ; > စက်မှုလက်မှုပညာသည် /sɛ? Mu lɛ? Mu pi∫ina θɛ/ *n.* technicien ingénieur, artisan usant de machines, *cl.* – ယောက်, – ဦး.

စက်မှုလက်မှုလုပ်ငန်း /sɛ? Mu' lɛ? Mu' lo? `ŋaN/ *n. skt-bir. chane,* entreprise, activité industrielle ou artisanale mécanisée, branche de l'industrie ou de l'artisanat mécanisé, *cl.* – ရပ်, – ခု.

စက်မှုလက်မှုပညာသင် /sɛ? Mu' lɛ? Mu' pyina θiN/ *n. skt-bir. p.* apprenti, ingénieur ou technicien en stage d'apprentissage, *cl.* – ယောက်, – ဦး ; > စက်မှုလက်မှုပညာသင်ကျောင်း /sɛ? Mu' lɛ? Mu pyina θiN `CɔN/ *n.* école technique, institut de technologie, *cl.* – ကျောင်း.

စက်မွေး – /sɛ? `Me-/ *v. honor.* dormir, en parlant de rois, princes et grands personnages.

စက်ယန္တရား /sɛ? yaNTə`ya/ *n. skt-p.* mécanisme, *cl.* – ခု, – လုံး.

စက်ရဟတ် /sɛ? yəha?/ *n. skt-hindi,* mécanisme constitué d'une roue ou animé d'un mouvement circulaire : ventilateur, grande roue sur une foire, roue d'une loterie, arme d'Indra etc..., *cl.* – ခု, – လုံး, – လက်.

စက်ရာ /sɛ? ya/ *n. honor.* couche royale ou princière, *cl.* – ခု.

စက်ရေတွင်း /sɛ? ye `TuiN/ *n. skt-bir.* puits pourvu d'une pompe à moteur, *cl.* – လုံး.

စက်ရေနွေးအိုး /sɛ? ye ` Nue `?o/ *n.* chaudière, *peu employé, cf.* ဘွိုင်လာအိုး, *cl.* – လုံး.

စက်ရေး /sɛ? `ye/ *n. honor.* sommeil de roi, de prince.

စက်ရိုက် – /sɛ? yai?-/ *v. skt-bir.* imprimer, *terme courant, cf.* ပုံနှိပ် – *terme officiel.*

စက်ရစ်လုံး /sɛ? yi? `LoN/ *n. skt-bir.* treuil, *cl.* – လုံး.

စက်ရပ်သတင်း /sɛ? ya? θə`TiN/ *n. skt-bir. p.* dernières nouvelles, insérées dans les dernières éditions des journaux, *ex.* စက်ရပ်သတင်းပါ တော့ တခုခု ထူးလို့ပဲ။ "si c'est en dernière nouvelle, c'est quelque chose d'extraordinaire", *cl.* – ရပ်, – ခု.

စက်ရုပ် /sɛ? yo?/ *n. skt-bir.* automate, robot, poupée animée par un mécanisme, *cl.* – ရုပ် ; 2. *sens fig.* personne sans initiative, docile, mais incapable d'agir seule, *ex.* သူက တော့ စက်ရုပ်ဘဲ ၊ သူ့ဆရာ ခိုင်းမှသာ လုပ်တတ်တယ်။ "mais lui, c'est un automate : il n'agit que sur ordre de son maître".

စက်ရုံ /sɛʔ yoɴ/ *n. skt-bir.* usine, *ex.* မိမိတို့ ကျောင်း ၊ ရပ်ကွက် ၊ အဆောင် ၊ စက်ရုံ ၊ အလုပ်ရုံနှင့် ဆေးရုံ ၊ ရုံးဌာနအ ဆောက်အဦးများကို ... သန့်ရှင်းရေး လုပ်အားပေးကြ၏။ "ils firent bénévolement le nettoyage des locaux de leurs propres écoles, quartiers, foyers, usines, hopitaux et bureaux" (ရှေ့သို့ nov., 1977, p. 7), *cl.* – ရုံ , – လုံး .

စက်ရှင်တရားသူကြီး /sɛʔʃəɴ tə`ya θu `Ci/ *n. angl.bir.* (sessions judge) juge d'assises, *cl.* – ဦး .

စက်ရှင်မင်းကြီး /sɛʔʃəɴ `miɴ `Ci/ *n. angl.bir.* juge d'assises, *cl.* – ဦး .

စက်ရှင်ရုံး /sɛʔʃəɴ `yoɴ/ *n. angl.bir.* cour d'assises, *cl.* – ရုံး .

စက်သေနတ် /sɛʔ `Le/ *n. skt-bir.* mitrailleuse, *cl.* – လက်.

စက်လက် /sɛʔ Lɛʔ/ *n. adv.* continuellement, sans arrêt, en parlant de l'écoulement d'un liquide, *ex.* သူဆင်းရဲပုံကို မျက်ရည်စက်လက်နှင့် ပြောပြတယ်။ "il exposa sa misère tout en pleurant continuellement".

စက်လှေ /sɛʔ Le/ . *skt-bir.* bateau à moteur, canot à moteur, *cl.* – စင်း.

စက်လှေကား /sɛʔ l̥e`Ka/ *n. skt-bir.* escalier roulant, mécanique, escalator, *cl.* – ခု.

စက်လှဲ့ /sɛʔ l̥ɛ'-/*v.skt.bir.* *cf.* စက်လှည့်- .

စက်လှည့်- /sɛʔ l̥ɛ'-/ *v. skt-bir.* faire tourner un moteur, faire tourner le tour (poterie) ; 2. *sens fig.* donner, sans en avoir l'air, l'impulsion, faire agir par en-dessous, *ex.* ဒီကိစ္စမှာ သူသဘောနဲ့ လုပ်တာ မဟုတ်ဘူး ၊ သူ့ဇနီး စက်လှည့်တာခံနေရတာ။ "dans cette affaire il n'agit pas de lui-même mais sous l'impulsion de sa femme".

စက်ဝိုင်း /sɛʔ `UaiN/ *n. skt-bir.* cercle, *cl.* – ခု ; > စက်ဝိုင်း- *emploi enclitique : adjectival,* circulaire, *ex.* စက်ဝိုင်းပြတင်း *n. arch.* rosace, rose.

စက်ဝိုင်းခြမ်း /sɛʔ `UaiN `CHaN/ *n. skt-bir.* demi-cercle, *cl.* – ခု , – ခြမ်း.

စက်ဝိုင်းစိတ် /sɛʔ `UaiN Seʔ/ *n. skt-bir.* quart de cercle, ou secteur, en général, *cl.* – ခု , – စိတ်.

စက်ဝိုင်းပဲ့ /sɛʔ `UaiN phɛʼ/ *n. skt-bir.* segment de cercle, *voir aussi* စက်ဝိုင်းပြတ် , *cl.* – ခု.

စက်ဝိုင်းပြတ် /sɛʔ `UaiN pyaʔ/ *n. skt-bir.* segment de cercle, *cl.*– ခု.

စက်ဝိုင်းရှည် /sɛʔ `UaiN ʃe/ *n. skt-bir.* ellipse, *cl.* – ခု.

စက်ဝိုင်းလုံး /sɛʔ `UaiN `LON/ *n. skt-bir.* sphère, *cl.* – လုံး , – ခု.

စက်ဝန်း /sɛʔ `UN/ *n. skt-bir.* circonférence.

စက်ဝန်းထက်ခြမ်း /sɛʔ `UN thɛʔ `CHaN/ *n. skt-bir.* demi-circonférence.

စက်သီး /sɛʔ `θi/ *n. skt-bir.* moufle, poulie, *cl.* – လုံး ; > စက်သီးသေ /sɛʔ `θi θe/ *n.* poulie fixe ;

စက်သီးရှင် /sɛʔ `θi ʃiN/ *n.* poulie mobile.

စက်သီးဘီး /sɛʔ `θi `beN/ *n. skt-bir.* réa de poulie, roulet de roue, *cl.*– လုံး

စက်သေနတ် /sɛʔ θənaʔ/ *n. skt.* mitrailleuse, mitraillette, *cl.*– လက်, – ချောင်း.

စက်သုံးဆီ /sɛʔ `θON shi/ *n. skt-bir.* lubréfiant : huile à machine ; carburant : essence, fuel, etc...

စက်သင်္ဘော /sɛʔ `θiN Pɔ/ *n. skt ?* grand bateau à moteur, *cf.* သင်္ဘော, *cl.*– စင်း.

စက်အီသံ /sɛʔ ʔi θaN/ *n. skt-bir.* bruit anormal dans un moteur, grincement indicateur d'un mauvais fonctionnement, d'un défaut, d'une panne.

စောက်- /sɔʔ-/ /sɔNʼ-/ *v.* être abrupt, être escarpé : montagne, paroi ; être à pic, *ex.* ဒီတောင်အတော်စောက်တယ်။ "cette montagne est très escarpée".

စောက် /sɔʔ/ *n.* 1. *vulg.* sexe féminin, vagin, *cf.* စောက်ပတ် ; 2. စောက်- *n.e.* terme d'injure ; 3. profondeur, *ex.* စောက်သုံးပေနက်တဲ့တွင်းကိုတူးတယ်။ "on a creusé à une profondeur de trois pieds".

စောက်ကမြင်းမ /sɔ? Kə`myIN Ma'/ *n. terme d'injure*, "fille de joie", "Marie couche-toi là".

စောက်ချ /zɔ? cha'/ *n. adv.* 1. droit au but ; 2. (avec) acharnement, (avec) passion, *ex.* ဘာသာစကားသုံးမျိုးအနက် မြန်မာစာကိုဘဲ စောက်ချလေ့လာသင်ကြားတယ်။ "de ces trois langues, c'est le birman seul que j'étudie avec acharnement".

စောက်စေ့ /sɔ? Si'/ *n. vulg.* clitoris.

စောက်ပတ် /sɔ? Pa?/ *n. vulg.* sexe féminin, vagin.

စောက်ထိစောက်ထိုး /zɔ? THi' zɔ? `THo/ *loc. adv.* à l'envers, sens dessus-dessous, *ex.* ပုလင်းတွေကို ကောင်းကောင်းစီပါ၊ စောက်ထိစောက်ထိုး မထားပါနဲ့။ "rangez bien les bouteilles, ne les mettez pas la tête en bas".

စောက်ထိုး /zɔ? `THo/ *loc. adv.* à l'envers, sens dessus-dessous.

စောက်ထိုးဂျွမ်းပြန် /zɔ? `THo `juN PyaN/ *loc. adv.* à l'envers, cul par-dessus tête.

စောက်ထိုးစောက်ထီး /zɔ? `THo zɔ? `THi/ *loc. adv. cf.* စောက်ထိစောက်ထိုး

စောက်ထိုးပြောင်းပြန် /zɔ? `THo byɔN PyaN/ *loc. adv.* 1. sens dessus-dessous; 2. à l'envers, *ex.* လုံချည်ကို စောက်ထိုးပြောင်းပြန်မဝတ်ရဘူး ။ "il ne faut pas mettre son lonji à l'envers".

စောက်ထိုးမိုးမျှော် /zɔ? `tho `mo m̥yɔ/ *loc. adv.* à l'envers, renversé.

စောက်ထိုးလင်းပြန် /zɔ? `THo `lIN PyaN/ *loc. adv.* à l'envers.

စောက်ဓါး /sɔ? `da/ *n.* tranchet ou couteau de cordonnier, *cl.* – လက်, – ချောင်း.

စောက်နက် /sɔ? nɛ?-/ *v.* être escarpé, en parlant de relief ; être profond en parlant de ravins, gouffres, récipients, *ex.* ဒီပန်းကန် စောက်နက်တယ်။ "cette écuelle est très creuse".

စောက်နက်လျှော →

စောက်နက်လျှော /sɔ? NƐ? `ʃɔ/ *n. géog.* forte pente, escarpement.

စောက်ပန်းကန် /zɔ? PəKaN/ *n.* bol, écuelle très creuse, *cl.* – လုံး.

စောက်မှန်းကမ်းမှန်းမသိ– /sɔ? `MaN `kaN `MaN mə θi'-/*v.* manquer de perspicacité, de jugement, *ex.* စောက်မှန်းကမ်းမှန်းမသိတဲ့ကလေး ။

"un enfant naïf" (qui ne sait pas distinguer le vrai du faux).

စိုက်- /sai?-/ *v.* 1. piquer vers, piquer sur, *ex.* စွန် အောက်ကို စိုက်သွားတယ်။ "le cerf-volant a piqué vers le sol" ; se retourner, se révulser, en parlant des yeux ; 2. planter, enfoncer dans, *ex.* အလံကို ဒီနေရာမှာ စိုက်ရင် ကောင်းမယ်။ "ce serait bien de planter le drapeau à cet endroit" ; planter, cultiver, *voir aussi* စိုက်ပျိုး- , *ex.* မိန်းကလေး တွေ ကောက်စိုက်ဖို့ လယ်ထဲဆင်းကြပြီ။ "les jeunes filles descendent dans la rizière pour repiquer le paddy" ; *sens fig.* fixer (son attention) sur, accorder (de l'importance) à, အာရုံစိုက်- ဂရုစိုက်- ; 3. payer pour quelqu'un d'autre, avancer momentanément de l'argent, *ex.* ဒီစာအုပ်ဘိုးကို ခဏစိုက် ပေးပါ၊ နောက် ပတ် ပြန် ပေးပါမယ်။ "avance-moi pour l'instant ce quoi payer ce livre, je te le rembourserai la semaine prochaine" ; *précédé de* အိတ်ထဲက , dépasser son budget, entamer ses économies, son capital, *ex.* အိတ်ထဲက စိုက်သုံးလာခဲ့တာ နှစ်ရှည် တော့လဲ စိုက်စရာကုန်သလောက် ရှိပြီ။ "à force de puiser dans ses ressources, à la longue on en voit le bout".

စိုက်ကပ်လိုက်- /sai? Ka? lai?-/ *v.* s'étioler, piquer du nez, en parlant de plantes, *ex.* မိုးမရွာလို့ မလှလယ် တွေ စိုက်ကပ်လိုက်ကုန်ပြီ။ "comme il n'y a pas d'eau les champs de Ma Hla dépérissent tous".

စိုက်ကြည့်- /sai? Ci'-/ *v.* regarder attentivement, fixer son regard sur.

စိုက်ခနဲ /sai? KHə`NE/ *n. adv.* tout droit vers, en se dirigeant tout droit vers, *ex.* အားကစားကွင်းထဲသို့ စိုက်ခနဲ ပြေးသွားတယ်။ "il a couru directement au terrain de sport".

စိုက်ခင်း /sai? `KHIN/ *n.* rizière, champ cultivé, *en général, cl.* - ခင်း, - ကွက်.

စိုက်ခင်းရေ /sai? `KHIN ye/ *n.* eau d'irrigation des champs.

စိုက်ငွေ /sai? ŋue/ *n.* avance momentanée d'argent, prêt momentané, *cl.* - ရပ်, ou montant de l'avance.

စိုက်စက် /sai? Sɛ?/ *n.* semoir mécanique, *ex.* ပဲစိုက် စက် ပြောင်းစိုက်စက် အာလူးစိုက်စက် ။ "semoir à haricots, millet, pommes de terre", *cl.* - လုံး.

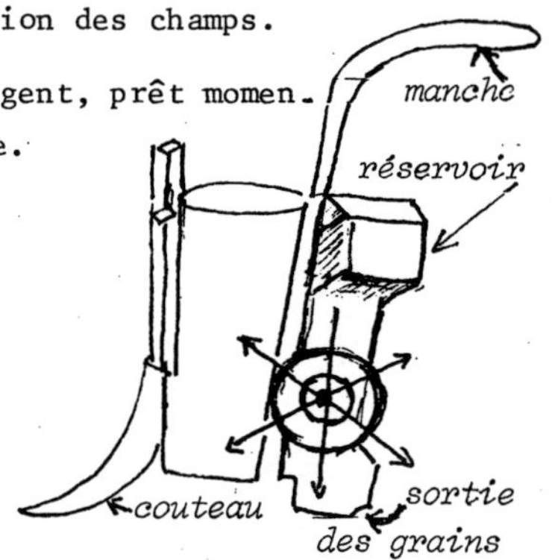

manche
réservoir
couteau
sortie des grains

စိုက်စိုက် /saiʔ Saiʔ/ *n. adv.* tout droit, tout juste, directement, *ex.* သူကို မျှော်နေတုန်း သူစိုက်စိုက် လာတယ်။ "il est arrivé tout juste comme on l'attendait".

စိုက်စိုက်မတ်မတ် /saiʔ Saiʔ maʔ Maʔ/ *n. adv.* dressé verticalement, tout droit, en concentrant son effort, son attention sur un seul but, un seul travail, une seule personne.

စိုက်ဆောက်- /saiʔ sɔʔ/ *v.* enfoncer verticalement, planter dans un support, en terre, surtout en parlant de construction.

စိုက်ထူ- /saiʔ u-/ *v.* enfoncer verticalement, planter en terre ou dans un support, *ex.* အိမ်ဆောက်ဖို့အိမ်တိုင်တွေစတင်စိုက်ထူတယ်။ "quand on construit une maison, on commence par planter les poteaux".

စိုက်ထိုး- /saiʔ `tho-/ *v.* s'enfoncer dans, tomber la tête la première, tomber en piqué, piquer du nez, *ex.* လက်ရေးကမတည့်ဘူး၊ အောက်စိုက်ထိုးသွားတယ်။ "ce n'est pas écrit droit, les lignes baissent"; > စိုက်ထိုးဗုံးကြဲ- /saiʔ `tho boN `cɛ-/ *v.* bombarder en piqué.

စိုက်ထောင်- /saiʔ thɔN-/ *v.* dresser verticalement, en enfonçant la base dans le sol, dans un support.

စိုက်ထုတ်- /saiʔ thoʔ-/ *v.* se consacrer à, concentrer les efforts sur, se fixer sur (un travail, une occupation etc...) ; 2. destiner à l'avance à un certain usage ; attribuer à l'avance, pour un but déterminé, avancer (de l'argent), *ex.* သူ့အဖေငွေရင်းစိုက်ထုတ်ပေးလို့ သူဒီဆိုင်ဖွင့်နိုင်တာ။ "c'est grâce aux fonds avancés par son père qu'il a pu ouvrir cette boutique".

စိုက်ပင် /saiʔ PiN/ *n. terme de vannerie,* brins dressés verticalement, une fois le fond tressé, en vue de la poursuite de l'ouvrage, *cl.*-ပင်, - ချောင်း.

စိုက်ပျိုး- /saiʔ `pyo-/ *v.* cultiver des plantes, *littéral.* "planter et faire pousser" ou "soigner", *ex.* လယ်ကွက်ထဲသင်းပြီး စိုက်ပျိုးပြခဲ့ကြသည်။ "on nous a montré comment on cultivait en allant dans les rizières (ရှုမဝ 1977, avril, p. 26).

စိုက်ပျိုးခင်း /saiʔ `Pyo `KHiN/ *n.* plate-bande cultivée, terrain cultivé, *cl.* - ခင်း.

စိုက်ပျိုးပင် /saiʔ `Pyo PiN/ *n.* plante cultivée, *cl.* - ပင်.

စိုက်ပျိုးရာသီ /saiʔ `Pyo yaθi/ *n.* saison des cultures, semailles, transplantations, *cl.* – ရာသီ .

စိုင်ပျိုးရေး /sai? `pyo `ye/ *n.* agriculture, *ex.* စနစ်တကျစိုက်ပျိုးရေးသည်အရေးကြီးသောလုပ်ငန်းရပ်ကြီးတခုဖြစ်၏။ "l'une des choses les plus importantes à assurer, c'est une agriculture méthodique (ရွှေသွေ့ mai, 1977, p. 36); > စိုက်ပျိုးရေးကော်မိရေးရှင်း။ "Chambre d'agriculture", > စိုက်ပျိုးရေးပညာရှင်။ /sai? `Pyo `ye pyiṇa ʃiN/ *n.* expert agricole, *cl.*-ယောက်,>စိုက်ပျိုးရေးလုပ်ငန်း/sai? `Pyo `ye lo? `ŋaN/ *n.* agriculture pratiquée, activité agricole, *cl.*-ခု,-ရပ်.

စိုက်ပျိုးရေးခြံ /sai? `Pyo `ye chaN/ *n.* terrain cultivé, jardin, *cl.* – ခြံ .

စိုက်ပျိုးသီးနှံ /sai? `Pyo `θi `NaN/ *n.* produits agricoles, production agricole, *ex.* စိုက်ပျိုးသီးနှံရာနှုန်းတိုးမြှင့်ရေးအတွက်စနစ်တကျစိုက်ပျိုးရတယ်။ "pour augmenter le taux de production, il faut pratiquer une agriculture méthodique".

စိုက်မိုး /sai? `Mo/ *n.* pluie suffisante pour permettre les plantations, la mise en culture, vers le mois de mai, *cl.* – ရပ် ,– ခါ .

စိုက်လိုက်မတ်တတ် /sai? Lai? ma? Ta?/ *n. adv.* sans dévier, de façon rectiligne, avec rigueur, avec rigidité, *ex.* စိုက်လိုက်မတ်တတ်ပြုလုပ်တတ်လွန်းလို့၊ တခါတလေလူတွေလက်မခံနိုင်ဘူး ။ "il est trop rigide dans ses façons d'agir ; parfois les gens ne le supportent pas".

စိုက်သွား /sai? `θua/ *n.* fausse dent, implant, *cl.* – ချောင်း .

စိုက်အား /sai? `ʔa/ *n. phys.* force appliquée, intensité d'un effet, *ex.* နည်းမှန်ရင်စိုက်အားပိုသက်သာတယ်။ "la force utilisée est moindre si la méthode est bonne".

စင်– /siN-/ *v.* être propre, être pur en parlant d'objets concrets ou de sentiments, *ex.* ရွှေစင်။ "or pur", အိမ်ကိုစင်အောင်သုတ်ထားပါ။ "nettoyez la maison afin qu'elle soit nette", être débarrassé de, débarrasser de, expulser, *ex.* သွေးတွေစင်အောင်ညှစ်ထုတ်တယ်။ "on presse pour faire sortir le sang" (မနုသ ကျော်ဝင်း တက္ကသိုလ်ဘယ်မှာရှိတယ် p. 25).

စင် /siN/ *n.* étagère, rayonnage ; estrade, plate-forme, scène de théâtre, treille, échalas, *ex.* စာအုပ်စင် "rayon à livres", ဗူးစင်၊ သခွါးစင်။ "treille à gourdes, treille à concombres", *cl.* – ခု

စင်တော် /siN Tɔ/ *n.* troupe officielle de marionnettes, du temps des rois, *ex.* *(prov.)* ထင်ပေါ်ကျင့် စင်တော်က

ကောက်။ "si vous êtes célèbre , les marionnettes officielles vous représenteront", စင်တော်ဖွင့်လှမ်းအမှီ။ "à temps pour le début de la représentation",

စင်္ကာပူ /sINKa pu/ *n. pr.* Singapour.

စင်ကြယ်- /sIN cε-/ *v.* être propre, être pur, en parlant de sentiments, d'état d'esprit, de réputation, *ex.* သမက်ရွေးတဲ့အခါ၊ အမျိုးစင်ကြယ်သလားကိုဦးစွာစုံစမ်းတယ်။ "quand on choisit un gendre, on recherche d'abord si sa famille est sans tache", ကျွန်မပိုက်ဆံတွေဟာ မခိုးမလုဘဲ လုပ်အားနဲ့ရတဲ့အလွန်စင်ကြယ်တဲ့ငွေတွေပါ။ "ma fortune a été honnêtement gagnée par mon travail, ce n'est pas de l'argent volé ou extorqué".

စင်ကြည်- /sIN ci-/ *v.* être pur, en parlant de sentiments.

စင်ဂလယ် /sIN gəlε/ *n. p.* petite chose, chose sans importance, *cf.* ရှင်ဂလယ်, ဇာဂလယ်, *ex.* ဒါစင်ဂလယ်ဘဲ၊ အရေးစိုက်စရာမလိုပါ။ "c'est peu de chose, ce n'est pas la peine d'y attacher de l'importance".

စင်ဆီး /sIN `si/ *n.* chef d'une troupe théâtrale, d'une troupe de marionnettistes, *ex.* ဒီအရာကြီးကဇာတ်ပွဲမှာစင်ဆီးပုဂ္ဂိုလ်ကြီးဖြစ်တယ်။ "ce monsieur dirige la troupe théâtrale en représentation", *cl.* -ဦး.

စင်စင် /sIN SIN/ *n. adv.* tout, sans rien laisser, sans aucun reste, *ex.* ထမင်းကိုတလုံးမကျန်၊ စင်စင်စားလိုက်တယ်။ "tout le riz a été mangé, sans qu'il en reste rien", complètement, totalement, နိုးစင်စင်လင်းပြီ၊ အိပ်ရာကထပါတော့။ "levez-vous, maintenant que l'aube est complètement apparue".

စင်စစ် /sIN Si?/ *n. adv.* en vérité.

စင်စစ်မတော့ /sIN Si? mə Tɔ'/ *ou* စင်စစ်မှာတော့ /sIN Si? Ma Tɔ'/ *loc. adv.* en vérité, en réalité.

စင်တလင်းခါ /sIN tə`lIN kha/ *n. adv.* complètement débarrassé, complètement nettoyé, *toujours suivi de* အောင်, *ex.* တနင်္ဂနွေနေ့တွင်၊ ကျွန်မ အိမ်ရှိအမှိုက်သရိုက်များကိုစင်တလင်းခါအောင်ရှင်းလိုက်တယ်။ "dimanche , j'ai débarrassé la maison de toutes les saletés, de façon qu'il ne reste rien".

စင်တီဂရိတ် /sIntIg(ə)rε?/ *n. angl.* centigrade, > စင်တီဂရိတ်သာမိုမီတာ / sIntIg(ə)rε? θamomitə/ *n.* thermomètre centigrade.

စင်တီမီတာ /sIntImItə/ *n. angl.* centimètre.

စင်ထောင်- /sIN thɔN-/ *v.* former une compagnie théâtrale, une troupe théâtrale.

စင်ပြို- /sIN pyo-/ *v.* être complètement désorganisé ; entreprise, travail, s'écrouler en parlant d'un projet qui perd son soutien, *litt.* "la treille (qui supporte la gourde) s'écroule", *ex.* သူ့ယောကျ်ား ဆုံးသွားတော့ ၊ သူတို့မိသားစု စင်ပြိုတော့တာ ။ "la mort du mari laisse la famille sans soutien".

စင်ပြိုင် /sIN PyaIN/ *n. adv.* 1. compétition, rivalité entre deux troupes théâtrales, engagées en un même lieu ; en compétition, en parlant de troupes théâtrales ; 2. compétition entre personnes de même renom ; en compétition.

စင်ပြွန်း /SIN `PyuN/ *n. bot. Dillenia elata* Pierre, *Dillenia pentagyna* Roxb., arbre ornemental , cultivé pour sa fleur jaune.

စင်ဖြူ- /sIN phyu-/ *v.* être pur, en parlant d'objets matériels ou de sentiments, du coeur, *ex.* စင်ဖြူသောစိတ် ။ "un coeur pur".

စင်မြင့် /sIN MyIN'/ *n.* étagère, scène de théâtre, estrade, *cl.* - ခု ; > စင်မြင့်ပေါ်ကလူ ။ /sIN MyIN' pɔ Ka' Lu/ *n.* personne populaire, personnalité en vogue, *ex.* သူဟာ စင်မြင့်ပေါ်ကလူ ပေါ့ ။ "lui , naturellement, il est en vogue".

စင်ရော် *ou* ဇင်ရော် /zIN yɔ/ *n.* mouette, *cl.* - ကောင် .

စင်း- /`sIN-/ *v.* 1. être long, étroit ou mince, et rectiligne : 2. découper menu, hacher , *cf.* စဉ်း- .

- စင်း /-`SIN/ *classificateur* des véhicules allongés : bateaux, avion, éventuellement voiture, *ex.* သင်္ဘောတစ်စင်း ကမ်းကိုဆိုက်ဝင် လာတယ် ။ "un bateau accosta la rive" ; *en désuét.* classificateur de tout objet allongé : flèche, corde, serpent, fusil etc...

စင်္ကြံ /`sIN CaN/ *n. skt.* 1. *relig.* arcades, promenoir, passage couvert, galerie couverte ; 2. quai de gare, trottoir, *cl.* - ခု .

စင်းချော /`sIN `chɔ/ *n.* simplicité, naturel, *ex.* သူ့လက်ကောက်က ဆောက်ဖြတ်မဟုတ်ဘူး ၊ စင်းချောတာ "son bracelet n'est pas ciselé, c'est la simplicité même" ; honnêteté, *ex.* သူ့ရဲ့စင်းချောရိုးသားမှုကို လူတိုင်းချီးမွမ်းကြတယ် ။ "tout le monde loue son naturel et son honnêteté".

စင်းလင်း /ˋSIN ˋLIN/ *n. adv.* longitudinalement, dans le sens de la longueur, se dit aussi စင်းလျင်း, *ex.* ဒီပျဉ်ပြားကိုနှစ်ခြမ်းဖြစ်အောင်စင်းလင်းဖြတ်လိုက်ပါ။ "coupez cette planche en deux dans le sens de la longueur".

စင်းလုံး /ˋSIN ˋLON/ *n. adv.* tout entier, entièrement, en parlant de bateaux, de véhicules, *ex.* ကမ်းနားရှိသင်္ဘောတစင်းသည်၊ မီးလောင်လို့ စင်းလုံးပျက်စီးသွားတယ်။ "le bateau qui était à quai a été détruit tout entier dans un incendie".

စင်းလုံးကွင်းကျွတ် /ˋSIN ˋLON ˋkuIN Cu?/ *n. adv.* tout entier, entièrement.

စင်းလုံးကျွတ် /ˋSIN ˋLON cu?/ *ex. nom.* un bateau entier, *sens fig.* entièrement, complètement, *ex.* သူဒီအမှုက စင်းလုံးကျွတ်လွတ်သွားတယ်။ "il a été entièrement lavé de cette accusation", *cf.* –လုံးကျွတ် *et* ကွင်းလုံးကျွတ်.

စင်းလုံးချော– /ˋSIN ˋLON ˋCHɔ-/ /ˋSIN ˋLON ˋchɔ-/ *v.* rester calme, être maître de soi, être inaccessible à la colère,; être irréprochable, *ex.* သူကအပြစ်မရှိပါဘူး၊ စင်းလုံးချောကောင်းတဲ့ လူပါ။ "ce n'est pas sa faute, lui, il est irréprochable".

စင်းလျင်း /ˋSIN ˋLyIN/ *n. adv.* longitudinalement, dans le sens de la longueur.

စောင့်– /sɔN'-/ *v.* 1. guetter, *ex.* မင်းကြီးသည်အဆိပ်လူးမြှားကိုင်၍စောင့်သည်။ "le roi guetta, tenant une flèche empoisonnée" (သုဝဏ္ဏသာမ, p. 10) ; 2. surveiller, veiller sur; > အစောင့် /ʔəsɔN'/ *n.* gardien, *ex.* ကိုယ်စောင့်နတ်။ "génie gardien de la personne", *cl.* – ယောက် ; > စောင့်လုပ်သူ /sɔN' lo? θu/ *n.* garde, gardien, veilleur, surveillant, *cl.* – ယောက် ; 3. attendre, *ex.* ခဏစောင့်ပါ။ "attendez un instant" ; 4. garder fidélité à, observer (des principes, des règles), respecter, *ex.* ဒီလူသစ္စာစောင့်တယ်၊ ယုံနိုင်တဲ့လူတယောက်ပါ။ "cet homme est fidèle à ses promesses, c'est une personne en qui on peut avoir confiance", veiller à, faire attention, *ex.* အမြဲစောင့်ပိတ်ရာ၌ ...။ "il veillait toujours à fermer..." (မမလေး တွေးတစိန့်စိန့်, p. 46)

စောင့်ကင်း /sɔN' ˋkIN/ *n.* garde, sentinelle, guetteur, *cl.* – ယောက်.

စောင့်ကျင့်– /sɔN' cIN'-/ *v.* être fidèle à des principes, à la foi jurée, avoir un caractère fidèle, être honnête.

စောင့်ကြပ်- /sɔN' caʔ-/ *v.* surveiller de près, garder étroitement.

စောင့်ချုပ်- /SɔN' choʔ-/ *v.* 1. se contrôler, se maîtriser, *ex.* လူကြီးရှေ့မှာ ဣန္ဒြေကို စောင့်ချုပ်ပါ။ "contrôlez-vous devant les personnes respectables" ; 2. observer des règles, des principes, des rites, *ex.* ဥပုသ်သီလကို စောင့်ချုပ်ပါ။ "observez le sabbat".

စောင့်စား- /sɔN' `Sa-/ *v.* s'attendre à, attendre quelque chose, compter sur, *ex.* သူ စီးပွားရေး ကောင်းလာဖို့ စောင့်စားနေမိတယ်။ "il compte sur l'arrivée de la prospérité".

စောင့်စည်း- /sɔN' si'-/ *v.* garder fidélité à, respecter, *ex.* ကတိကဝတ်ကို စောင့်စည်း ... ။ "... respecter une promesse" (ရခိုင်ပုံပြင် , p. 109).

စောင့်ဆိုင်း- /sɔN' `shaiN-/ *v.* faire halte, en attendant, s'arrêter en route et attendre, *ex.* ကုန်တင်ရန် စောင့်ဆိုင်းနေသော သင်္ဘောတစ်စင်းကို တွေ့တယ်။ "il trouva un bateau qui avait fait halte pour embarquer des marchandises".

စောင့်ထိန်း- /sɔN' `theN-/ *v.* surveiller, garder.

စောင့်မျှော်- /sɔN' m̥yɔ-/ *v.* s'attendre à, escompter.

စောင့်ရှောက်- /sɔN' ʃɔʔ-/ *v.* garder (des enfants, par exemple), veiller sur, protéger, *ex.* မောင်ဘမှာ မိဘတွေမရှိတော့လို့ သူ့ဦးလေးက စောင့်ရှောက်ထားရတယ်။ "comme Maung Ba n'a plus de parents, son oncle doit veiller sur lui".

စောင့်လင့်- /sɔN' liN'-/ *v.* s'attendre à, *plus littéraire que* စောင့်စား- *et que* စောင့်မျှော်- .

စောင့်သိ- /sɔN' θi'-/ *v.* respecter ses promesses, ses engagements, être fidèle, être honnête, *ex.* နိုင်ငံတော်ရဲ့သစ္စာကို စောင့်သိကြပါ။ "soyez fidèles à votre patrie".

စောင့်သုံး- /sɔN' `θoN-/ *v.* régler sa conduite sur des principes, pratiquer une morale, observer des préceptes, une règle, *ex.* သီတင်း စောင့်သုံးသောသူကို လူတိုင်းရိုသေကြတယ်။ "tout le monde respecte ceux qui observent la morale bouddhique".

စောင် /sɔN/ *n.* couverture, *cl.* -ထည်.

စောင် /sɔN-/ *v.* 1. porter avec soi, emporter sur soi, avoir avec soi, *cf.* ဆောင် , *ex.* မိုးရွာတော့မယ်၊ ထီးစောင်သွားဖို့မမေ့နဲ့။

"il ya pleuvoir, n'oublie pas d'emporter ton parapluie", လမ်းထွက်တဲ့အခါ၊ အိတ်ထဲမှာအမြဲ ပိုက်ဆံ ဆောင်ထားပါ။ "emportez toujours de l'argent dans votre sac quand vous sortez" ; 2. avoir à portée de la main, *ex.* ဧည့်သည်ကိုထမင်း ကျွေးရင် ဟင်းအပို ဆောင်ထားပါ၊ "si vous avez des invités, tenez prêt un supplément de nourriture".

- ဆောင် /-SɔN/ *classificateur* pour les feuilles ou papiers portant un texte écrit, par exemple : lettres, billets de train, de cinéma etc..., articles, essais, *ex.* စာတဆောင်။ "une lettre".

ဆောင်ချမ်း *ou* ဆောင်ရမ်း /sɔN `chaN/ *n. bot.* 1. capparidacée, *Capparis flavicans* Wall., *syn. Capparis cambodiana*, câprier, arbre épineux dont on utilise la fleur, consommée comme légume, pousse dans la péninsule indochinoise, plante médicinale ; 2. santalacée, *Osyris Wightiana* Wall., *syn. O. arborea* Wall., plante médicinale.

ဆောင်ခြမ်း /sɔN `CHaN/ *n.* tesson de poterie, débris de poterie, *ex.* ကလေးများဟာ အိုးဆောင်ခြမ်းတွေနဲ့ ရေကန်ထဲမှာ ပစ်ကစားကြတယ်။ "des enfants s'amusent à jeter des tessons de poterie dans l'étang".

ဆောင်ပျစ်- /sɔN pyaʔ-/ *v. litt.* veiller sur, s'occuper de... en protégeant.

ဆောင်မ- /sɔN ma'-/ *v.* protéger, *ex.* နတ်ကောင်း ဆောင်မလို့ ကျွန်မစီးတဲ့ လေယာဉ်ပျံပျက်မကျတာ။ "si l'avion dans lequel j'étais n'est pas tombé c'est grâce à la protection d'un bon génie" ; aider.

ဆောင်မာန် /sɔN maN/ *n.bir.p.* orgueil, *cf.* မာန်ဆောင် , *ex.* အချို့ဆရာဝန်များသည်အလွန် ဆောင်မာန်ကြီးသည်။ "certains médecins sont très orgueilleux".

ဆောင်ရန်း /sɔN `yaN/ *n.* barrière de bois ou de bambou, *ex.* သူခိုးသည် ဆောင်ရန်းကိုခုန်လွှား၍ထွက် ပြေးသွားလေသည်။ "le voleur s'est échappé en sautant par-dessus la barrière", *cl.* - ခု.

ဆောင်ရန်းလုလင် /sɔN `yaN lu' liN/ *n. terme poli,* selle, excréments.

ဆောင်း- /`sɔN-/ *v.* être oblique, pencher, être de travers, *ex.* ဒီမျဉ်းကြောင်း ဆောင်းနေတယ်။ "cette ligne est de travers", နေဆောင်း။ "l'après-midi".

ဆောင်း /`sɔN/ *n.* harpe à treize cordes, *cl.* - ခု.

စောင်း *ou* ဇောင်း /ZON/ *n.* étable, *cl.* - ခု.

စောင်း /`SON/ *n.e.* pente (d'une montagne, d'une colline), *ex* တောင်စောင်း "pente de montagne", *cl.* - ခု.

စောင်းကောက် /`SON Kɔʔ/ *n.* harpe birmane classique à manche en col de cygne, *cl.* - ခု.

စောင်းကန်း- /`SON `kaN-/ *ou* စောင်းငန်း- *v.* être oblique, être de travers, être en biais, *ex.* ကြိုးကို စောင်းကန်းကြီး မဆွဲပါနဲ့ ၊ ဖြောင့်ဖြောင့်ဆွဲပါ။ "ne tirez pas la corde obliquement, tirez-la bien droit", သူက မျက်စိ စောင်းငန်း စောင်းငန်းနဲ့ ကြည့်တယ်။ "il regarde en coin", "il regarde du coin de l'oeil".

စောင်းကြိုး /`SON `Co/ *n.* corde de harpe, *cl.* - ချောင်း.

စောင်းကြည့်- /`SON Ci'-/ *v.* regarder du coin de l'oeil, regarder en biais.

စောင်းခုံ /`SON khoN/ *n.* support de rangement de la harpe birmane, chevalet sur lequel elle repose lorsqu'on n'en joue pas, *cl.* - ခုံ, - ခု.

စောင်းချင်း /`SON `CHiN/ *n.* chant accompagné à la harpe, *cl.* - ပုဒ်.

စောင်းချိတ်- /`SON cheʔ-/ *v. ne s'emploie pas en indépendante ou principale, emploi adverbial :* par allusion indirecte, propos détournés, critique indirecte ; en parlant à mots couverts, en critiquant, sans en avoir l'air, *ex.* သူ ရေးတဲ့ စာတမ်းထဲမှာပါသော အမှားများကို စောင်းချိတ်ပြီး ဝေဖန်ခဲ့တယ်။ "il critiqua indirectement les fautes qui se trouvaient dans l'article".

စောင်းခွက် /`SON KHuɛʔ/ *n.* corps de la harpe, partie principale de l'instrument, *se dit aussi* စောင်းအိုး , *cl.* - ခု.

စောင်းငဲ့- /`SON ŋɛ'-/ *v. ne s'emploie pas comme verbe principal ou indépendant, emploi subordonné seulement,* obliquement, en coin, *ex.* ငါ့ကို စောင်းငဲ့၍ မကြည့်နဲ့။ "ne me regarde pas du coin de l'oeil" (éventuellement signe de colère).

စောင်းငန်း- /`SON `ŋaN-/ *v.* être oblique, *cf.* စောင်းကန်း- .

စောင်းဆဲ- /`SON `shɛ-/ *v.* houspiller indirectement, railler indirectement.

စောင်းညို့ /`SON ɲo'/ *n.* corde de harpe ; ညို့ *est le terme spécifique pour les cordes de harpes, moins employé actuellement que* စောင်းကြိုး ;

cl. - ချောင်း.

စောင်းတိ စောင်းတောင်း /`sɔN ti' `sɔN `TɔN/ *ou* စောင်းတီး စောင်းတောင်း /`sɔN `ti `sɔN `TɔN/ *n. adv.* 1. de travers, obliquement, *ex.* ပန်းအိုးကို စောင်းတီး စောင်းတောင်းမထားနဲ့၊ လဲကျသွားမယ်။ "ne posez pas le pot de fleurs de travers, il pourrait tomber ; 2. *sens fig.* indirectement.

စောင်းတန်း /`sɔN `TaN/ *n. t. relig.* degrés, escalier d'une pagode, d'un jedi, *cl.* - ခု , > စောင်းတန်းထစ် /`SɔN `San thi?/ *n.* marche d'un escalier de pagode, *cl.* - ထစ် ; > စောင်းတန်းဦး /`sɔN `TaN `?u/ *n.* départ, pied d'un escalier de pagode.

စောင်းပါးရိပ်ချေ *ou* စောင်းပါးရိပ်ခြေ /`sɔN `Pa ye? che/ *ou* စောင်းပါးရိပ်ခြည် /`sɔN `Pa ye? chi/ *loc. adv.* indirectement.

စောင်းပြား /`sɔN `Pya/ *n.* harpe plate, sans col de cygne, aux cordes tendues sur des clefs, *se dit aussi* ဒုံမင်း , *cl.* - ခု .

စောင်းဘီး- /`sɔN `bi-/ *v. employé seulement en subordonnée, avec sens adverbial,* obliquement, penché de travers, *ex.* ကားဘီးတလုံး လေလျော့နေလို့၊ ဒီကားဟာလမ်းပေါ်မှာ စောင်းဘီးယိမ်းယိုင်နေတယ်။"cette voiture a un pneu dégonflé : elle penche et oscille sur la route".

စောင်းဘီး စောင်းဘင်း /`sɔN `bi `sɔN `biN/ *loc. adv.* obliquement, de travers.

စောင်းဘဲ့ရိပ်ချည် /`sɔN `bɛ ye? chi/ *loc. adv.* indirectement.

စောင်းမြောင်း- /`sɔN `myɔN-/*v.* 1. *s'emploie suivi d'un autre verbe, avec un sens adverbial,* en critiquant indirectement, *ex.* ငါ့ကို စောင်းမြောင်း ရေးတာနဲ့တူတယ်။ "on dirait que c'est une critique indirecte écrite contre moi" ; 2. *litt.* être jaloux.

စောင်းရား /`sɔN `ya/ *n. bot.* carambolier, *forme parlée, cf.* စောင်းလျား.

စောင်းရိုး စောင်းလက် /`sɔN `yo `sɔN Lɛ?/ *n.* manche en col de cygne de la harpe, sur lequel on tend les cordes ; *se dit aussi* စောင်းလက်ရုံး; *cl.* - ခု , - လက် .

စောင်းရွဲ့- /`sɔN yuɛ'-/ *v.* être penché, être de travers, ne pas être rectiligne, avoir une ligne défectueuse, avoir un tracé peu ferme.

စောင်းလက်ရုံး /`sɔN Lɛ? `yoN/ *n.* manche en col de cygne de la harpe, *cf.*

စောင်းရိုး စောင်းလက် ; *cl.* -ခု, -လက်.

စောင်းလျား *ou* စောင်းရား /`zɔN`ya/ *n. bot.* oxalidacée, *Averrhoa carambola* Linn. ; carambolier, petit arbre à fruit comestible ; il en existe deux cultivars, l'un à fruit doux; lorsqu'il est mûr il est jaune ; on en fait aussi des confitures, il se cultive à Mandalé et Rangoun et se trouve à l'état sauvage à Myitkyina ; il y a aussi une cultivar à fruits acides.

စောင်းသိမ်း- /`sɔN `θeN-/ *v.* 1. tailler en biseau, biseauter, chanfreiner, *ex.* ဒီတံခါး ဘောင် စောင်းသိမ်း ပေးပါ။ "donnez un coup de chanfrein à cet encadrement de porte" ; 2. se mettre en biais, être en biais.

စောင်းအိုး /`sɔN `ʔo/ *n.* caisse de résonance de la harpe, *cl.* -လုံး.

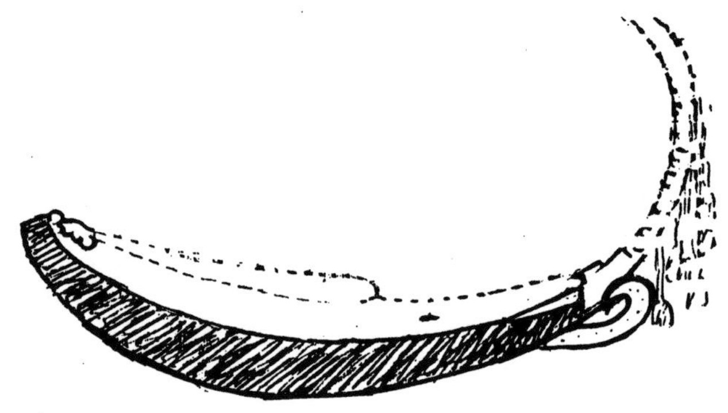

စိုင် /saiN/ *n. zool. Bibos sondaicus*, banteng.

စိုင်- /saiN-/ *v. poét.* durcir, prendre, devenir solide ; *cf.* စိုင်ခဲ.
> အစိုင် /ʔəsaiN/ *n.* masse, amas, bourrelet, *ex.* အသားစိုင်။ "amas de chair, bourrelet de chair".

စိုင်ခဲ- /saiN `khɛ-/ *v.* être solide, devenir solide, *employé comme enc.* -စိုင်ခဲ /SaiN `KHɛ/ *ou sous forme de dérivé nominal :* အစိုင်အခဲ

/ʔəsaiN ʔə`khɛ/ masse solide, *ex.* မြေစိုင်ခဲကြီးသည်လည်း ကွဲသွားလေ၏ ။ "même la grosse motte de terre se fendit" (သိန်းဖေမြင့် မ ၁လိ p. 147).

စိုင်ပေါင် /saiN PɔN/ *n. cf.* စိုင်ဘောင်.

စိုင်ဘောင် /saiN BɔN/ *n. archit.* 1. motif supérieur d'une archivolte, motif de dessus de porte, *cl.* – ခု ; 2. gâchette, *cl.* – ခု ; 3. espèce de mangue de forme contournée.

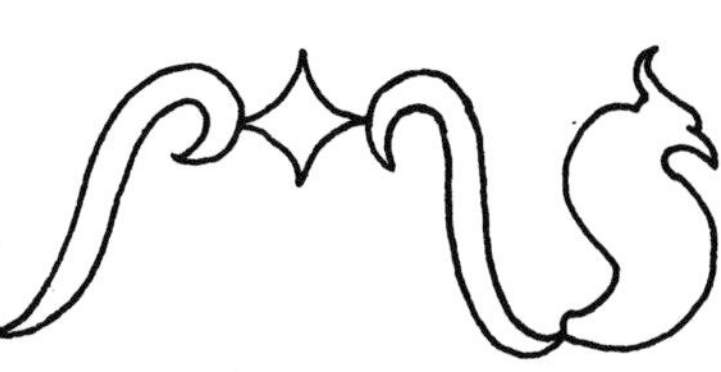

စိုင်ဘောင်ကွေး /saiN PɔN `kue/ *n.* face interne de l'articulation du genou, jarret.

စိုင်း– /`saiN-/ *v.* 1. faire courir sa monture à toute allure, faire forcer l'allure à sa monture ; 2. agir précipitamment, agir sans réfléchir, *ex.* နင်ဒီလိုဆင်ရာစိုင်းနေရင် တနေ့ဒုက္ခရောက်မယ်။ "si vous continuez à agir impulsivement comme ça, il va vous arriver des ennuis" ; 3. aller à l'aventure, partir sans but.

စိုင်းနှင်– /`saiN ŋiN-/ *v.* faire forcer l'allure à sa monture ; faire galoper sa monture de façon effrénée.

စိုင်းပြင်း– /`saiN `pyiN-/ *v.* inventer de concert, créer en collaboration ; préparer par des discussions communes, faire un projet mûrement délibéré, organiser par de communes délibérations, *ex.* ဒီအလုပ် လုပ်ဖို့သူတို့စိုင်းပြင်းနေကြတယ်။ "ils discutent ensemble de l'exécution du travail".

စစ်– /si?-/ *v.* 1. tamiser, filtrer, *ex.* စကောနဲ့စစ်။ "tamisez avec une vannerie" ; 2. purifier, nettoyer, > မြေစစ်အင်တုံ *n.* bassine à purifier la terre (utilisée en poterie à Sagaing, Amarapura) ; 3. s'assécher, sécher ; 4. examiner avec attention, soumettre à un examen minutieux ; chercher à démêler le vrai du faux, le bon du mauvais etc...

စစ်– /si?-/ *v.* être authentique, être réel, *ne s'emploie pas seul, comme verbe ;* > အစစ် *n.* chose ou être réel, *ex.* ရှေ့မှာရပ်နေတဲ့ အကောင်ဟာ ခွေးအစစ်လား ၊ ရုပ်တုလား ။ "est-ce un vrai chien ou est-ce une statue, que l'on voit dressé, là-bas devant ?"

စစ် /si?/ *n. bot.* mimosacée, *Albizzia procera* Benth., "siris" blanc, arbre dont le bois est utilisé pour les roues de charrette et les bateaux, pousse en pays chane; *se dit aussi* စစ်ပုဝ် *et* သစ်ဖြူ.

စစ် /si?/ *n.* guerre, *cl.* – ပွဲ.

စစ် /si?/ *ou* အစစ် /?əsi?/ *n.* noeud, joint, jointure, *ex.* စစ်သတ်တယ်။ "on arase les noeuds de bambou (sur la surface)".

စစ်–/si?-/ *v.e.* forme des noms adverbiaux, éprouver une douleur fulgurante, > စစ်ခနဲ *n. adv.* avec une douleur fulgurante.

စစ်ကစား– /si? kə`Sa-/ *v.* s'exercer à l'art militaire, faire des exercices militaires, *ex.* ဒီတပ်မဟာသည် စစ်ကစားရာ၌ကျွမ်းကျင်သောကြောင့် အမြဲအနိုင်ရသည်။ "cette division est toujours victorieuse car elle a acquis une très bonne pratique de l'art militaire", သူတို့နံနက်တိုင်း စစ်ကစားကြသည်။ "ils font des exercices militaires tous les matins".

စစ်ကရိယာ /si? Kəri'ya/ *n.* armes de combat.

စစ်ကား /si? `Ka/ *n.* 1. film de guerre, *ex.* ကျမတို့ထောက်ကား၊ စစ်ကားမှကြိုက်တာ။ "je n'aime que les films policiers et les films de guerre", *cl.* –ကား ; 2. voiture de l'armée, *ex.* ဒီစစ်ကားနဲ့ မေမြို့တက်မယ်။ "j'irai à Maymyo avec cette voiture de l'armée", *cl.* – စီး.

စစ်ကူ /Si? Ku/ *n.* renforts (troupes), *ex.* စစ်ကူပို့တယ်။ "on a envoyé des renforts", *cl.* –တပ်, – ဖွဲ့ *etc...*

စစ်ကူစစ်ထောက် /si? Ku si? THɔ?/ *n.* renforts, *cl.* –တပ်, – ဖွဲ့ *etc...*

စစ်ကဲ /si? `Kɛ/ *n.* 1. *dés.* officier, lieutenant-général (militaire) ; 2. *dés.* assesseur d'un juge, *cl.* 1. et 2. – ဦး ; 3. pièce du jeu d'échecs birman, correspondant au roi.

စစ်ကဲကြီး /si? `Kɛ `Ci/ *n. dés.* gouverneur militaire de villes, de régions éloignées de la capitale, *cl.* – ဦး.

စစ်ကင်းထောက်– /si? `KiN thɔ?-/ *v.* faire une reconnaissance, *ex.* ရန်သူအခြေအနေကို စစ်ကင်းထောက်တယ်။ "on est allé reconnaître la situation de l'ennemi" ; > စစ်ကင်းထောက် /si? `KiN THɔ?/ *n.* sentinelle, *cl.* – ယောက်.

စစ်ကောင်စီ /si? KɔN Si/ *n. bir.angl.* junte militaire, *cl.* – ခု.

စစ်ကိုင်း /si? `KaiN/ *n. bot.* *Saccharum spontaneum* Linn., *cf.* သက်ကယ်ကြီး.

စစ်ကြေညာ – /si? ce ŋa-/ *v.* déclarer la guerre.

စစ်ဖြစ်ကြီး – /si? `ci-/ *v.* se produire, avoir lieu, en parlant d'une guerre, d'un conflit, *ex.* ဒီနှစ်မှာစစ်ကြီးမယ်လို့ဟောကိန်းရှိတယ်။ "on a prédit qu'il y aurait un conflit cette année".

စစ်ကြော – /si? `cɔ-/ *v.* faire une enquête, se livrer à des investigations, vérifier des faits, le bien-fondé d'une action ; examiner et se renseigner sur.

စစ်ကြို – /si? Co/ *n.e.* l'entre-deux guerres : 1919-1939.

စစ်ကြိုခေတ် /si? Co khe?/ *n.* l'entre-deux guerres ; "avant-guerre", : époque qui a précédé la deuxième guerre mondiale.

စစ်ကြောင်း /si? `CɔN/ *n.* voie, route, empruntée par une troupe en ordre de bataille, *ex.* ရန်သူကိုတိုက်ခိုက်ရန်စစ်ကြောင်းနှစ်ကြောင်းခွဲပြီးချီတက်ကြတယ်။ "ils ont suivi deux voies pour attaquer l'ennemi", *cl.* – ကြောင်း.

စစ်ကြပ် – /si? ca?-/ *v.* être dans une mauvaise situation militaire, être pressé, acculé par l'ennemi ; *n.* sous-officier du grade le plus bas, dans l'armée : adjudant, *cl.* – ယောက်.

စစ်ကွပ် /si? Ku?/ *n. dés.* officier militaire, sorte de lieutenant, dans l'armée des rois de Birmanie.

စစ်ခရာ /si? KHəya/ *n.* sorte de clairon, *cl.* – ခု, – လက်.

စစ်ခင်း – /si? `khɪN-/ *v.* 1. attaquer, faire la guerre à, commencer les hostilités ; 2. agresser autrui, être agressif, *ex.* သူတို့နှစ်ယောက်စကားစစ်ခင်းကြတယ်။ "ils se sont dit des choses désagréables".

စစ်ခေါင်း /si? `KHɔN/ *n.* 1. première ligne, dans une bataille ; 2. officier militaire, *cl.* – ဦး, – ယောက် ; 3. fonctionnaire des états chanes, *cl.* – ဦး, – ယောက်.

စစ်ခေါင်းကြမ်း – /si? `KHɔN `ceN-/ *v.* s'exposer au feu, souffrir dans les combats, être éprouvé durement dans les combats, *ex.* စစ်သားများစစ်ခေါင်းကြမ်းလို့စိတ်ဓါတ်ကျပြီးစစ်ကိုငြီးငွေ့လာကြတယ်။ "les soldats, découragés parce qu'ils avaient été durement éprouvés dans les combats, en avaient assez de la guerre".

စစ်ခေါင်းမာ – /si? `KHɔN ma-/ *v.* montrer du courage au combat, être un valeureux soldat.

စစ်ခံ /si? KHaN/ *n.* 1. le dernier des sept corps d'armée ; 2. tactique militaire de résistance à une attaque.

စစ်ခုံရုံး /si? KHON `yON/ *n.* tribunal de guerre, conseil de guerre, *cl.*– ခု.

စစ်ချီ- /si? chi-/ *v.* se mettre en marche, en parlant d'une armée ; monter à l'attaque, monter en ligne.

စစ်ချီတေး /si? CHi `te/ *n.* chant militaire, chanson de marche, *même sens que* စစ်ချီသီချင်း , *cl.* – ပုဒ်.

စစ်ချီသီချင်း /si? CHi θə `chiN/ *n.* chanson militaire, chanson de marche, *cl.* – ပုဒ်.

စစ်ချက် /si? CHε?/ *n.* 1. enquête, investigation ; 2. résultat d'enquête, réponse après enquête.

စစ်ခွါ- /si? khua-/ *v.* se retirer, en parlant d'une armée ; battre en retraite.

စစ်ခွင် /si? KHuiN/ *n.* champ de bataille, *cl.* – ခွင်.

စစ်ငု- /si? ŋu'-/ *ou* စစ်ငုတ် *v.* réfléchir à une question, s'efforcer de tirer au clair, de savoir, à force de réflexion, *ex.* ဒီအမှု ပေါ်အောင် တတ်နိုင်သမျှစစ်ငုရမယ်။ "il me faut débrouiller cette affaire de mon mieux afin qu'elle apparaisse clairement".

စစ်ငင်- /si? ŋiN-/ *v.* attirer délibérément l'ennemi à soi, provoquer délibérément une sortie de l'ennemi, attirer l'ennemi dans une embuscade, *ex.* ရန်သူဟာ စစ်ပရိယာယ်ကြွယ်ဝလို့ စစ်ငင်ခေါ်ပြီး မှ ဝိုင်းတိုက်တယ်။ "on a attiré dans une embuscade cet ennemi si rusé pour l'encercler".

စစ်စရိတ် /si? Səye?/ *n.* budget de la guerre ; coût, frais des opérations militaires, *cl.* – ရပ်.

စစ်စိ- /si? si-/ *v.* être cupide, être avare, regardant.

စစ်စေး *ou* စစ်စည်း /si? `Si/ *n.* gomme, laque ; arbre à gomme, à laque ; *voir aussi* သစ်စေး.

စစ်စေးသုတ်- , စစ်စည်းသုတ်- /si? `Si θo?-/ *v.* laquer, recouvrir de laque.

စစ်စစ် /si? Si?/ *n. adv. ou à emploi adjectival,* véritable, véritablement, authentique, pur, *ex.* ရွှေစစ်စစ်နဲ့လက်စွပ်တကွင်း ဝယ် လိုက်တယ်။ "j'ai acheté un anneau d'or pur".

စစ်စစ် /si? Si?/ *n. adv.* (avec une) douleur fulgurante, une souffrance aigüe, *ex.* သွားစစ်စစ်ကိုက်လို့ တညလုံး မအိပ်နိုင်ဘူး ။ "je n'ai pu dormir de la nuit, à cause d'une rage de dents".

စစ်စစ် ပေါက်ပေါက်/si? Si? pɔ? Pɔ?/ *n. adv.* avec exactitude, avec précision.

စစ်စည်း /si? `Sí/ *n.* gomme, laque, *cf.* စစ်စေး.

စဆွေ /si? SHe/ *n. litt.* personne ou chose détestable.

စစ်ဆေး- /si? `SHe-/ *v.* inspecter, faire une enquête ; > စစ်ဆေးရေးမှူး /si? `SHe `ye `mu/ *n.* inspecteur, *cl.* - ဦး, - ယောက်.

စစ်ဆော် /si? SHɔ/ *n.* officier subalterne chargé de l'appel, du rassemblement des soldats : sorte d'adjudant, *cl.* - ယောက်.

စစ်ဆင်- /si? shiɴ-/ *v.* préparer une bataille : en établir le plan et l'ordre des troupes, établir une stratégie ; > စစ်ဆင်ရေး /si? SHiɴ `ye/ *n.* stratégie, *ex.* အနောက်မြောက်တိုင်းစစ်ဆင်ရေး အောင်မြင်လျက်ရှိပါတယ်။ "l'opération stratégique au nord-ouest réussit".

စစ်ဆိုင်- /si? SHaiɴ-/ *v.* affronter l'ennemi, *ex.* ရန်သူနှင့်စစ်ဆိုင်ပြီးရဲရင့်စွာ တိုက်ခိုက်ကြသည်။ "ils attaquèrent courageusement, affrontant l'ennemi".

စစ်ဆိုင်းအလံ /si? `SHaiɴ ʔəlaɴ/ *n.* drapeau hissé en signe de cessation d'hostilités, *cl.* - ချောင်း.

စစ်ဆုတ်- /si? sho?-/ *v.* se replier, se retirer, en parlant d'une armée.

စစ်ညောင်း- /si? `ɲɔɴ-/ *v.* combattre longtemps ; durer, en parlant de la guerre, *ex.* ရန်သူ့စစ်ညောင်း၍ စားနပ်ရိက္ခာပြတ်နေသည်။ "comme la guerre s'éternisait, les ennemis furent à court de vivres".

စစ်ဌာနချုပ် /si? THana' CHo?/ *n.* siège de l'Etat-major, quartier général, *ex.* သူစစ်ဌာနချုပ်မှာအစီရင်ခံစာပို့ရန်ရောက်လာတယ်။ "il est venu transmettre un rapport au quartier général", *cl.* - ခု.

စစ်တရားခံ /si? Təyə khaɴ/ *n.* criminel de guerre, *ex.* စစ်တရားခံကို စစ်တရားရုံးမှာစစ်ဆေးပြီး အမိန့်ချထားတယ်။ "la sentence a été rendue après que le coupable fut passé devant un tribunal militaire", *cl.* - ယောက်.

စစ်တရားရုံး /si? Tə`ya `yoɴ/ *n.* tribunal militaire, *cl.* - ရုံး.

စစ်တလောက် /si? Təlɔ?/ *n.* gong de guerre, *se dit aussi* စစ်မောင်း , *cl.* - လက်, - လုံး.

စစ်တလင်း /Si? Tə`liN/ *n.* champ de bataille, *ex.* စစ်တလင်းတနေရာသဖြစ်တဲ့ ရှေ့တန်းမှာ စစ်အောင်ပွဲခံလျက်ရှိပါတယ်။ "La première ligne, où se déroulait la bataille, a pu remporter la victoire", *cl.*- နေရာ.

စစ်တလိုင်း /si? Tə`laiN/ *n. ornith. Hoplopterus duvaucelii*, vanneau armé.

စစ်တုရင် /si? Tu' yiN/ *n.* jeu d'échecs chinois, dont les pièces sont en général, deux gardes, deux éléphants, deux cavaliers, deux voitures et deux canons ; sur la quatrième ligne il y a cinq pions ; pièces et pions sont disposés sur des lignes et non pas dans des cases ;

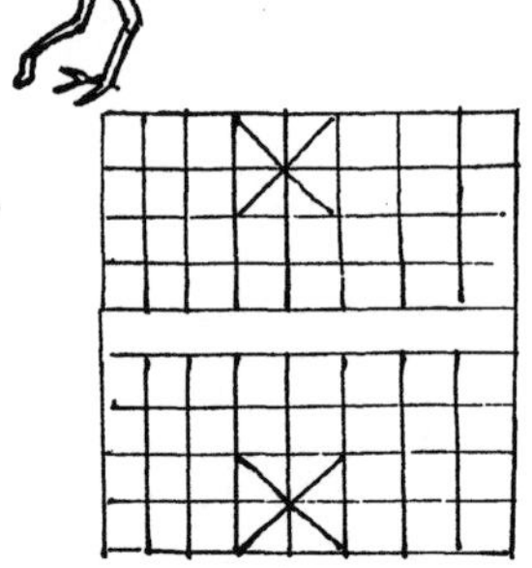

> စစ်တုရင်ကစား- /si?Tu' yiN kə`Sa-/ *v.* jouer aux échecs.

စစ်တုရင်ကွက် /si?Tu'yiN Kuɛ?/ *n.* damier du jeu d'échecs : ensemble des cases, échiquier, *cl.*- ကွက်.

စစ်တုရင်ခုံ /si? Tu' yiN khoN/ *n.* table de jeu d'échecs, *cl.* - ခုံ.

စစ်တုရင်ရုပ် /si? Tu' yiN yo?/ *n.* pièce ou pion du jeu d'échecs, *cl.* - ရုပ်.

စစ်တုရင်အရုပ် /Si? Tu' yiN ʔəyo?/ *n.* pièce ou pion du jeu d'échecs, *cf.* စစ်တုရင်ရုပ် , *cl.*- ရုပ်.

စစ်တဲခန်း /si? `Tɛ `khaN/ *n.* emplacement d'une halte pour les troupes, *cl.* - ခန်း, - ရပ်,- နေရာ.

စစ်တဲချ- /si? `Tɛ cha'-/ *v.* faire halte, en parlant de troupes.

စစ်တက်- /si? tɛ?-/ *v.* monter en ligne ; marcher au combat, faire mouvement en vue d'une bataille.

စစ်တက္ကသိုလ် /si? Tɛ?Kəθo / *n.* école militaire, *ex.* စစ်တက္ကသိုလ်သည် မေမြို့မှာ ခမ်းနားစွာ တည်ရှိ၏။ "il y a une magnifique Ecole militaire à Maymyo", *cl.* - ခု.

စစ်တိုက်- /si? tai?-/ *v.* faire la guerre, combattre, avoir lieu (hostilités, guerre, *ex.* စစ်တိုက်ရာမှာ အရှုံးအနိုင်ရှိစမြဲဘဲ။ "quand on fait la guerre, victoires et défaites se succèdent toujours",

စစ်တိုက်ခိုက်- /si? tai? khai?-/ *v. même sens que* စစ်တိုက် -, *emploi moins fréquent.*

စစ်တိုင်း /Si? `TaiN/ *n.* région militaire, *cl.* - တိုင်း .

စစ်တန်းလျား /si? `TaN `lya/ *n.* baraquements militaires, abris alignés dans un cantonnement militaire, *ex.* စစ်တန်းလျား တခု ဆောက်ဖို့ ပုံထုတ်နေပြီ။ "on est en train de dessiner un plan pour construire des baraquements", *cl.* – တန်း , – ခု.

စစ်တပ် /si? Ta?/ *n.* armée, corps d'armée, troupe, *ex.* လူနှစ်ဆယ်ပြည့်ရင် စစ်တပ်တတပ်ဖွဲ့မယ်။ "nous constituerons la troupe si nous avons les vingt hommes au complet", *cl.* – တပ်.

စစ်တမ်း /si? `TaN/ *n.* rapports administratifs, états administratifs, résultats d'une vérification ou d'une enquête, *cl.* – စောင် .

စစ်တမ်းကောက်– /si? `TaN kɔ?-/ *v.* faire une vérification donnant lieu à un rapport, recenser, *ex.* ယခုလအတွင်း သန်းကောင်စာရင်း စစ်တမ်းကောက်လျက်ရှိပါသည်။ "ce mois-ci, on recense les livrets de famille".

စစ်တွေ့– /si? tue'-/ *v.* avoir lieu en parlant d'un conflit, d'un combat.

စစ်တွက်– /si? tuɛ?-/ *v.* 1. compter pour vérifier la correspondance d'un nombre avec les opérations effectuées, avec la réalité, *ex.* လူဦးရေနဲ့လက်မှတ်စစ်တွက်ပြီးမှ ဝင်ခွင့်ပြုတယ်။ "on n'a laissé entrer qu'après avoir vérifié si les billets correspondaient bien au nombre de personnes ; 2. *sens fig.* soupeser, examiner le bien-fondé de quelque chose, *ex.* မိမိအပြစ်ကို မစစ်တွက်ဘဲ သူများကိုသာ အပြစ်တင်တယ်။ "il se contente de rejeter la faute sur les autres sans soupeser sa propre responsabilité".

စစ်ထိုး– /si? `tho-/ *v.* attaquer ; se faire la guerre, se combattre, lutter contre.

စစ်ထောက်လှမ်းရေးဌာန /si? THɔ? `ļaN `ye thana'/ *n.* service des renseignements généraux (militaire), *ex.* စစ်ထောက်လှမ်းရေးဌာန၏လုပ်ငန်းကျွမ်းကျင်မှုကြောင့် သတင်းပေါင်းစုံအချိန်မှီသိရ၏။ "toutes les informations ont été connues à temps grâce à une organisation très bien rodée des renseignements généraux", *cl.* – ဌာန .

စစ်ထွက်– /si? thuɛ?-/ *v.* sortir pour combattre ; se mettre en marche pour aller à la bataille.

စစ်ဒုက္ခသည် /si? To?KHa' θɛ/ *n.* réfugié , en cas de guerre, *cl.* – ယောက် .

စစ်ဒဏ် /si? TaN/ *n.* fléaux de la guerre, *ex.* ဂျပန်ခေတ်ကမြန်မာတွေ စစ်ဒဏ်ကို ကောင်းကောင်းခံလိုက်ရတယ်။ "pendant l'occupation japonaise les Birmans ont beaucoup souffert des malheurs de la guerre", *cl.* - ရပ်.

စစ်နား /si? `NA/ *n.* agent de renseignement (militaire), *littéral.* "oreille de la guerre", *cl.* - ယောက်.

စစ်နယ် /si? NE/ *n.* partie du front, théâtre des opérations, zone limitée de belligérance, *cl.* - နယ်.

စစ်နယ်မြေ /si? NE mye/ *n.* territoire militaire, zone militaire, *ex.* စစ်နယ်မြေအတွင်း ကား ဖြေးဖြေး မောင်းပါ။ "conduisez lentement en zone militaire", *cl.* - ရပ်.

စစ်နိုး- /si? `no-/ *v.* stimuler les troupes : par de la musique, des chants guerriers etc...

စစ်နောက်လှည့်- /si? Nɔ? Lɛ^-/ *v.* se retirer, après un combat, rejoindre ses positions de départ, en parlant de troupes, *ex.* သူပုန်များကို ချေမှုန်းပြီး နောက်၊ စစ်တပ်များ စစ်နောက်လှည့်တယ်။ "l'armée se retira après avoir écrasé les rebelles".

စစ်နင်း- /si? `niN-/ *v.* faire une attaque à l'improviste, attaquer par surprise.

စစ်နွမ်း- /si? `nuN-/ *v.* être exténué par les combats, se lasser des combats.

စစ်နှောင်း /si? `NɔN/ *n.* fin d'un combat, *ex.* စစ်ဦး ကောင်းမှ စစ်နှောင်း ကောင်းမည်။ "le combat ne finit bien que s'il commence bien".

စစ်ပရိယာယ် /si? Pərī'yɛ/ *n.bir.p.* tactique de guerre, *ex.* စစ်ပရိယာယ် ကြွယ်မှ စစ်ပွဲ အောင်မည်။ "on ne gagnera la guerre que par une bonne tactique", *cl.* - ရပ်.

စစ်ပါမယား /si? Pa mə`ya/ *n. dés.* femme, épouse, prise en pays conquis, *cl.* - ယောက်.

စစ်ပါရီ /si?Parī/ *n. hindi.* cipaye, *cl.* - ယောက်, - ဦး.

စစ်ပေါက်- /si? pɔ?-/ *v. rare,* choisir avec discernement, choisir très soigneusement, *plus employé sous la forme du dérivé* စစ်စစ်ပေါက်ပေါက်, *voir ce mot.*

စစ်ပိုင် / si?PaīN/ *n. hind.* cipaye, *cl.* - ယောက်, - ဦး , *cf.* စစ်ပါရီ.

စစ်ပညာ /si? Pipa/ *n.* art militaire, *ex.* လူတိုင်း စစ်ပညာ သင်သင့်တယ်။ "il faudrait que chacun connaisse le métier militaire", *cl.*- ရပ်.

စစ်ပန်း- /si? `paN-/ *v.* être exténué par les combats, être las de la guerre.

စစ်ပုပ် /si? Po?/ *n. bot.* mimosacée, *Albizzia procera* Benth., *cf.* စစ်, *se dit aussi* သစ်ဖြူ.

စစ်ပျက်- /si? pyɛ?-/ *v.* battre en retraite, reculer, en parlant de troupes vaincues.

စစ်ပြီးခေတ် /si? `Pi khi?/ *n.* l'après-guerre, c'est-à-dire la deuxième guerre mondiale.

စစ်ပြု- /si? pyu'-/ *v.* faire la guerre, combattre, *ex.* စစ်ပြုသူဟာ နောက်ဆုံး ရှုံးစမြဲဘဲ။ "ceux qui font la guerre finissent toujours par être vaincus".

စစ်ပြေငြိမ်း- /si? pye `ɲeN-/ *v.* s'apaiser, en parlant d'un conflit ; cesser, s'arrêter, en parlant d'une guerre, *ex.* နှစ်နိုင်ငံ စစ်ပြေငြိမ်းစာချုပ် ကြောင့် ငြိမ်းချမ်းမှုရလာပြီ။ "la paix est revenue grâce à la conclusion de l'armistice entre les deux pays".

စစ်ပြေး- /si? `pye-/ *v.* s'enfuir du combat, déserter; > စစ်ပြေး /si? `Pye/ *n.* déserteur, fuyard ; > စစ်ပြေးဒုက္ခသည် /si? `Pye do?KHa θɛ/ *n.bir.p.* réfugié, *cl.*- ယောက်.

စစ်ပြိုင်- /si? byaiN-/ *v. dés., usité du temps des rois,* combattre.

စစ်ပြန် /si? PyaN/ *n.* soldat, redevenu civil après une guerre ; *le verbe correspondant :* စစ်ပြန် *est en désuétude et signifiait* "quitter le combat", *ex.* စစ်ပြန်တွေကို အစိုးရအလုပ်ပြန်ခန့်တယ်။ "le gouvernement rend leur travail à ceux qui reviennent de guerre", *cl.* - ယောက်.

စစ်ပွဲ /si? `Puɛ/ *n.* guerre, conflit armé, *ex.* ဘိုးဝါးစစ်ပွဲ။ "guerre des Boers" ; combat, bataille, *cl.* - ပွဲ, - ရပ်.

စစ်ဖလစ် /si? phəli?/ *n. angl.* syphilis.

စစ်ဖက် /si? PHɛ?/ *e.n.* militaire, *cf.* စစ်ဘက်.

စစ်ဖျား /si? `PHya/ *n.* soldats de première ligne, avant garde ; premières lignes.

စစ်ဖြစ်- /si? phyi?-/ *v.* se produire, en parlant d'une guerre, d'un conflit, être en guerre, *ex.* နှစ်နိုင်ငံ စစ်ဖြစ်တဲ့အခါ၊ တိုင်းသူပြည်သားတွေ ဒုက္ခ ရောက်ကြတယ်။ "quand deux pays sont en guerre les habitants de ces deux pays souffrent".

စစ်ဗိုလ် /si?Po/ *n.* officier militaire, *cl.* – ဦး .

စစ်ဗျူဟာ /si? ɓyuha/ *n. bir. p.* art militaire.

စစ်ဘုရင် /si? PHəyiN/ *n.* 1. *dés. employé du temps des rois,* général en chef, ministre des armées, *cl.* – ဦး ; 2. sorte de jeu d'échecs.

စစ်ဘက် /si? PHɛ?/ *e.n.* militaire ; > စစ်ဘက်ဌာန /si? PHɛ? thana'/ *n.* bureau militaire, service du Ministère de la guerre ; > စစ်ဘက်ကုန်စုံဆိုင် /si? PHɛ? kON SON shaiN/ *n.* magasin de l'armée, magasin de l'Intendance ; > စစ်ဘက်နယ်ဘက်အရာရှိ /si? PHɛ? nɛ PHɛ? ?əya ʃi'/ *n.* corps des administrateurs civils et militaires, *ex.* စစ်ဘက်နယ်ဘက်အရာရှိများ၏စွမ်းဆောင်မှုကြောင့် တိုင်းပြည်တွင် ငြိမ်းသာယာ၏။ "la paix règne dans le pays grâce à la compétence de l'administration civile et militaire".

စစ်မ /si? Ma'/ *n.* gros de l'armée, partie centrale de l'armée.

စစ်မေး- /si? `me-/ *v.* interroger au tribunal, questionner un prévenu.

စစ်မက် /si? Mɛ?/ *n.* bataille rangée, *ex.* စစ်မက်ပြုလသောအခါ၌မူကား … ။ (မြိုးချစ် တော်လှန်ရေး၊ ရှေ့သို့) "quand se déroula la bataille..."

စစ်မိန့် /si?MeN'/ /si?Me?/ *n.* règlement militaire, en temps de guerre, *cl.* – ရပ် .

စစ်မျက်နှာ /si? Myɛ?Na/ *n.* 1. champ de bataille ; 2. front de bataille, *ex.* ရှေ့တန်းစစ်မျက်နှာမှာ အောင်ပွဲရနေတယ်။ "on est en train de gagner la bataille sur les premières lignes", *cl.* – ရပ်, – ခု .

စစ်မြီးတို /si? `Mi to/ *n.* attaque à l'improviste, combat-surprise, escarmouche, *cl.* – ရပ်, – ပွဲ .

စစ်မြေ /si? Mye'/ *n.* champ de bataille, *se dit aussi* စစ်တလင်း , *cl.*– နေရာ.

စစ်မြေပြင် /si? Mye PyiN/ *n.* champ de bataille, *ex.* တပ်မဟာလေးဟာ စစ်မြေပြင်မှာ အောင်ပွဲရနေတယ်။ "la quatrième brigade est en train de gagner la bataille", *cl.* – နေရာ

စစ်မှုထမ်း- /si? Mu' `thaN-/ *v.* faire son service militaire ; faire le métier des armes,; > စစ်မှုထမ်း /Si? Mu' `THaN/ *n.* 1. personne qui fait son service militaire, soldat du contingent ou de carrière, *cl.* – ယောက် ; 2. service militaire, *ex.* မြန်မာပြည်မှာစစ်မှုထမ်းဟာ မလုပ်မနေရမဟုတ်ပါ။ "en Birmanie il n'est pas obligatoire de faire un service militaire".

စစ်မြူ- /siʔ myu-/ *v.* attirer l'ennemi dans un guet-apens.

စစ်ရေး /siʔ `ye/ *n.* affaires militaires.

စစ်ရေးစစ်ရာ /siʔ `ye siʔ ya/ *n.* affaires militaires, opérations militaires, *ex.* သူ စစ်ရေးစစ်ရာမှာ ကျွမ်းကျင်တယ်။ "il est expert en questions militaires".

စစ်ရေးစစ်မှု /siʔ `ye siʔ Mu'/ *n.* affaires militaires, *ex.* ဗိုလ်ချုပ်သည် စစ်ရေးစစ်မှု၌ အမြော်အမြင်ရှိပြီး ကျွမ်းကျင်ရမည်။ "un général doit être expert en art militaire et être perspicace".

စစ်ရေးတောင်း- /siʔ `ye `tɔN-/ *v.* provoquer la guerre, se livrer à des opérations de provocation, *ex.* နိုင်ငံတနိုင်ငံမှ အခြားနိုင်ငံတနိုင်ငံသို့ စစ်ရေးတောင်းဆိုမှုများ မပြုသင့်ပေ။ "un état ne devrait pas en provoquer un autre à la guerre".

စစ်ရေးနိမ့်- /siʔ `ye neʔ-/ *v.* perdre la guerre, être vaincu, *ex.* စစ်ရေးနိမ့်ပါက တိုင်းပြည်ကိုအဘက်ဘက်မှကျဆင်းစေသည်။ "la défaite a provoqué l'écroulement général du pays".

စစ်ရေးပူးပေါင်းမှု /siʔ `ye `pu `pɔN Mu'/ *n.* alliance militaire, coopération militaire, *ex.* နှစ်နိုင်ငံပူးပေါင်းမှုဖြင့် အောင်ပွဲဆင်နိုင်သည်။ "deux pays peuvent marcher vers la victoire en coopérant militairement", *cl.* -ရပ်.

စစ်ရေးပြ- /siʔ `ye pya'-/ *v.* faire un défilé militaire, *ex.* စစ်ရေးပြအခမ်းအနားသို့ နိုင်ငံတော်အကြီးအကဲများ တက်ရောက်ကြသည်။ "les grands personnages de l'Etat ont participé aux fastes du défilé militaire".

စစ်ရေးလှ- /siʔ `ye ḷa'-/ *v.* remporter la guerre, être victorieux.

စစ်ရေးသာ- /siʔ `ye θa-/ *v.* être le plus fort dans une guerre ; dominer son adversaire, être supérieur à l'adversaire.

စစ်ရေးသင်-/siʔ `ye θiN-/ *v.* apprendre l'art de la guerre, s'initier au métier militaire.

စစ်ရင် /siʔ yiN/ *n.* bataillon qui suit immédiatement l'avant-garde, lorsque l'armée est en ordre de marche.

စစ်ရည် /siʔ ye/ *n.* 1. liquide filtré ; 2. compétence dans l'art de la guerre, *ex.* မြန်မာလူမျိုးသည် စစ်ရည်ဝသောလူမျိုးတမျိုးဖြစ်သည်။ "les Birmans ont une grande compétence militaire".

စစ်ရပ်စစ်ခံ /si? ya? si? KHaN/ *n.* défense, militaire, d'une position, *ex.* ကျွန်တော်တို့တပ် စစ်ရပ်စစ်ခံ ကောင်းသဖြင့် ရန်သူဆက်မတိုက်နိုင်ဘဲ နောက်ပြန်ဆုတ်သွားသည်။ "comme notre armée a bien défendu notre position, l'ennemi s'est retiré sans avoir pu poursuivre son attaque".

စစ်ရပ်စစ်နေ /si? ya? si? Ne/ *n.* position sur laquelle une armée s'arrête momentanément.

စစ်ရိပ်စစ်ခြည် /si? ye? si? CHi/ *n.* situation, dans une bataille.

စစ်ရိပ်စစ်ငွေ့ /si? ye? si? Nue'/ *n.* signes avant-coureurs d'une bataille.

စစ်ရမ်း- /si? `yaN-/ *v.* estimer un nombre, évaluer, *ex.* စစ်သားငါးထောင်ရှိမည်ဟု သူက စစ်ရမ်းသည်။ "il a estimé qu'il devait y avoir cinq mille soldats".

စစ်ဆေးတွေ- /si? ʃɔ?-/ *v.* faire des recherches sur, enquêter sur, *ex.* ဒီစာကိုဘယ်သူရေးခဲ့ကြောင်း ကျမတနေ့လုံး စစ်ဆေးတွေသော်လည်း အဖြေမထွက်ပါ။ "bien que j'aie fait des recherches toute une journée pour savoir qui avait écrit cette lettre, aucune solution n'est apparue".

စစ်ရှုံး- /si? `ʃON-/ *v.* perdre une bataille, être vaincu.

စစ်လယ် /si? Lɛ/ *n.* milieu d'une armée en marche.

စစ်လက်နက် /si? Lɛ? nɛ?/ *n.* arme de guerre.

စစ်လျှင် /si? LyiN/ *n.* avant garde, chargée de l'information et de la sécurité.

စစ်လွယ်အိတ် /si? Luɛ ?e?/ *n.* gibecière de soldat, sac de soldat, *cl.* -လုံး.

စစ်လွန်ခေတ် /si? luN khe?/ *n.* après-guerre, période qui a suivi la guerre.

စစ်လှ-'si? ḷa'-/ *v.* avoir le dessus, dans une bataille, gagner la bataille, *ex.* နယ်ချဲ့ခုခံစစ်မှာ ကိုယ့်စစ်တပ်စစ်လှသဖြင့် တိုင်းသူပြည်သားတို့ စိတ်အားတက်ကြွကြသည်။ "les citoyens du pays ont été réconfortés par la victoire de leur armée, dans la résistance à l'envahisseur".

စစ်ဝတ်/si? U?/ *n.* attirail militaire.

စစ်ဝတ်စစ်စား/si? U? si? `Sa/ *n.* uniforme et armes, attirail militaire.

စစ်ဝတ်စုံ /si? U? SON/ *n.* uniforme, *ex.* ဗိုလ်ချုပ်အောင်ဆန်း၏(ဦးထုပ်ပါစစ်ဝတ်စုံဖြင့်)ရုပ်ပုံ ... ။ "l'effigie du général Aung Sau (en casquette et uniforme)"(လုပ်သားပြည်သူ့နေ့စဉ် , 30.6.73), *cl.* - စုံ

စစ်ဝန်ထမ်း /si? UN `THaN/ *n.* fonctionnaire militaire, auxiliaire administratif de l'armée, *ex.* စစ်ဝန်ထမ်းတဦး၏လစာမှာမများသော်လည်း တိုင်းပြည်အတွက်သစ္စာရှိ၏။ "les fonctionnaires des services administratifs de l'armée n'ont pas une grosse paye, ils n'en sont pas moins dévoués à leur pays", *cl.* - ယောက်, - ဦး.

စစ်သား/si? `θa/ *n.* soldat, *cl.* - ယောက်.

စစ်သူကြီး /si? θə `Ci/ *n.* chef militaire, *cl.* - ဦး, - ယောက်.

စစ်သေနာပတိ /si? θeNapəti'/ *n.* *bir.p.* officier militaire de haut grade, maréchal, *ex.* စစ်သေနာပတိတဦး၏တာဝန်ကျေပွန်မှုကြောင့် စစ်တပ်တခုလုံးစည်းကမ်းသေဝပ်လှ၏။ "la discipline de toute l'armée se ressent des grandes compétences de ce maréchal dans l'accomplissement de sa tâche", *cl.* - ဦး.

စစ်သင်တန်း /si? θiN ` TaN/ *n.* classes (armée), entraînement militaire, *cl.* - တန်း.

စစ်သင်္ဘော /si? `θiN `Pɔ/ *n.* bateau de guerre, croiseur, *ex.* စစ်သင်္ဘောကြီးများသည် စစ်ပွဲတွင်အလွန်အရေးပါသည်။ "dans une guerre, les croiseurs sont très importants", *cl.* - စင်း.

စစ်သည် /si? θi/ *n.* *litt.* soldat, *cl.* - ယောက်.

စစ်သည်မက်သည် /si? θi mε?θi/ *n.* *litt.* soldat, *cl.* - ယောက်.

စစ်သည်ရဲမက် /si? θi `yε Mε?/ *n.* *litt.* soldat, *cl.* - ယောက်.

စစ်သံ /si? θaN/ *n.* 1. cri de bataille ; 2. attaché militaire, *cl.* - ဦး.

စစ်သံမှူး /si? θaN `m̥u/ *n.* attaché militaire, *cl.* - ဦး.

စစ်သုံ့ပန်း /si? θON' `paN/ *n.* prisonnier de guerre, *ex.* စစ်သုံ့ပန်းများကိုမညှင်းပန်းရ။ "il ne faut pas maltraiter les prisonniers de guerre", *cl.* - ယောက်.

စစ်အား /si? `?a/ *n.* potentiel militaire.

စစ်ဥပဒေ /si? ?u' pəde/ *n. bir.p.* loi martiale, *se dit aussi* မာရှယ်လော.

စစ်ဦး /si? `?u/ *n.* 1. première bataille d'une guerre, *cl.* - ပွဲ ; 2. avant-garde.

စစ်ဦးစီးချုပ် /si? `?u `si CHo?/ *n.* chef d'Etat-major, *cl.* - ဦး .

စစ်အေး *ou* စစ်ဧ /si? `?e/ *n.* guerre froide, *ex.* ယခုအခါနိုင်ငံအများသည် စစ်အေးတိုက်ပွဲကိုဆင်နွှဲလျက်ရှိကြသည်။ "actuellement, il y a beaucoup d'états qui sont en train de se livrer à la guerre froide".

စစ်အို- /si? ?o-/ *v.* traîner, durer longtemps, en parlant de guerre, *ex.* စစ်အိုပြီဖြစ်သောကြောင့် စစ်သားများစစ်ကိုငြီးငွေ့လာကြသည်။ "les soldats se lassèrent d'une guerre qui durait depuis trop longtemps".

စစ်အိုမင်း- /si? ?o miN'-/ *v.* traîner en longueur, s'éterniser, en parlant d'une guerre.

စစ်အင် /si? ?iN/ *n.* potentiel militaire.

စစ်အင်္ဂါ /si? ?iNga/ *n. bir.p.* corps d'armée, *ex.* စစ်အင်္ဂါလေးပါး။ "les quatre corps d'armée", *cl.* - ပါး .

စစ်အောင်- /si? ?ɔN-/ *v.* gagner une bataille, être vainqueur au combat, *ex.* စစ်အောင်ရန်လူထုကိုစည်းရုံးရမည်။ "pour gagner la guerre, il faut mobiliser toute la population".

*

Duplication SELAF